1689 런던침례교 신앙고백서 해설

1689 THE BAPTIST
CONFESSION OF FAITH

1689 런던 침례교 신앙고백서 해설
1689 The Baptist Confession of Faith

2018년 4월 26일 · 제1판 1쇄 발행

저　자 | 피영민
펴낸이 | 이요섭
펴낸데 | 요단출판사
　　　　07238 서울특별시 영등포구 국회대로 76길 10

기　획 | (02)2643-9155
영　업 | (02)2643-7290　　Fax (02)2643-1877
등　록 | 1973. 8. 23. 제13-10호

ⓒ 요단출판사 2018

기　획 | 안병국
편　집 | 이민우
디자인 | 박지혜
제　작 | 박태훈
영　업 | 김승훈　김창윤　이대성　정준용
　　　　이영은　김경혜　최우창　백지숙

인터넷서점 | 유세근
요단인터넷서점 www.jordanbook.com

값 28,000원
ISBN 978-89-350-1694-5 03230

이 책의 한국어판 저작권은 요단출판사가 소유하고 있습니다.
출판사의 사전 승인 없이 책의 내용이나 표지 등을 복제, 인용할 수 없습니다.

1689 런던침례교 신앙고백서 해설

1689 THE BAPTIST CONFESSION OF FAITH

피영민 박사

요단
JORDAN PRESS

서문

저자서문

1689년 제 2차 런던 침례교 신앙고백서는 침례교의 역사에 있어서 가장 중요한 신앙고백서 입니다. 영국에서 나온 신앙고백서이지만 미국 침례교회에서도 1742년 필라델피아 신앙고백서에서 약간의 첨가를 더해서 원문 그대로 채택되었습니다. 그러므로 영국과 미국 침례교 신앙의 주류는 1689년 제2차 런던침례교 신앙고백서에 그 내용이 들어있다고 할 수 있습니다.

21세기에도 신앙고백서를 공부해야 할 이유는 여러 가지가 있습니다.

첫째로, 21세기 성도들의 신앙이 제자훈련운동의 결과 탈교리화 되었는데, 사실은 교리를 벗어난 것이 아니라, 전통적인 침례교 신앙고백에서 벗어난 것입니다. 그러므로 신앙의 뿌리가 어디에 있는지도 모르는 상황이 된 것입니다. 침례교의 신앙의 뿌리를 알기 위해서 신앙고백서의 공부가 필요한 것입니다.

둘째로, 21세기 성도들의 신앙이 오순절 운동의 영향력이 너무 강하여서 '영성'과 '체험'을 강조하는 방향으로 흘러가고 있는데, 사실상 '영성'이라는 단어는 그 개념조차도 정의 내리기 어려운 애매한 단어이고 잘못하면 계시된 말씀을 벗어나서 신비주의로 흐를 위험을 안고 있습니다.

그러므로 '계시'를 중심으로 하되 계시의 내용을 교리적 묵상이라는 과정을 거쳐서 요약화된 신앙고백서에 대한 관심을 가질 필요가 있기 때문입니다. 신앙고백서는 '영성'의 개발보다는 '참된 경건의 기초'를 이루는데 큰 도움이 됩니다. 영성보다는 경건을 추구하는 방향적 전환이 필요하다는 것입니다.

셋째로, 신앙고백서에 관한 공부는 신앙의 편파성을 방지하고 신앙 내용의 전반적인 균형과 체계화를 유지하는데 큰 도움이 됩니다. 신앙의 편파성은 위험한 것입니다. 성령론에서 은사만 강조한다던지 종말론에서 어떤 특정 이론만을 강조한다던지, 귀신론만 강조한다던지, 이런 신앙의 편식이 결국은 조만 간에 큰 영적 질병을 초래하게 된다는 것이 최근 수십 년간 보고 들을 수 있는 사실입니다.

이 책은 어떤 학문적인 조직신학 교과서가 아닙니다. 교회라는 상황에서 어떻게 신앙고백서의 내용을 회중들에게 설교하고 교육할 수 있는가 하는 고민의 산물입니다. 교회에서 주일 저녁마다 설교했던 내용을 정리한 것이고, 그 목적도 교회의 청년이나 장년들에게 침례교의 신앙내용을 교육하기 위한 것입니다.

설교에 도움이 된 책들도 많고, 설교자들도 많으나 일일이 각주를 달고 학문적인 인용의 형식을 갖추지 못한 것은 그 목적이 '교회교육 내지 신앙훈련'이기 때문입니다. 특별히 Samuel E. Waldron의 A Modern Exposition of the 1689 Baptist Confession of Faith를 많이 참조하고 요약하였음을 밝혀둡니다.

이 신앙고백서는 철두철미하게 개혁주의적인 신앙이기 때문에 어떤 지역교회의 목회자들에게는 취향이 맞지 않을 수도 있을 것입니다. 그러나 침례교 조상의 주류가 믿어왔던 내용임은 부인 할 수 없는 역사적 사실인 것입니다.

이 고백서를 공부하는 성도들에게 신앙의 큰 유익이 되기를 소망합니다. 또한 후대의 목회자들이 이 책을 토대로 더욱 발전 시켜주시기를 기원합니다.

마지막으로 신앙고백서 출간을 위해 수고를 다한 강남중앙침례교회 안병국 목사와 김요한 전도사, 그리고 교회진흥원 이요섭 원장, 이민우 연구개발팀장, 또한 성경공부 문제를 작성한 부목사들에게 특별한 감사를 전합니다.

2018. 4. 11.
강남중앙침례교회 피영민 목사

서 문

현명하고 편견이 없는 독자에게

존경하는 독자 여러분,

우리가 (우리가 고백하는 주의 방법을 따라 걷고 살아가는 다른 건전한 그리스도인들과 함께) 우리의 신앙 원리를 제대로 이해하지 못해 우리의 고백에 대해 편견을 가지고 있는 자들과 우리의 고백에 무지해 잘못된 판단을 내려 다른 사람들로 하여금 우리를 곡해하도록 하는 저명한 사람들에게 올바른 정보를 제공하여 오해를 바로 잡을 수 있도록 우리의 신앙 고백서를 출간해야 할 필요성을 인식했던 이래로 이제 수년이 지났습니다. 그리고 이러한 작업은 1643년경 런던에 모인 일곱 개의 회중들의 이름으로 처음 시작되었습니다. 그 때 이래로 그 고백서는 다양한 반응을 얻어 왔으며 우리의 의도한바 목적은 많은 사람이(그 중에는 저명하고 학식이 있는 사람도 있었습니다) 만족할 정도로 충족되었습니다. 따라서 근거 없이 또한 변명할 기회도 없이 너무 자주 우리를 괴롭혔던 이단 사설이라는 비난이라든지 근본적으로 잘못된 신앙을 가진 사람들이라는 정죄는 타당하지 않게 되었습니다. 지금은 이 고백서를 소유하고 있는 사람도 드물 뿐만 아니라 그 동안에 그 내용에 동조하는 사람들이 많이 늘어났기 때문에, 이들을 결합하여 이제 여러분의 손에 있는 이 고백서를 새로이 출간함으로써 우리가 이런 총체적인 진리를 굳게 믿고 있다는 것을 세상에 증거하는 것이 필수적이라고 판단되었습니다.

　이곳에서는 우리의 진술 방법이나 정서를 표현하는 방식이 이전 것과 상이하기 때문에(문제의 본질은 동일하더라도) 우리는 자유롭게 그 이유와 경우를 여러분께 알려 드릴 것입니다. 이 일을 하는데 우리를 크게 사로잡는 한 가지는 (침례에 관해 우리와 의견을 달리하는 사람에게 우리 자신들에 대해 완전한 설명을 제공할 수 있을 뿐 아니라)복음에 대한 위대한 진리를 소개하고 정돈하려는 우리의 노력으로 인해 복음의 위대한 진리들을 가르치고 확립하는 일에 있어서 사람들이 얻게 될 유익이었습니다. 우리가 하나님과 편안하게 동행하고 있으며 매사에 그 앞에서 열매를 얻는 것에 대해 명확하게 이해하고 확고하게 믿게 하려는 것이 우리의 가장 주된 관심사였습니다. 그러므로 우리는 우리 자신을 더 완전하고 분명하게 표현하는 것이 필수적이라는 결론을 내렸습니다. 회의에 상정한 뒤 회중적인 방법에 의해 확정된 내용에 관하여 아무 흠도 찾을 수 없으므로 우리는 마침내 현재와 같은 순서로 배열하는 것이 가장 최선이라는 결론에 도달했습니다. 그리고 또한 우리가 이전의 신앙고백자들이 그들의 고백서에서(자신들과 다른 사람들에게 비중 있게 여겨지는 이유들 때문에) 그들이 동의하는 모든 신앙 항목에 관해 의미상 이전의 고백과 동일한 표현으로 그들의 생각을 표현하기로 선택했을 뿐 아니라 대부분 용어를 변경하지 않았다는 것을 발견했을 때에 우리는 동일한 방법으로 그들의 예를 따라 우리의 신앙과 교리가 동일한 항목에 대해서는(그것은 매우 많았습니다) 그들과 동일한 용어를 사용하는 것이 최선이라는 결론을 내렸습니다. 우리는 기독교의 모든 기초적인 항목에서 다양한 나라와 도시에 개신교를 대표하는 정통적인 교리를 표방한 다른 사람들과 우리가 일치한다는 것을 보여주면서도 이것을 더욱 풍부하게 표현해 내고자 했습니다. 우리는 또한 새로운 단어로 신앙을 방해하지 않으면서 우리들보다 먼저 다른 사람들에 의해 사용된 성경과 일치하는 건전한 용어를 기꺼이 사용하였습니다. 여기에서 우리는 하나님과 천사들과 사람들 앞에서 그들이 주장한 개신교 교리 중 성경으로 분명히 증명된 교리에 대해서는 모두 동의한다는 것을 선언합니다. 사실 어떤 것들은 첨가되었으며, 어떤 것들은 삭제되었고, 어떤 것들은 변경되었습니다. 그러나 우리는 의심할 필요 없이 이러한 변화

서문

는 우리 형제들의 신앙으로 볼 때에 당연히 불건전하다고 의심이 되거나 비판의 여지가 있는 것이었습니다.

다른 교파의 사람들과 달리 생각하는 문제들에 대해서 우리는 우리 자신의 입장을 매우 솔직하고도 분명하게 표현했습니다. 우리들 가슴속에 은밀히 감추어 둔 것에 대해 질투하게 하거나 세상이 알지 못하도록 한 것은 아무 것도 없습니다. 오히려 우리는 우리의 자유가 심지어 우리와 감정이 다른 사람들일지라도 이 문제로 인해 피해를 끼치지 않겠다는 규칙이 소박하고도 겸손하게 지켜지기를 바랍니다.

우리는 또한 우리의 고백의 각 항목을 확증하기 위해 하단부에 성경의 본문들을 첨부하는데 주의를 기울였습니다. 이 작업에서 우리는 우리가 주장하는 것을 증명하기 위해 가장 분명하고 적절한 본문을 선택하는데 세심한 노력을 기울였습니다. 우리는 이 고백을 대하는 사람들은 누구나 자기들이 들은 말씀이 그러한가하여 성경을 날마다 상고하던(아무리 칭찬해도 지나치지 않는) 고귀한 베뢰아 사람들처럼 되기를 간절히 바랍니다.

우리가 간절히 고백하고 신뢰받기를 간절히 원하는 한 가지가 있습니다. 그러나 우리는 이 문제를 다루는데 있어서 논쟁을 할 의도는 없습니다. 오직 우리는 성경을 근거로 우리의 신앙과 행습을 오해의 소지 없이 정확하게 표현하고 있는 원리들을 진솔하게 펼쳐 놓고 우리의 마음을 우리 형제들에게 열어 놓을 자유를 원합니다. 우리의 모든 계획은 우리의 원리들과 행습이 다른 사람들에 의해 우리가 지금 출간하고 있는 이 고백서에 준해 정당하게 평가되고 판단될 때에만 이루어질 것입니다. 주님은(그의 불꽃같은 눈초리로) 우리가 마음으로 굳게 믿고 거기에 맞춰 살고자 노력하는 교리를 잘 알고 계십니다. 다른 논쟁은 잠재워지고, 우리의 복된 구속주의 이름으로 부름을 받은 모든 사람들의 유일한 관심은 하나님과 겸손히 동행하고, 하나님을 두려워하는 가운데 서로 사랑하고 온유하여 온전한 거룩에 이르고, 서로 자신의 대화가 복음이 되도록 노력하고, 자신의 처지와 능력에 맞게 다른 사람의 참된 신앙의 행습이 향상되고, 우리 하나님 아버지 보시기에 흠이 없는 것이 되었으면 합니다. 그리고 이 패역한 세상에서 우리가 열매 없이 다른 사람들의 악에 대해 불평하는데 세월을 낭비하지 않고 먼저 자신부터 시작하여 자신의 마음과 방법을 개혁하고 다른 사람에게 영향을 미쳐 동일한 일을 하도록 각성시키고자 합니다. 하나님의 뜻이라면 어느 누구도 진리에 대한 능력과 내적인 효용을 경험하지 못한 사람이 아니라면 경건치 못한 일에 안주하여 자신을 기만하지는 않을 것입니다.

   진실로 오늘날 우리가 주목하지 않을 수 없고 수정하기를 간절히 원하지 않을 수 없는 신앙몰락의 근원과 원인이 있습니다. 그것은 책임과 실천을 위임받은 사람들이 가정내에서 가족예배를 게을리하는 것입니다. 부모들과 선생들이 무지와 불안정으로 불경건한 다른 사람들과 마찬가지로 어린아이들을 올바른 길로 훈련시키지 못하고, 주께서 주신 명령으로 훈육하고 교육하여 어린 시절부터 성경에 기록된 하나님의 진리에 대해 바로 깨닫지 못하게 하는 일이 없기를 바랍니다. 또한 그들이 기도와 다른 신앙의 의무들을 이행하지 않고 함부로 대화하는 나쁜 모범을 보임으로써 아이들에게 경건과 신앙을 무시하고 경멸하는 해악을 끼치지 않기를 바랍니다. 우리는 이것이 어느 누구의 무지나 사악함에 대해 변명의 이유가 되지 못하고 사악에 빠진 사람 자체에 강한 책임이 있다는 사실은 잘 알고 있습니다. 그들은 비록 자기 죄로 인해 죽을 것이지만, 보호를 맡은 사람들은 그들에게 아무런 경고도 없이 파멸의 길을 가도록 방치 한 것에 대해 피값을 묻게 되지 않겠습니까? 과거에 자기의 의무를 수행하기 위해서 최선을 다했던 그리스도인들이 일어나서 이 시대에 존경받는다는 사람들을 심판하며 정죄 하지

서문

않겠습니까?

우리는 은혜의 하나님이 우리에게 성령을 한없이 부어 주셔서 진리에 대한 우리의 고백으로 건전한 신앙과 근면한 행습을 포함하여 매사에 우리 주 예수 그리스도를 통해 영광을 받으시기를 간절한 기도와 함께 결론을 내립니다. 아멘.

1689 신앙고백서 작성자

Hanserd Knollys	Pastor	Broken Wharf	London
William Kiffin	Pastor	Devonshire-square	London
John Harris	Pastor	Joiner's Hall	London
William Collins	Pastor	Petty France	London
Hercules Collins	Pastor	Wapping	London
Robert Steed	Pastor	Broken Wharf	London
Leonard Harrison	Pastor	Limehouse	London
George Barret	Pastor	Mile End Green	London
Isaac Lamb	Pastor	Pennington-street	London
Richard Adams	Minister	Shad Thames	Southwark
Benjamin Keath	Pastor	Horse-lie-down	Southwark
Andrew Gifford	Pastor	Bristol, Fryars	Som. & Glouc.
Thomas Vaux	Pastor	Broadmead	Som. & Glouc.
Thomas Winnel	Pastor	Taunton	Som. & Glouc.
James Hitt	Preacher	Dalwood	Dorset
Richard Tidmarsh	Minister	Oxford City	Osen
William Facey	Pastor	Reading	Berks
Samuel Buttel	Minister	Plymouth	Devon
Christopher Price	Minister	Abergavenny	Monmouth
Daniel Finch	Minister	Kingsworth	Herts
John Ball	Minister	Tiverton	Devon
Edmond White	Pastor	Evershall	Bedford
William Pritchard	Pastor	Blaenau	Monmouth
Paul Fruin	Minister	Warwick	Warwick
Richard Ring	Pastor	Southampton	Hants
John Tompkins	Minister	Abingdon	Berks
Toby Willes	Pastor	Bridewater	Somerset
John Carter		Steventon	Bedford
James Webb		Devizes	Wilts.
Richard Sutton	Pastor	Tring	Herts
Robert Knight	Pastor	Stukeley	Bucks
Edward Price	Pastor	Hereford-City	Hereford

William Phipps	Pastor	Exon	Devon
William Hankins	Pastor	Dimmock	Gloucester
Samuel Ewer	Pastor	Hemstead	Herts
Edward Man	Pastor	Houndsditch	London
Charles Archer	Pastor	Hick-Norton	Oxon

목 차

저자서문
현명하고 편견이 없는 독자에게

I. 연구를 위한 서문

1689년 런던 침례교 신앙고백서의 역사   17
신앙고백서의 필요성   27
교리적인 특징 I   35
교리적인 특징 II   43

II. 1689 런던 침례교 신앙고백서 해설

제1장. 성경에 관하여   53
제2장. 성삼위일체에 관하여   65
제3장. 하나님의 작정에 대하여   75
제4장. 창조에 관하여   85
제5장. 하나님의 섭리에 관하여   99
제6장. 사람의 타락과 죄와 형벌에 관하여   109
제7장. 하나님의 언약에 관하여   125
제8장. 중보자이신 그리스도에 관하여   135
제9장. 자유의지에 관하여   147
제10장. 유효적 소명에 관하여   157
제11장. 칭의에 관하여   167
제12장. 양자됨에 관하여   179
제13장. 성화에 관하여   187

제14장. 구원받는 믿음에 관하여	197
제15장. 생명 얻는 회개에 관하여	207
제16장. 선행에 관하여	217
제17장. 성도의 견인에 관하여	229
제18장. 구원의 확신에 관하여	239
제19장. 하나님의 율법에 관하여	249
제20장. 복음과 은혜의 범위에 관하여	259
제21장. 신자의 자유와 양심의 자유에 관하여	267
제22장. 종교적 예배와 안식일에 관하여	277
제23장. 합법적인 맹세와 서원에 관하여	289
제24장. 국가 위정자들에 관하여	299
제25장. 결혼에 관하여	307
제26장. 교회론에 관하여	315
제27장. 성도의 교통에 관하여	327
제28장. 침례와 주의만찬에 관하여	335
제29장. 침례에 관하여	341
제30장. 주의만찬에 관하여	349
제31장. 죽음 후의 인간 상태와 부활에 관하여	357
제32장. 최후의 심판에 관하여	365

I. 연구를 위한 서문

1689년 런던 침례교 신앙고백서의 역사

신앙고백서의 필요성

교리적인 특징 I

교리적인 특징 II

1689년 런던 침례교 신앙고백서의 역사

디모데후서는 로마 감옥에 2차 투옥된 바울이 순교 당하기 직전에 기록한 말씀으로 에베소에서 어렵게 목회하고 있던 디모데를 격려하기 위한 목적으로 기록되었습니다. 디모데후서에서 바울은 성경의 세 구절을 통해 디모데에게 세 가지를 명령했습니다.

 1. Follow the Truth(진리를 따르라) "너는 그리스도 예수 안에 있는 믿음과 사랑으로써 내게 들은 바 바른말을 본받아 지키고"|딤후 1:13

 2. Guard the Truth(진리를 방어하라) "우리 안에 거하시는 성령으로 말미암아 네게 부탁한 아름다운 것을 지키라"|딤후 1:14

 3. Pass on the Truth(진리를 후대에 전달하라) "또 네가 많은 증인 앞에서 내게 들은 바를 충성된 사람들에게 부탁하라 저희가 또 다른 사람들을 가르칠 수 있으리라"|딤후 2:2

 이 말씀을 근거로 침례교인들이 진리를 따르고, 진리를 방어하고, 진리를 후대에 전파하기 위해 취한 방법 가운데 하나가 바로 신앙고백서를 작성하여 그것을 근거로 성도들을 교육한 것이었습니다. 그 중에 우리가 연구하려고 하는 1689년 런던 침례교 신앙고백서가 가장 중요한 위치를 차지하고 있습니다.

신앙고백서와 신조

먼저 신앙고백서(Confession)와 신조(Creed)는 의미상 약간의 차이가 있다는 것을 기억해야 합니다.

신조는 사도신조와 같이 정형화 공식화 되어 있으며, 비교적 내용이 간단하게 정리되어 있지만 웬만해서는 고칠 수 없습니다. 때문에 신조는 강요성이나 배타성이 강해 공식화된 내용을 그대로 믿지 않으면 누구든지 이단시됩니다.

그러나 신앙고백서는 고백서가 만들어질 당시의 성도들이 믿었던 내용을 정리한 것이므로 조직신학의 내용을 대부분 포함해 상당한 분량에 이르고, 같은 신앙을 고백하는 사람들이 모여 함께 신앙생활을 하려던 의도가 내포되어 있습니다. 신앙고백서는 신조에 비해 강요성보다는 자발성이 강한 고백서라고 할 수 있습니다.

하지만 신조(Creed)라는 단어도 라틴어 Credo(나는 이것을 믿는다)라는 말에서 파생되었으므로 실질적으로는 신앙고백서와 큰 차이가 없습니다.

"고백 되지 않는 신앙은 신앙이 아니다"라는 말도 있습니다. '내가 믿는 예수 그리스도는 어떤 분이며, 어떤 일을 하신 분이고 나와는 이러한 관계에 있는 분이시다'라는 고백이 개인적으로 이루어지지 않는 신앙은 인정받을 수 없다는 것입니다.

로마서에는 "사람이 마음으로 믿어 의에 이르고 입으로 시인하여 구원에 이르느니라" | 롬10:10 라고 기록되어 있습니다. 각자의 입에서 나오는 신앙의 고백이 구

원의 중요한 요건이라는 말씀입니다.

   그러므로 신앙고백서는 성경이 가르치는 참된 진리를 인간이 이해할 수 있는 언어로 잘 요약해 놓은 문서라고 말할 수 있습니다. 성경을 절대 권위로 인정하고 요약했기 때문에 성경이 가르치는 진리와 어긋나는 경우에는 언제든지 변경할 수 있게 됩니다.

침례교회의 기원

신앙고백서를 공부하기 위해 우리는 먼저 침례교회의 기원에 관해 살펴볼 필요가 있습니다. 침례교회의 기원에 관해선 침례교인들 숫자만큼 많은 이론이 있다는 말도 있을 정도입니다. 우리는 침례교회의 시작에 관한 역사적인 사실을 먼저 알아야 합니다.

전승설과 아나뱁티스트 후예설

어떤 사람은 침례교 전승설을 주장합니다. 'Jesus-Jordan-John'의 앞 글자를 따서 J-J-J 이론이라고 부릅니다. 예수님이 요단강에서, 침례 요한에게 침례를 받아 침례교회가 세워졌고, 거짓된 교회로부터 핍박을 많이 받은 침례교회만이 역사상 피 흘린 발자취를 가진 참다운 교회라는 주장입니다. 이러한 이론은 침례교인으로서 기분은 좋을지 몰라도 역사적 사실성이 결여된 주장입니다. 예수님은 온 교회의 머리가 되셨고, 온 복음주의 교단의 창시자이시지 우리 침례교회만의 머리가 되신 분은 아니기 때문입니다.

   또한 어떤 학자는 침례교회는 16세기 종교개혁운동 가운데 하나인 아나뱁티스트(Anabaptist) 운동과 영적 혈족 관계에 있다고 주장 합니다. 미약한 근거가 있기는 하지만 이런 주장도 팩트가 대단히 약합니다. 대부분 개혁주의 신앙을 거부하는 사람들이 취하는 주장인데, 오늘날도 아나뱁티스트의 후손들인 메노나이트(Mennonite)가 존재하고 있으며 비슷한 부분도 있지만 그들은 여전히 우리 침례교와는 다른 종파이기 때문에 이 또한 받아들일 수 없습니다.

반면 대부분의 침례교 역사가들이 동조하는 이론이 있습니다. 바로 '영국 분리주의 후예설'입니다. 침례교회는 영국 성공회의 종교개혁자들 가운데 성공회의 중도노선에 반대하며 좀 더 개신교적인 개혁을 요구한 '청교도(puritan)의 후손'이라는 이론입니다.

청교도들은 성공회 안에서 개혁을 완성시키려 했던 사람들을 말하며, 성공회를 벗어나 청교도식의 개혁을 주도한 사람들을 가리켜 특별히 '분리주의자(Separatist)'라고 불렀습니다. 분리주의자들 가운데 '신자의 침례'를 주장한 사람들이 침례교인이 된 것입니다. 이 이론을 '영국 분리주의 후예설'이라고 말하며 침례교회 역사를 연구한 전 세계의 절대 다수의 침례교 학자들은 모두 이 이론을 취하고 있습니다.

일반침례교회

처음 침례교회를 세운 사람은 캠브리지 대학에서 신학을 공부 한 후 성공회 신부로 안수 받은 존 스마이스(John Smyth, 1570-1612)였습니다. 그러나 성공회 내에서 문제를 발견하고 분리주의자가 되어 성공회를 탈퇴하자 영국 성공회로부터 핍박을 받게 되고, 그를 따르는 회중 가운데 일부는 1620년 메이플라워호(May flower)를 타고 미국으로 건너간 필그림 파더(Pilgrim Father)들이 되었습니다.

한편, 영국에 남아 스마이스를 따르던 42명은 당시에 핍박 받던 많은 사람들이 도피했던 네덜란드 암스테르담(Amsterdam)으로 이주했습니다. 당시 네덜란드는 종교의 자유가 인정된 국가였습니다. 스마이스는 1609년에 유아세례는 성경이 말하는 짐승의 특징이라는 내용의 책 「the Character of the Beast, 1609」을 암

스테르담에서 저술하고 신자 침례를 베풀면서 최초의 침례교회를 세운 것입니다.

그는 자신 스스로에게 물을 들어붓는 방법인 관수례(affusion)로 침례를 베푼 후 나머지 41명에게도 시행했습니다. 이후 스마이스를 비롯해 31명은 1610년 화란의 멘노파에 가입 청원을 했지만 거절되었고, 1612년 스마이스가 죽자 그를 따르던 사람들이 다시 청원해 멘노파에 가입했습니다.

그러나, 스마이스가 이끌던 회중 가운데 토마스 헬위스(Thomas Helwys)와 존 머튼(John Murton)을 중심으로 10명이 스마이스의 멘노파 가입 청원을 반대하며 스마이스를 파문한 뒤, 1611년 런던 근교의 스피탈필드(Spitalfield)에 돌아와 영국 최초의 침례교회를 세웠습니다.

그러므로, 최초의 침례교회는 토마스 헬위스와 존 머튼이 1611년에 세운 스피탈필드교회입니다. 이들은 온 세상 모든 사람의 죄를 속죄하기 위해 예수 그리스도가 십자가에 돌아가셨다는 일반속죄론을 믿기 때문에 일반침례교회(General Baptist)라고 불립니다.

이들의 시작으로 1644년에 이르러 47개의 일반침례교회가 세워졌지만, 그들 가운데 제대로 공부한 지도자가 부족해 17세기 말에는 삼위일체를 부인하는 지경에 이르렀고, 그리스도의 참된 인성이나 참된 신성을 부인하는 이단이 되어 결국 지구상에서 사라졌습니다.

일반침례교회는 시간이 흐르면서 삼위일체를 부인하는 유니테리언주의(Unitarianism)로 흘러가는 경향을 보였습니다.

특수침례교회

일반침례교회 이외에 또 다른 줄기가 일어났는데, 그 줄기를 특수침례교회(Particular Baptist)라고 부릅니다. 이들은 '예수 그리스도의 속죄는 성부 하나님이 택한 자만을 위한 속죄'라는 제한속죄론을 믿는 사람들입니다.

옥스퍼드(Oxford) 대학을 졸업한 후에 성공회 사제를 지낸 헨리 제이콥(Henry Jacob, 1563-1624)은 1616년 런던 근처 사우스워크(Southwark)에 독립교회를 세웠습니다. 그는 성공회로부터 완전히 분리되지는 않았으나, 성공회 감독의 지배를 받지 않으며 회중정체를 시행했습니다.

헨리 제이콥이 세운 교회는 J-L-J 교회로 불립니다. 헨리 제이콥(Henry Jacob), 존 레드롭(John Lathrop) 그리고 헨리 제시(Henry Jessey)가 차례로 목회했기 때문에 붙여진 이름입니다. 하지만 유아세례를 반대하고 신자의 침례를 주장한 6명이 J-L-J 교회를 탈퇴하자 스필스버리(John Spilsbury)가 이 사람들을 모아 런던에 최초의 특수침례교회가 1638년에 세워집니다.

일반침례교회는 관수례를 시행했지만 특수침례교회는 1641년부터 침수례를 시행했습니다. 즉, 침례를 제대로 시행한 교회는 특수침례교회로 1638년 존 스필스버리의 교회였던 것임을 알 수 있습니다.

1644년 런던에는 7개의 특수침례교회가 존재했습니다. 특수침례교회에는 리차드 블런트(Richard Blunt), 핸서드 놀리즈(Hanserd Knollys), 윌리엄 키핀(William Kiffin)과 같은 훌륭한 지도자들을 통해 꾸준히 성장했습니다. 일반침례교회는 이단적인 경향으로 흘렀지만 특수 침례교회는 바른 신앙과 바른 신학으로 침례교회의 주류가 되었던 것입니다.

특수침례교회들의 신앙적 특징은 네 가지입니다.

첫째, 칼빈주의 구원론

둘째, 신자의 침수례

셋째, 교회의 회중정체

넷째, 종교의 자유, 교회와 국가의 영역분리입니다.

신앙고백서의 형성

1644년 런던의 7개 특수침례교회가 모여 '제1차 런던 침례교 신앙고백서'를 작성하여 이를 교리적인 표준으로 삼았습니다. 신앙고백서를 작성한 이유는 특수침례교회에 대한 갖가지 오해를 해소하기 위한 이유였습니다.

알미니언주의자라는 오해에 대해서는 칼빈주의 구원관을 따른다고 선포했고, 아나뱁티스트라는 오해에 대해서는 '우리를 아나뱁티스트라고 부르는 것은 잘못된 명칭'이라고 서문에 밝히고 있습니다. 이 외에도 침수례를 베풀 때 옷을 벗기고 간음한다는 오해, 정치적으로는 폭력주의자라는 오해를 불식시키는 역할을 했습니다. 결국 특수침례교회는 신앙고백서를 중심으로 널리 인정되면서 17세기 말에는 런던 이외에도 5개의 지방회와 130개 교회로 성장했습니다.

1689년 런던에서 채택된 '제2차 런던 침례교 신앙고백서'가 작성된 배경은 이렇습니다. 1642년 영국의 청교도 혁명을 주도한 올리버 크롬웰(Oliver Cromwell)이 1658년 사망한 후 자리를 이어 받은 아들은 제대로 리더십을 발휘하지 못했습니다. 그러자 1660년 영국 백성들은 공화정치를 끝내고 왕정복고를 원하여 찰스 2세가 왕으로 복귀하게 됩니다. 왕으로 복귀한 찰스 2세는 갖가지 악법을 만들어 성공회에 순종치 않는 교회들을 핍박했는데 특히 장로교회, 회중교회, 침례교회가 핍박의 주요한 대상이었습니다. 이 핍박이 1689년 제2차 런던고백서를 작성한 계기가 되었습니다.

신앙고백서 작성의 배경

1. 침례교회와 장로교회, 그리고 회중교회의 교리적인 일치성(doctrinal unity)이 있음을 선포하기 위해서 작성되었습니다.

2. 1640년부터 조지 폭스(George Fox)를 중심으로 일어난 퀘이커(Quaker) 교도

들의 신비주의 운동으로부터 교회를 보호하기 위해서였습니다. 퀘이커 교도들은 성경을 무시하고 신비한 주관적 경험만을 강조하는 분파였습니다.

3. 하나님의 예정을 강조하되 지나치게 강조하며 전도를 하지 않는 고등칼빈주의를 반박하기 위해서였습니다.

4. 칼빈주의 구원관에 어긋나는 일반속죄설을 가르치려 했던 평신도 전도자 토마스 콜리어(Thomas Collier)를 저지하기 위한 목적도 있었습니다.

제2차 런던 침례교 신앙고백서의 중요성

1677년 37명의 특수침례교지도자가 서명했고, 1689년 명예혁명을 통해 국가종교와 자유교회를 동시에 인정한 신교자유령(Act of Toleration)이 발표되면서 1689년 제2차 런던 침례교 신앙고백서가 출간되었습니다.

제2차 런던 침례교 신앙고백서는 역사상 가장 훌륭한 세 종류의 신앙고백서의 장점을 모두 취합했습니다. 1646년 웨스트민스터에서 장로교인들이 작성한 '웨스트민스터 신앙고백서(Westminster confession of faith)' 1658년 런던에서 회중 교인들이 작성한 '사보이 신앙고백서(Savoy confession of faith)' 그리고 이전에 작성했던 '1644년 제1차 런던 침례교 신앙고백서(London baptist confession of faith)'입니다.

웨스트민스터 신앙고백서와 런던 침례교 신앙고백서는 내용면에서 거의 동일합니다. 단지 유아세례를 인정하지 않고 신자의 침수례를 주장한다는 면에서 다를 뿐입니다.

미국 침례교는 1742년 필라델피아 지방회에서 제2차 런던 침례교 신앙고백서를 그대로 받아들여 '필라델피아 신앙고백서'로 사용했고, 1845년 조지아주 어거스타에서 남침례교 총회가 형성될 때의 교리적 표준이 되었습니다. 필라델피아 신앙고백서에는 목사를 안수 할 때 온 교인이 안수하여 세운다는 내용과 회중찬

송에 관한 내용이 첨가되었을 뿐 내용은 런던 침례교 신앙고백서와 완전히 일치하고 있습니다.

그러므로 복음적인 칼빈주의를 지향하는 제2차 런던 침례교 신앙고백서는 가장 훌륭한 우리의 신앙유산입니다. 우리는 이 고백서를 통해 침례교인이 반드시 알아야 할 내용을 공부하며 체계적인 신앙을 정립할 수 있습니다. ✝

정리를 위한 문제

1. 신앙고백서와 _____ 는 약간의 의미상 차이가 있다.

2. 신앙고백서는 강요성보다는 _____ 이 강하다는 특징이 있다.

3. 성경이 가르치는 참된 진리를 이해할 수 있는 언어로 잘 요약해놓은 문서가 신앙고백서이다.

4. 침례교는 영국의 종교개혁 가운데 성공회의 중도노선에 반대하여 좀 더 개신교적인 개혁을 요구한 _____ 의 후손이다.

5. _____ 침례교회는 예수 그리스도의 속죄는 성부하나님이 택한 자만을 위한 속죄라는 칼빈주의 속죄론을 믿는 사람들의 모임이다.

6. 특수침례교회의 신앙적 특징 중의 하나는 _____ 의 침수례를 시행하는 것이다.

7-9. 침례교인들이 1689년에 제2차 런던고백서를 작성한 주요 이유는, 첫째, 장로교회나 회중교회와 침례교회의 _____ 인 일치성을 선포하기 위해 둘째, 퀘이커운동의 _____ 로부터 교회를 보호하기 위해 셋째,

전도를 하지 않는 _____ 칼빈주의를 반박하기 위해서였다.

10. 1658년에 회중교인들이 런던에서 모여 작성한 _____ 신앙고백서가 있다.

답: 1. 신조 2. 자발성 4. 청교도 5. 특수 6. 신자 7. 교리적 8. 신비주의 9. 고등 10. 사보이

신앙고백서의 필요성

바울은 에베소에서 목회하고 있는 디모데에게 "교회는 하나님의 집이요 진리의 기둥과 터" |딤전 3:15 라고 말했습니다. 그렇다면 지역 교회는 어떻게 '진리의 기둥과 터'로서의 역할을 할 수 있으며 어떻게 진리를 따르고(Follow), 진리를 지키고(Keep), 진리를 전수할 수(Pass on)가 있을까요?

다양한 방법 중에 중요한 한 가지 수단은 신앙고백서를 통하는 것입니다. 신앙고백서는 지역 교회가 믿는 성경의 진리를 문서형태로서 체계적으로 정리해 놓은 중요한 문서지만 현재 우리의 지역 교회들은 이 신앙고백서를 가지고 있지 않습니다.

신앙고백서를 기피하는 이유

1. 어떤 이들은 신앙과 행습의 최종권위는 성경에 있으므로 별도의 신앙고백서가

필요 없다고 말합니다. 즉 "우리는 성경만 믿는다"는 주장인데 물론 좋은 말이지만 이 고백만으로는 불충분합니다.

성경의 권위를 높이는 좋은 말 같지만, 사실은 허점이 많은 주장입니다. "우리는 성경만 믿는다"라는 말을 넘어서 신앙고백서는 "성경이 무엇을 가르치느냐"는 성경의 내용을 교리적인 묵상을 통해 나온 열매이기 때문입니다.

성경만을 믿는다는 말은 마치 음식점에서 "나는 밀가루를 원합니다"라고 말하는 것과 같습니다. 우리는 밀가루를 주문하지 않고 밀가루를 사용해 요리한 빵이나 국수를 주문하는 것처럼 성경을 믿는다는 것은 옳은 주장이지만, 성경이 구체적으로 말하는 것이 무엇인지를 아는 것이 성경을 믿는다는 말의 바른 의미가 됩니다.

왜냐하면 많은 이단들도 성경을 믿는다고 말하기 때문입니다. 4세기 이단자 아리우스(Arius)도 성경에 나오는 모든 용어들을 그대로 사용하면서 자신은 성경을 믿는다며 이단 사상을 전파했습니다.

2. 성경으로만 충분하기 때문에 사도신조와 신앙고백서는 거부한다는 사람들이 있기 때문입니다. 이러한 사상은 17-18세기 영국과 미국의 초창기 침례교도들 사이에는 존재치 않던 사상이었습니다.

1809년 19세기초 스코틀랜드에서 미국으로 건너간 목회자 가운데 캠벨 부자가 있었습니다. 아버지 토마스 캠벨(Thomas Campbell)과 아들 알렉산더 캠벨(Alexander Campbell)을 말합니다. 이들의 사상을 한마디로 환원운동(Restoration Movement)이라고 말합니다. 신약성서에 나타난 본래의 기독교로 돌아가자는 사상입니다.

1832년 자신과 비슷한 사상을 가진 켄터키 주의 발톤 스톤(Barton Stone)과 연합해 교단이 없는 교회 '그리스도의 교회'를 만들었습니다. 캠벨과 스톤이 '그리스도의 교회'를 만들기 전 1815-1834년까지 브러시 런 침례교회(Brush Run Baptist

Church)에서 목회하며 침례교에 소속되어 있었지만 그들의 사상은 침례교 목회자들로부터 배척당하며 결국 침례교에서 축출 당했습니다. 처음에는 '그리스도의 제자들'이라 부르다가 후에는 '그리스도의 교회'라고 스스로 불렀습니다. 이들의 사상을 캠벨주의(Campbellism) 이라고 부릅니다.

이들은 소위 산데만주의(Sandemanianism)의 영향을 받아서 모든 신조나 신앙고백서를 거부하고 오직 성경 자체만 믿겠다는 사상을 가졌고, 성령의 역사와 상관없이 말씀에 대한 지적인 동의만으로 구원을 받는다는 사상을 가졌습니다. 그들은 로마 가톨릭과 개신교는 모두 부패했기 때문에 참된 신앙을 가졌던 초대교회로 돌아가 다시 회복해야 하며 하나님은 캠벨 부자를 통해 회복한다는 것입니다. 침례는 죄사함의 조건이기 때문에, 다른 교파에서 받은 세례와 침례는 무효라고 말했습니다. 또한 그들은 악기사용 문제에 관해서도 무악기파와 유악기파로 견해가 갈라졌습니다.

이처럼 캠벨주의는 성경을 믿는다고 말하지만 실상은 우리의 침례교인들이 이해하고 있는 성경의 사상과는 많이 달랐습니다. 그럼에도 불구하고 신조를 거부하고 성경만 믿겠다는 생각이 침례교인들 사이에 아직까지도 영향을 미치고 있습니다.

3. 신앙고백서가 침례교인들이 믿고 있는 양심의 자유와 영혼의 자유를 해친다는 것입니다. 그러나 영혼의 자유란 Liberty of soul, 즉 진리 안에서의 자유를 말하는 것이지 진리를 벗어나도 좋을 자유를 말하는 것은 아닙니다.

물고기가 자유를 찾겠다고 물을 떠나면 살 수 없는 것과 같이 인간 영혼도 성경의 진리를 떠나면 살 수 없는 것입니다. 기차가 레일 안에서 누리는 것이 자유이지 레일 밖으로 나가는 자유는 참된 자유가 아닙니다. 그러므로 인간 영혼은 하나님 말씀의 유일한 권위와 성경이 가르치는 안정된 진리에 자발적으로 구속될 때 참된 자유를 얻게 되는 것입니다.

더구나 신앙고백서는 시민정부의 권력을 사용해 무력적으로 믿으라고 강요하는 도구도 아닙니다. 누구라도 자발적으로 자기 영혼이 믿는 바에 동의하는 것입니다. 그러므로 신앙고백서는 어느 누구의 영혼의 자유도 침해하지 않습니다.

4. 21세기에 유행한 포스트모던 주의가 건설적인 방향보다는 해체적인 방향으로 전개되었다는데 또 다른 이유가 있습니다. 포스트모던의 영향이 교회에 들어와 절대 진리를 거부하고 의심하는 상대주의를 취하는 경향이 생겼습니다.

당신이 옳다고 생각하는 것은 당신의 진리가 되고, 내가 옳다고 생각하는 것은 내게 진리가 된다고 말합니다. 그래서 절대적 진리라고 믿는 것을 고백하려고 체계화한 신앙고백서를 싫어하게 되었습니다. 세속의 사상이 기독교에 지속적인 영향을 미친 결과입니다.

5. 마지막으로 현대 기독교인들은 깊이 있고 체계적인 성경연구보다는 피상적이고 단기적인 제자훈련이나 큐티와 같은 신앙훈련을 더 선호하기 때문입니다. 큐티나 단기적인 제자훈련은 탈신학화를 지향하기 때문에 체계적인 진리보다는 경험적인 경건성을 더욱 추구합니다. 성경이 가르치는 진리의 체계성과 연관성을 이해하지 못하다 보니 신앙고백서를 기피하는 것입니다.

신앙고백서가 주는 유익과 필요성

1. Basis of fellowship: 신앙고백서는 지역 교회의 성도들이 영적으로 교제하는 표준적 근거가 됩니다. 그 신앙고백서의 내용에 동조하지 않는 사람은 자신이 동조하는 신앙고백을 가진 교회에 소속되면 됩니다.

2. Basis of discipline: 또한 교회에 이단 사상을 가진 자들이 침투하면 교회에 가지고 있던 신앙고백서를 근거로 이단자들을 추방할 수 있게 됩니다.

요즘은 이단자들이 각 교회에 침투하는 전략을 사용합니다. 새신자나 기신자를 가장해 들어오지만 교회는 이들을 막을 방법이 많지 않습니다. 그러므로 처음 온 성도들부터 신앙고백서로 진리를 가르치면 온 성도들이 이단자들을 분별해 낼 수 있고, 이 교리에 반대하는 성도들은 면밀히 관찰 할 수 있게 됩니다.

그러므로 신앙고백서는 새신자들을 교육하는 기본적인 가이드라인(Guideline)이 될 수 있습니다. 마치 크고 아름다운 대자연에는 수많은 식물과 동물들이 서식하고 있지만 동물원이나 식물원은 대자연과 비교할 수 없다고 할지라도 자연의 동식물 등을 체계적으로 잘 정리해 놓았기 때문에 대자연을 이해하는 데 큰 도움이 되는 것처럼, 신앙고백서는 방대한 성경을 초신자들이 이해할 수 있는 중요한 가이드라인이 됩니다.

3. Evaluation of ministers: 신앙고백서는 설교자들을 성도들이 평가할 때도 중요한 기준이 됩니다. 침례교회에 유아세례를 옹호하는 설교자가 들어오면 안 되는 것입니다. 회중정체를 시행하는 침례교회에 감독정체나 장로정체를 시행하는 사람들이 담임목사가 돼서는 안 되는 것입니다. 이처럼 어떤 설교자를 담임목사로 청빙할 것이냐 하는 문제에서도 신앙고백서는 중요한 평가기준이 되는 것입니다.

4. Preserved truths for next generation: 또한 신앙고백서는 다음 세대를 위해서 참된 진리를 보관하고 전수해 주는 유익도 있습니다. 21세기를 사는 성도들은 신앙고백서를 통해 조상들의 신앙을 알게 됩니다.

신약성경에도 초대교회의 신앙고백이 들어있습니다. 예수님은 우리의 주님이라는 간단하지만 매우 강력한 신앙고백이었습니다.

"네가 만일 네 입으로 예수를 주로 시인하며 또 하나님께서 그를 죽은 자 가운데서 살리신 것을 네 마음에 믿으면 구원을 얻으리니" | 롬 10:9 "또 성령으로 아니하고는 누구든지 예수를 주시라 할 수 없느니라" | 고전 12:3

기독교 역사는 수많은 경건한 학자들이 성경을 교리적으로 묵상하여 이단들을 물리치면서 신앙고백서를 만들어 냈습니다. 신앙고백서들은 완전무오한 것은 아니었지만 고도의 교리적인 안정성을 성도들에게 주었습니다.

대표적으로 니케아 신조, 칼케돈 신조, 루터교의 아우구스부르크 신앙고백서, 개혁교회의 벨직 신앙고백서, 도르트 신조, 웨스트민스터 신앙고백서, 회중교회의 사보이 신앙고백서, 침례교회의 런던 침례교 신앙고백서, 필라델피아 신앙고백서, 침례교 신앙과 메시지(Baptist Faith and Message) 등이 있습니다.

신앙과 신학은 독학으로 세워지지 않습니다. 누구든지 참된 신앙을 갖기 위해서라면 역사적인 신앙의 큰 주류를 배워야 합니다. 독학의 위험은 자칫 역사적인 주류에서 벗어날 수 있기 때문입니다. 침례교회 역사상 최고의 고백서인 1689년 제2차 런던 침례교 신앙고백서는 현재 우리의 신앙을 정립하는데 최고의 유익이 될 것입니다. ✝

정리를 위한 문제

1. 신앙고백서는 성경만 믿는다는 말을 넘어서서 성경이 무엇을 _____ 는 내용을 교리적인 묵상을 통해 나온 열매다.

2. 소위 _____ 은 산데만주의의 영향을 받아서 모든 신조나 신앙고백서를 거부하고 성령의 역사와 상관없이 말씀에 대한 지적인 동의만으로 구원을 받는다고 말했다.

3. 영혼의 자유란 진리 _____ 자유를 말하는 것이지 진리를 벗어나도 좋을 자유를 말하는 것은 아니다.

4. 21세기 포스트모던주의는 해체적인 방향으로 전개되었는데, 이는 절대 진리를

거부하고 의심하는 _____ 를 취했다.

5. Q.T나 단기적인 제자훈련은 _____ 를 지향한다. 성경이 가르치는 진리의 체계성과 연관성을 이해하지 못한 채 경험만을 중시해 결국 신앙고백서를 기피하게 만들었다.

6. 신앙고백서는 지역 교회의 성도들이 영적으로 교제하는 _____ 근거가 된다.

7. 지역 교회에 _____ 사상을 가진 사람이 침투하면 신앙고백서를 근거로 추방할 수 있다.

8. 신앙고백서는 새신자들을 _____ 하는 기본적인 가이드라인이 된다.

9. 신앙고백서는 _____ 을 성도들이 평가할 때도 중요한 기준이 된다.

10. 신앙고백서는 다음 세대를 위해서 참된 _____ 를 _____ 하고 _____ 해주는 유익도 있다.

답: 1. 가르치느냐 2. 캠벨리즘 3. 안에서의 4. 상대주의 5. 탈신학화
6. 표준적 7. 이단 8. 교육 9. 설교자들 10. 진리, 보관, 전수

교리적인 특징 I

제2차 런던 침례교 신앙고백서를 각 장별로 자세히 살펴보기 전에 우선 전체적인 개관을 이해할 필요가 있습니다. 나무를 개별적으로 보기 전에 숲 전체를 조망해 볼 필요가 있기 때문입니다. 어떤 교리적인 특징이 있는지는 신학적인 면에서 어떤 사상을 수용하고 어떤 사상을 배격하는가 하는 문제로 정리 될 수 있습니다.

신앙고백서에 담긴 다섯 가지 신학적 특징을 살펴보겠습니다.

첫 번째 특징: 정통 복음주의 신앙노선

1. 성경은 무오하고, 무류한, 유일한 규칙이라고 선포합니다.

〈제1장〉 '성경에 관하여'의 제1항은 "성경은 구원에 이르게 하는 모든 지식과 믿음과 순종에 있어서 충분하고 확실하고 절대 오류가 없는 유일한 규칙이다"라고 되어 있습니다. 즉 성경은 무오하고(Inerrant) 무류한(Infallible) 유일한 규칙이라고 선포하고 있는 것입니다.

이 고백에 대한 성경의 근거 구절은 디모데후서입니다.

"또 어려서부터 성경을 알았나니 성경은 능히 너로 하여금 그리스도 예수 안에 있는 믿음으로 말미암아 구원에 이르는 지혜가 있게 하느니라 모든 성경은 하나님의 감동으로 된 것으로 교훈과 책망과 바르게 함과 의로 교육하기에 유익하니"ㅣ딤후 3:15-16 성경은 구원에 이르는 지식(Saving Knowledge)을 얻기에 유일하고 충분하고 확실하고 무오한 규칙입니다.

"믿음은 들음에서 나며 들음은 그리스도의 말씀으로 말미암았느니라"ㅣ롬 10:17 성경을 '확실한 규칙'이라고 말하는 이유는 성경만이 믿을만한 하나님의 말씀이기 때문입니다.

또한 성경은 절대 오류가 없는 규칙(Infallible)입니다. 아니, 오류에 빠지는 것이 불가능합니다(Impossible to be in error). 성경이 오류에 빠지는 것이 불가능한 이유는 모든 성경은 하나님의 감동으로 기록되었기 때문입니다. 하나님은 거짓말하실 수 없는 분이시므로 하나님이 기록하신 성경은 거짓말이나 오류가 전혀 없는 하나님의 말씀이 됩니다.

이처럼 정통 개신교 복음주의 신앙의 제1원리는 오직 성경만이 구원을 얻기에 유일하고, 충분하고, 확실하고, 무오한 규칙이라고 믿는 것입니다. 그러므로 제2차 런던 침례교 신앙고백서는 자유주의 신학을 배격합니다. 자유주의 신학은 성경이 절대 오류가 없는 규칙이라는 원리를 부인하는 신학이기 때문입니다.

자유주의 신학은 19세기 독일의 슐라이어마허(Schleiermacher)로부터 시작되었습니다. 그는 정통적인 개신교의 신앙과 신앙고백서를 모두 거절했습니다. 하나님으로부터 오는 초자연적이고 무오한 계시를 부인하며 이 계시에서 나온 교리와 신앙고백서에 적대적인 운동을 펼쳤습니다.

20세기 말에도 미국의 남침례교총회(SBC)안에서 자유주의 신학을 추종하는 사람들이 있었습니다. 결국 이들은 남침례교단과 분리되어 협동침례교 펠로우쉽(CBF)을 형성했습니다.

2. 삼위일체에 대한 확고한 신앙을 고백합니다.

하나님은 한 분이시며 성부 성자 성령의 삼위로 존재하십니다. 삼위는 모두 동일본질이시므로 성부도 100% 신성, 성자도 100% 신성, 성령도 100% 신성을 지니시는 삼위 모두가 영원성을 지니시면서도 한 분이시라는 진리입니다. 성자는 성부로부터 출생하셨으나 영원한 출생(Eternal generation)이므로 출생 시점을 알 수 없고, 성령은 성부와 성자로부터 발출하셨으나 영원한 발출(Eternal procession)이시므로 역시 발출하신 시점을 알 수 없다는 고백도 실려있습니다.

지상명령 "그러므로 너희는 가서 모든 민족을 제자로 삼아 아버지와 아들과 성령의 이름으로 침례를 베풀고"|마 28:19 에서 발견할 수 있는 놀라운 사실은 "아버지와 아들과 성령의 이름들로 침례를 주라"라고 하지 않았다는 사실입니다. '이름'이 복수가 아닌 단수로 되어있습니다. "In the name of Father and of the Son and of the Holy spirit." 삼위이시지만 이름은 단수입니다. 삼위일체의 진리가 아니면 이해할 수 없는 성경의 표현입니다.

이 모든 진리들은 신앙고백서 〈제2장〉 '하나님과 성삼위일체에 관하여'의 3항에서 명확히 선언되어 있습니다. 영적이고 무한한 존재는 성부 성자 성령으로 삼위이시지만 능력과 영원성에 있어서 한 분이십니다. 각 위는 완전한 신적 실체를 가지고 있으나 나누어지지 않습니다. 성부는 출생되거나 발출되지 않으셨고, 성자는 성부에게서 영원 출생되셨고, 성령은 성부와 성자에게서 발출되셨습니다. 삼위는 완전히 무한하시고, 시작이 없으시며, 오직 한 하나님이십니다. 삼위는 본질상 나눌 수 없으나 여러 가지 독특성과 상대적인 고유성에서는 구별됩니다(not divided but distinguished).

정통적인 개신교의 복음주의 신앙은 삼위일체 하나님을 믿고 오직 그 분만을 경배합니다. 성부 하나님을 경배하고, 성자 예수님을 경배하고, 성령님을 경배합니다. 삼위일체를 부인하는 사람은 그리스도인이 아닙니다. 인간의 지식으로 삼위일체 교리를 다 이해할 수 없지만, 믿어야 하는 진리입니다. 삼위일체 교리를 설명하려고 드는 예화는 모두 합당한 예화가 아닙니다. 비논리적인 교리가 아니라 인간의 논리를 뛰어넘는 진리이기 때문입니다. 그러므로 제2차 런던 침례교 신앙고백서는 삼위일체를 부인하는 아리우스주의, 양태론, 군주신론, 소시너스주의, 여호와의 증인, 몰몬교, 오순절 연합교회를 거부합니다.

3. 기독론에 있어서도 확고합니다.

예수 그리스도는 완전한 신성과 완전한 인성을 가지신 계시된 한 분이시며, 한 위격 안에 양성이 존재하신다는 신앙입니다. 양성은 한 위격 안에서 결합되어 분리될 수 없지만, 변경되거나 합성되거나 혼동될 수도 없습니다(in separably joined in one person without conversion, composition, and confusion). 예수 그리스도만이 하나님과 사람 사이의 유일한 중보자가 되십니다. 〈제8장〉 '중보자이신 그리스도에 관하여' 제2항에 명백히 이러한 정통적인 기독론 신앙을 고백하고 있습니다.

그러므로 제2차 런던 침례교 신앙고백서는 그리스도의 완전한 신성을 부인하는 아리우스주의를 배격하고, 아리우스주의와 같은 사상을 가진 여호와의 증인을 배격합니다. 그리스도의 완전한 인성을 부인하는 아폴리나리우스주의(Apollinarianism)도 배격합니다. 그리스도의 인성과 신성을 지나치게 분리시켜 그리스도를 두 분인 것처럼 말하는 네스토리우스주의(Nestorianism)를 배격하고, 그리스도의 신성과 인성이 합성되어 인성이 신성으로 변경되어 신성만 남았다고 하는 극단적 단성론인 유티케스주의(Eutychianism)를 배격합니다. 그리스도의 신성을 부인하고 인성만을 강조하는 자유주의 신학도 배격하는 것입니다. 성경은 예수 그리스도가 성자(Son of God)면서, 동시에 인자(Son of Man)라고 선포합니다. 한 위격 안에 양성이 공존하고 있다는 것입니다.

4. 구원론에서도 오직 예수 그리스도만이 유일한 구주이심을 믿습니다.

정통 개신교 신앙을 믿는 우리는 오직 그리스도를 믿음으로 의롭다 함을 얻는다는 '이신득의'를 믿습니다. 그러므로 '이행득의'를 가르치는 로마 가톨릭을 배격합니다.

로마 가톨릭은 삼위일체 교리에 관해서는 정통적이지만 구원론에는 정통적인 신앙을 따르지 않습니다. 그러므로 〈제11장〉 '칭의에 관하여' 제1항에서는 "그 동안 무슨 일이 일어났거나 그들에 의해 무슨 일이 행해져서가 아니라, 오직 그리스도로 인하여 의롭다 칭하는 것이다"라고, 제2항에서는 "그러므로 그의 의를 영접하고 의지할 수 있는 믿음은 칭의의 유일한 도구다"라고 언급하고 있습니다. 실로 오직 예수, 오직 믿음, 오직 은혜(Solus Christus, Sola fide, Sola gratia)로 구원을 받는다는 개신교 원리를 정확하게 고백하고 있는 것입니다.

5. 하나님은 6일 동안에 창조하셨으며, 지금도 만드신 만물을 보존하시고 통치하신다는 진리를 믿습니다.

신앙고백서 〈제3장〉은 '하나님의 작정'에 관하여, 〈제4장〉은 '창조에 관하여', 〈제5장〉은 '신적 섭리에 관하여'를 다루며 정통적인 개신교 신앙을 고백하고 있습니다.

〈제4장〉 '창조에 관하여'의 제1항에서는 "태초에 성부, 성자, 성령 하나님은 그의 영원한 권능과 지혜와 선하심의 영광을 나타내기 위해 세상과 그 안에 있는 모든 것 즉 보이는 것들과 보이지 않는 것들을 6일 동안 만드시기를 기뻐하셨다. 이 지으신 모든 것이 다 선하였다"고 고백하고 있습니다. 삼위일체 하나님의 활동으로 6일 동안 창조된 것을 고백한 것입니다.

〈제5장〉 '신적 섭리에 관하여'의 제1항은 "만물의 창조자이신 하나님은 자신의 지혜와 권능과 공의와 무한한 선과 자비의 영광을 찬양하기 위해서 자기의 무한한 능력과 지혜 안에서 자기의 무오한 미리 아심과 자유롭고 변함없는 의지의 계획을 따라 가장 큰 것으로부터 가장 작은 것에 이르기까지 그들의 창조된 목적을 따라서 모든 피조물들과 만물들을 거룩한 지혜와 거룩한 섭리로서 보존하고 지도하고 치리하고 통치하신다"고 고백하고 있습니다.

그러므로 제2차 런던 신앙고백서는 진화론이나 우연론, 또는 운명론과 같은 사상들을 철저히 배격합니다. 〈제5장〉 제2항에 "하나님의 섭리의 개입 없이 일어나는 일은 하나도 없다"고 고백했습니다.

제2차 런던 신앙고백서는 침례교회가 성경론, 삼위일체론, 기독론, 구원론, 창조론과 섭리론 이 여섯 가지 영역에 있어서 철저히 정통 복음주의 교리를 따르고 있음을 고백합니다. ✝

▚정리를 위한 문제

1. 런던 침례교 신앙고백서는 성경이 ＿＿＿＿＿＿ 하고, ＿＿＿＿＿＿ 하며 유일한 규칙이라고 선언한다.

2. 런던 침례교 신앙고백서는 성경이 절대 오류가 없는 규칙이라는 원리를 부인하는 ＿＿＿＿＿＿ 신학을 배격한다.

3. 런던 침례교 신앙고백서는 하나님은 한 분이시고 성부 성자 성령의 삼위로 존재한다는 ＿＿＿＿＿＿ 에 대한 확고한 신앙을 고백한다.

4. 삼위일체 교리는 다 이해할 수 없는 진리이지만 ＿＿＿＿＿＿ 하는 진리이다.

5. 예수 그리스도는 완전한 신성과 완전한 인성을 가지신 ＿＿＿＿＿＿ 이시며 한 위격 안에 ＿＿＿＿＿＿ 을 지니고 존재하신다.

6. 런던 침례교 신앙고백서는 그리스도의 완전한 신성을 부인하는
   _____ 주의를 배격하며, 그리스도의 완전한 인성을 부인하는
   _____ 주의도 배격한다.

7. 런던 침례교 신앙고백서는 그리스도의 인성과 신성을 지나치게 분리시켜서
   그리스도를 두 분인 것처럼 말하는 _____ 주의를 배격한다.

8. 런던 침례교 신앙고백서는 그리스도의 인성과 신성이 합성되어 인성이
   신성으로 변경되어 신성만 남았다고 말하는 _____ 주의도 배격한다.

9. 정통 개신교 신앙은 오직 그리스도를 믿음으로 의롭다 함을 얻는다는
   _____ 교리를 믿으며, 이행득의 교리를 가르치는 _____ 을
   배격한다.

10. 정통적인 개신교신앙은 _____ 과 _____ 에 있어서
    하나님은 무에서 유를 6일 동안 창조하셨으며, 지금도 만드신 만물을
    보존하고 통치하신다는 진리를 믿는다.

답: 1. 무오, 무류 2. 자유주의 3. 삼위일체 4. 믿어야 5. 한 분, 양성 6. 아리우스, 아폴리나리우스
7. 네스토리우스 8. 유티케스 9. 이신득의, 로마 가톨릭 10. 창조론, 섭리론

교리적인 특징 Ⅱ

지난 장에 이어 런던 침례교 신앙고백서에 나타난 교리적인 특징 4가지를 더 알아보도록 하겠습니다.

두 번째 특징: 언약신학

1. 언약신학과 세대주의신학은 성경을 이해하는 두 가지 큰 줄기입니다. 1689년 런던 침례교 신앙고백서가 나올 당시에 세대주의신학은 존재하지도 않았습니다. 세대주의 신학은 19세기 중반에 언약신학을 반대하기 위해 나온 신학이기 때문입니다.

2. 언약신학이란 하나님이 피조물을 상대하실 때는 '언약'을 수단으로 상대하신다는 성경이해 시스템입니다.

하나님은 인간과 두 가지 언약을 맺으셨습니다. 첫째는 아담을 대표로 아담의 허리 안에 있는 모든 인류와 맺으신 언약으로서 선악과를 먹지 않으면 영생을 잃지 않는다는 행위언약(Covenant of Works)입니다. 그러나 아담은 이 언약을 위반해 영생을 잃어버렸고 그 결과 온 인류에게 죄와 사망을 안겨주었습니다. 그러나 하나님은 여자의 후손을 통해서 믿는 자를 구원하신다는 언약을 주셨습니다. 이 언약이 창세기 3:15절에 처음으로 나타났는데 이를 은혜언약(Covenant of Grace)이라고 말합니다.

은혜언약은 노아, 아브라함, 모세, 다윗을 거치면서 점점 더 확실히 계시되었고, 예수 그리스도에 의해 완성되었습니다. 죄와 사망에 처한 인간이 예수 그리스도를 구주로 믿으면 영생을 얻게 된다는 언약입니다. 이 언약을 보통 '새 언약'이라고 부르지만 이는 은혜언약의 완성입니다. 은혜언약은 아담의 범죄 후에 계시되었지만 그 기원은 영원 전 삼위일체 하나님의 사이에 맺어진 구속언약(Covenant of Redemption)이 인간에게 계시된 것입니다.

하나님은 인간의 타락을 아시고 구원의 길을 미리 예비해 놓으셨습니다. 성부 하나님은 구원하실 자를 택하시고, 성자 예수님은 성부의 택하신 자들의 죄를 속죄하시고, 성령님은 그들을 거듭나게 하셔서 구원을 주관적으로 체험하게 하십니다. 침례교회는 이 언약신학의 시스템으로 성경을 이해합니다.

장로교와 침례교의 언약신학은 한 가지 차이점이 있습니다. 신자의 육신의 자손이 저절로 은혜언약에 포함되느냐(Covenant Children)는 질문입니다. 장로교는 그렇다고 주장하며 신자의 육신의 자손들에게 유아세례를 줍니다. 그러나 침례교는 신자의 육신의 자녀라 할지라도 개인적으로 은혜받고 구원받아야 침례를 준다는 신자의 침례를 믿습니다. 침례교는 언약신학을 믿지만 장로교의 언약자손의 개념은 배격합니다.

3. 반면에 세대주의 신학은 성경을 7세대로 나누고 하나님은 각 세대별로 인간을 시험하시고 구원의 기준을 제시하셨다고 주장합니다. 무죄시대, 양심시대, 인

간통치시대, 언약시대, 율법시대, 교회시대, 천년왕국시대로 각각 나뉘는데 각 시대마다 구원의 기준이 다르고 결국 구원에 실패했다는 이론입니다. 그들은 또한 마지막 7년 환란 후 천년왕국이 지상에 이루어지면 유대인이 중심 된 왕국이 천년간 이 땅에 지속된다고 말합니다.

이 사상은 19세기에 달비(J. N Darby)가 확산시켰고 20세기에 근본주의자들이 취했지만 전반적으로 비성경적인 사상입니다. 침례교의 신앙고백서는 세대주의와 같은 불건전한 신학을 배격하고 있음을 명백히 알려줍니다.

세 번째 특징: 칼빈주의적인 구원론

1. 칼빈주의 구원론은 사도바울이 가르쳤고, 어거스틴이 더 연구했고, 칼빈이 정리한 구원론으로 TULIP(튤립)으로 알려졌습니다.

인간의 전적타락(Total Depravity), 성부의 무조건적 선택(Unconditional Election), 성자 예수님이 성부의 택자들의 죄값을 청산하셨다는 제한속죄(Limited Atonement), 성령님이 택자들에게 주시는 거부할 수 없는 은혜(Irresistible Grace), 한번 구원받은 성도는 영원히 그 구원을 빼앗기지 않는 다는 성도의 견인론(Perseverance of the Saints)입니다.

1689년 런던 침례교 신앙고백서는 이러한 칼빈주의 구원관을 8장부터 20장까지 자세하게 고백하고 있습니다. 이를 하나님의 주권 혹은 은혜의 교리라고도 말합니다.

2. 우리는 역사상 나타났던 각종 불건전한 구원관을 거부합니다. 인간은 원죄가 없고 스스로의 능력으로 구원받을 수 있다는 펠라기우스주의(Pelagius)를 거부하고, 인간의 의지가 먼저 구원의 주도권을 쥐고 믿으면 하나님의 은혜는 후에 뒤따라온다는 세미 펠라기우스주의(Semi-Pelagius), 예지 예정을 가르치는 아르미

니우스(Arminius)를 배격합니다. 칼빈주의처럼 인간의 전적타락을 믿고, 하나님은 모든 인간에게 믿을 수 있는 자유의지를 나누어 주신다는 선행적 은혜(Prevenient Grace)를 주장하는 웨슬리의 아르미니우스주의도 배격하는 것입니다.

20세기에는 침례교인들 가운데도 빌리 그래함(Billy Graham)같이 세미 펠라기우스주의를 따르는 사람들이 많이 활동했습니다. 그러나 1689년 침례교 신앙고백서와는 많이 다른 사상을 설교한 것입니다.

네 번째 특징: 청교도주의

영국 종교개혁의 역사 속에 나타난 청교도주의를 따르는 교단은 장로교회, 회중교회와 침례교회이며 청교도주의는 다섯 가지 특징이 있습니다.

1. 양심의 자유를 강조합니다. 오직 하나님만이 인간 양심과 신앙의 주인이며, 왕이나 정치가들이 인간 양심을 지배할 수 없다는 것입니다. 신앙고백서 〈제21장〉에서 양심의 자유를 말하고 있습니다.

2. 하나님을 공경하는 예배를 강조합니다. 참된 예배를 위해서는 하나님의 말씀만 따라야 하고 인간이 만든 규율 예를들면 성공회 기도서(The Book of Common Prayer)와 같은 것은 거부합니다. 주일은 기독교의 안식일이요, 주님의 부활로 안식일은 주일로 바뀌었기 때문에 공적인 예배의 날이 되어야 합니다. 〈제22장〉 '종교적 예배와 안식일에 관하여'에서 고백하고 있습니다.

3. 성도의 삶에서 도덕법의 중요성을 강조합니다. 구원은 100% 하나님의 은혜로 받지만, 은혜 받은 사람은 하나님의 법을 존중하며 살아가는 변화된 경험을 하게 된다는 것입니다. 이러한 변화의 경험이 없는 사람은 참된 은혜를 받은 것이 아닙니다. 도덕법, 즉 십계명은 은혜받은 성도들이 마땅히 존중하고 지켜야 할 법입니다. 여기에서 도덕법을 지켜서 구원받겠다는 율법주의나 도덕법이 소용없다

는 율법폐기론을 거부합니다. 〈제19장〉 '하나님의 율법에 관하여'에서 자세히 다루고 있습니다.

4. 성도는 시민정부의 시민으로서의 의무를 강조합니다. 16세기 아나뱁티스트처럼 시민정부를 부정하고 거부하지 않습니다. 그러나 시민정부는 영적인 언약에는 간섭할 권한이 없다는 한계를 둡니다. 〈제24장〉 '국가위정자에 관하여'에서 고백하고 있습니다.

5. 성도의 결혼의 신성함을 강조합니다. 사제독신주의를 주장하는 로마가톨릭 교리를 거부하고, 동성간의 결혼, 불신자나 이단과의 결혼, 근친간의 결혼을 거부합니다. 〈제25장〉 '결혼에 관하여'에서 이 내용을 고백하고 있습니다.

이처럼 우리의 신앙고백서는 신비주의를 추구하는 퀘이커(Quaker)나, 시민정부의 정당성을 부인하는 아나뱁티스트나, 하나님의 기록된 계시를 무시하고 체험만을 강조하는 신비주의(Mysticism)를 거부합니다. 성도의 삶과 경험이 없는 단지 지식만의 칼빈주의도 거부하며 오직 체험적인 칼빈주의를 추구합니다. 이것이 청교도주의입니다.

다섯 번째 특징: 침례교 신앙

1. 침례교회의 신앙고백에서 말하는 '교회와 국가의 분리'는 청교도 사상보다도 한 발자국 더 나아간 내용을 담고 있습니다. 1791년에 제정된 "의회는 국가교회를 만들거나 자유로운 종교 활동을 방해하는 어떠한 법 제정도 금지한다"는 미국 수정 헌법 제1조의 내용은 아이작 베커스(Isaac Backus)나 존 릴랜드(John Leland)와 같은 뉴잉글랜드 침례교인들이 활동한 결과였습니다.

2. 교회는 중생한 자들로 구성되어야 하며, 지역 교회는 독립적이며 회중정체를 취하고, 지역 교회에서 악을 행하는 자에게 징계권이 있으며, 오직 신자에게만 침

례를 베푼다는 신자의 침례론, 그리고 신자만이 만찬에 참여한다는 사상이 담겨 있습니다. 또한 지역교회 이외에도 하나님의 택함 받은 모든 성도로 구성된 우주적 교회가 있다고 믿는 것입니다.

3. 그러므로 유아세례론을 거부하고, 우주적 교회를 부인하는 지계석주의(Landmarkism)를 배격하며, 로마가톨릭의 화체설주의와 국가가 교회를 지배해야 한다는 국교회주의(Erastianism)를 거부합니다. 이는 16세기 하이델베르크 대학의 에라스투스 교수가 주장한 국가가 종교의 모든 면에 간섭해야 한다는 사상입니다.

우리는 교파주의(Denominationalism)도 배격하는데 이는 총회나 지방회 같은 교단의 기관이 개교회보다 우월한 위치에 있다는 사상입니다. 성공적인 결과만 나오면 된다는 대단히 위험한 실용주의(Pragmatism)와 개교회 이외의 파라처치(Para-church) 운동을 모두 배격합니다.

이처럼 1689년 런던 침례교 신앙고백서는 침례교의 신앙을 가장 성경적으로, 가장 정통적으로 요약한 고백서입니다. ✝

📍정리를 위한 문제

1. 1689년 런던 침례교 신앙고백서의 정통적인 개신교의 복음주의는 로마가톨릭의 이행득의(以行得義) 구원론을 거부하고, _____ 구원론 만을 인정한다.

2. 신앙고백서의 두 번째 특징은 _____ 을 따르는 것이다. 하나님은 인간과 두 종류의 언약을 맺으셨는데 하나는 행위언약 이고, 또 하나는 은혜언약이다.

3. 장로교는 신자의 육신의 자손이 저절로 은혜언약에 포함된다고 믿기 때문에 _____를 주고, 침례교는 신자의 육신의 자녀라도 각자가 은혜를 받고 구원받아야 침례를 준다는 _____를 믿는다.

4. 세대주의신학은 성경을 7세대로 나누고 하나님은 각 세대별로 다른 구원의 기준을 제시하셨다고 주장한다. 1) 무죄시대 2) 양심시대 3) 인간통치시대 4) _____ 5) 율법시대 6) 교회시대 7) 천년왕국시대로 구분한다.

5. 우리는 칼빈주의적인 구원론을 철저하게 따르고 있다. 칼빈주의적인 구원론이란 흔히 TULIP이라는 말로 알려졌고, 1) 전적 타락 2) 성부의 _____ 3) 제한 속죄 4) 불가항력적 은혜 5) 성도의 견인이다.

6. 신앙고백서의 네 번째 특징은 _____를 따른다는 것이다. 영국 종교개혁의 역사 속에 청교도주의를 따르는 교단은 장로교회, 회중교회, 그리고 침례교회였다.

7. 침례교 신앙을 요약 하면, 1) 교회와 국가의 분리, 2) 교회는 _____들로 구성되어야 한다는 것이다.

8. 지역교회는 독립적이며, 회중정체를 취하고, 징계권이 있으며, 오직 신자에게만 침례를 베푸는 _____론, 그리고 신자만이 주의만찬에 참여한다는 사상이다.

9. 유아세례 거부, 우주적 교회를 부인하는 지계석주의 배격, 로마 가톨릭의 _____을 거절하고 국가가 교회를 지배해야 한다는 국교회주의를 거부한다.

답: 1. 이신득의 2. 언약신학 3. 유아세례, 신자의 침례 4. 언약시대 5. 무조건적 선택 6. 청교도주의 7. 중생한 자 8. 신자의 침례 9. 화체설

Ⅱ. 1689 런던 침례교 신앙고백서 해설

제1장. 성경에 관하여

제2장. 성삼위일체에 관하여

제3장. 하나님의 작정에 대하여

제4장. 창조에 관하여

제5장. 하나님의 섭리에 관하여

제6장. 사람의 타락과 죄와 형벌에 관하여

제7장. 하나님의 언약에 관하여

제8장. 중보자이신 그리스도에 관하여

제9장. 자유의지에 관하여

제10장. 유효적 소명에 관하여

제11장. 칭의에 관하여

제12장. 양자됨에 관하여

제13장. 성화에 관하여

제14장. 구원받는 믿음에 관하여

제15장. 생명 얻는 회개에 관하여

제16장. 선행에 관하여

제17장. 성도의 견인에 관하여

제18장. 구원의 확신에 관하여

제19장. 하나님의 율법에 관하여

제20장. 복음과 은혜의 범위에 관하여

제21장. 신자의 자유와 양심의 자유에 관하여

제22장. 종교적 예배와 안식일에 관하여

제23장. 합법적인 맹세와 서원에 관하여

제24장. 국가 위정자들에 관하여

제25장. 결혼에 관하여

제26장. 교회론에 관하여

제27장. 성도의 교통에 관하여

제28장. 침례와 주의만찬에 관하여

제29장. 침례에 관하여

제30장. 주의만찬에 관하여

제31장. 죽음 후의 인간 상태와 부활에 관하여

제32장. 최후의 심판에 관하여

제1장

성경에 관하여
OF THE HOLY SCRIPTURES

[전문]

1항. 성경은 구원에 이르게 하는 모든 지식과 믿음과 순종에 있어서 충분하고 확실하고 절대 오류가 없는 유일한 규칙이다 | 딤후 3:15-17; 사 8:20; 눅 16:29, 31; 엡 2:20. 비록 자연 세계와 창조와 섭리의 역사를 살펴보아도 하나님의 선하심과 지혜와 권능을 잘 나타내고 있어서 사람들에게 핑계치 못하도록 만들기는 하였지만 | 롬 1:19-21; 2:14-15; 시 19:1-3, 그것들만으로는 구원에 필요한 하나님과 그분의 뜻에 관한 지식을 얻기에는 충분하지 못하다. 그러므로 하나님은 여러 시대에 다양한 방법으로 자신을 계시하시며 교회에 자신의 뜻을 선포하시기를 기뻐하셨다 | 히 1:1. 그런 연후에는 진리를 더 잘 보존하시고 전파하시기 위해서, 그리고 인간의 죄성으로 말미암는 부패와 사탄의 궤계와 세상의 악에 대항하여 더 확실하게 교회를 확립하시고 안위하시기 위하여 자신이 계시하신 바를 기록하시기를 기뻐하셨다 | 잠 22:19-21; 롬 15:4; 벧후 1:19, 20. 이로써 성경은 가장 필요한 것이 되었고, 하나님이

자신의 뜻을 자기 백성들에게 계시하시던 이전의 방법들은 이제 중단되었다.

2항. 하나님의 말씀인 성경에는 구약과 신약의 모든 책이 다 포함되어 있다. 그 책은 다음과 같다. 이 모든 책은 하나님의 영감으로 기록된 것으로서ㅣ딤후 3:16 신앙과 생활의 규칙이 된다.

(구약) 창세기, 출애굽기, 레위기, 민수기, 신명기, 여호수아, 사사기, 룻기, 사무엘상, 사무엘하, 열왕기상, 열왕기하, 역대상, 역대하, 에스라, 느헤미야, 에스더, 욥기, 시편, 잠언, 전도서, 아가, 이사야, 예레미야, 예레미야애가, 에스겔, 다니엘, 호세아, 요엘, 아모스, 오바댜, 요나, 미가, 나훔, 하박국, 스바냐, 학개, 스가랴, 말라기

(신약) 마태복음, 마가복음, 누가복음, 요한복음, 사도행전, 로마서, 고린도전서, 고린도후서, 갈라디아서, 에베소서, 빌립보서, 골로새서, 데살로니가전서, 데살로니가후서, 디모데전서, 디모데후서, 디도서, 빌레몬서, 히브리서, 야고보서, 베드로전서, 베드로후서, 요한일서, 요한이서, 요한삼서, 유다서, 요한계시록.

3항. 보통 외경으로 불리는 책들은 하나님의 영감에 의한 것이 아니기 때문에ㅣ눅 24:27, 44; 롬 3:2 정경으로 분류될 수 없으며 하나님의 교회에서 권위를 가질 수 없고 다른 방법에 의해서도 인정받을 수 없으며 일반적인 인간의 작품들 이상으로 간주하여서도 안 된다.

4항. 성경의 권위는 사람이 반드시 믿어야만 하는 것인데, 그 권위는 어떠한 사람이나 교회의 증거에 의존하는 것이 아니라 진리 자체시며 성경의 저자이신 하나님께 전적으로 의존한다ㅣ살전 2:13; 요일 5:9; 비교. 딤후 3:16; 벧후 1:19-21 . 성경은 하나님의 말씀이기 때문에 인간은 하나님 말씀으로 받아들여야 할 의무가 있다.

5항. 우리는 하나님의 교회가 증언한 대로 감동을 받아 성경에 대하여 가장 최고의 경의를 표한다. 내용의 신성함, 교리적인 실현성, 문체의 장엄성, 내용의 일관성과 주제의 포괄성 등은 하나님께 영광을 돌리게 한다. 성경이 인간을 구원하

는 유일한 방법이라는 완전한 증거, 그밖에 다른 것과 비교할 수 없는 탁월성, 그리고 그것의 전체적인 완전성들은 성경이 스스로 하나님의 말씀이라는 것을 충분히 증거하고 있다. 그럼에도 불구하고 성경이 신적인 권위를 지닌 오류 없는 진리라고 완전하게 확신할 수 있는 것은 | 요 16:13-14; 고전 2:10-13; 요일 2:20, 27 우리의 마음속에서 말씀과 함께, 또한 말씀에 의해서 증거를 주시는 성령의 내적 사역으로부터 온다.

6항. 하나님 자신의 영광과 사람의 구원과 믿음과 생명을 얻기에 필요한 모든 것들에 관한 하나님의 계획 | 갈 1:8, 9; 비교. 딤후 3:15-17 은 성경에 분명하게 제시되어 있거나 아니면 필수적으로 포함되어 있다. 어느 시대를 막론하고 성경에는 새로운 성령의 계시나 사람들의 전통들이 첨가되어서는 안 된다. 그럼에도 불구하고 우리는 말씀 속에 계시된 것들을 깊이 이해하여 구원을 받기 위해서는 하나님의 영의 내적 조명 | 요 6:45; 비교. 고전 2:9-12 이 필요하다는 것을 인식하고 있다. 그리고 또한 우리는 하나님께 대한 예배와 교회의 정치에 관해서는 어떤 사안들에 관해서는 일상적인 인간 행위와 사회단체들처럼 자연의 빛과 신자들의 분별력을 통해 정해져야 하는 경우도 있다는 것도 인식하고 있다. 신자들의 분별력은 물론 언제나 하나님 말씀의 일반적인 규칙들에 따라야 한다 | 고전 11:13, 14; 14:26, 40 .

7항. 성경에 있는 모든 진리의 내용이 그 자체로 명료하거나 | 벧후 3:16 모든 사람에게 그 의미가 분명한 것은 아니다. 그러나 성경에는 구원을 위해 반드시 알고, 믿고, 지켜야 하는 도리들에 관해서는 성경 곳곳에 아주 분명하고도 명확하게 제시되어 있다 | 시 19:7; 119:130 . 따라서 유식한 자나 무식한 자나 적당한 방법만 사용한다면 그 진리에 대한 충분한 이해를 가질 수 있을 것이다.

8항. 옛날 하나님의 백성들의 모국어였던 히브리어로 기록된 구약 성경 | 롬 3:2 과 기록 당시 여러 민족에게 가장 일반적으로 알려졌던 헬라어로 기록된 신약 성

경은 하나님에 의해 직접적으로 감동 받았을 뿐 아니라 하나님의 단독적인 보호와 섭리에 의해 모든 시대를 통해 순수하게 보존되었으므로 신뢰할 만한 것이다 | 사 8:20 . 그러므로 모든 종교적인 논쟁들에 있어서 교회는 최종적으로 성경으로 호소해야 한다 | 행 15:15 . 그러나 성경에 대한 권리를 가지고 있고 성경에 흥미를 가지고 있으며 하나님을 경외하는 마음으로 성경을 읽고 | 요 5:39 탐구하도록 명령을 받은 모든 하나님의 백성들이라도 원어를 잘 알지 못하기 때문에 성경은 각 민족의 쉬운 방언으로 번역되어야 한다 | 고전 14:6, 9, 11, 12, 24, 28 . 이렇게 함으로써 하나님의 말씀은 모든 사람 안에 풍성히 거하게 된다 | 골 3:16 . 따라서 그들은 만족스러운 방법으로 하나님을 섬길 수 있게 되고 성경의 인내와 위로를 통해 소망을 갖게 된다.

9항. 성경을 해석하는 무오한 규칙은 성경 자체이다 | 벧후 1:20, 21; 행 15:15, 16, 21 . 그러므로 어느 성경 구절의 참되고 완전한 의미(이것은 여러 가지 의미가 아니라 하나의 의미)에 대해 의문이 생길 때에는 더욱 분명하게 말해 주고 있는 다른 구절들에서 살펴보아야 한다.

10항. 모든 종교 논쟁들을 결정하는 최고 심판자는 다름 아닌 성령께서 주신 성경이다. 교회회의들의 모든 명령과 고대 저자들의 견해와 사람들의 정한 교리와 개인의 생각들은 성경을 통해 검토되어야 하며, 성경의 판단에 굴복되어야 한다 | 마 22:29, 31, 32; 행 28:23; 비교. 엡 2:20 . 성경에 의해서만 우리의 신앙문제는 최종적으로 결정되어야 한다.

[전문]은 10개의 항으로 구성된 다소 긴 장으로 성경에 관한 7가지 중요한 주제를 다루고 있습니다. 이 7가지 주제들은 우연히 등장한 것이 아닌 역사적인 논쟁들 가운데서 드러난 주제들입니다. 주로 로마 가톨릭의 주장을 반박하는 과정에서 나타난 주제들이 많으며 또 한편으로는 아나뱁티스트들의 '직접적인 계시론'을 반박하는 과정에서 나타난 주제들도 있습니다.

그러나 이런 주제들은 21세기에도 모두 중요한 의미를 지니고 있으며, 로마 가톨릭도 여전히 건재하며 아나뱁티스트 같은 신령주의자들과 소위 신사도운동을 하는 사람들은 더욱 맹위를 떨치고 있기 때문입니다.

성경의 필요성(Necessity)

1. 인간에게 왜 성경이 필요할까? 그 답은 인간이 죄인이고, 죄로 인해서 영원한 지옥의 멸망으로부터 구원받을 필요가 있기 때문에 성경은 구원에 이르게 하는 모든 지식과 믿음과 순종을 위해서 꼭 필요한 것입니다.

2. 그렇다면 성경이 기록되기 전의 인간은 어떻게 구원을 받았을까요? 성경이 기록되기 전에는 '구원을 주시는 특별계시'를 통해서 구원을 받았습니다. 그러나 하나님은 구원을 주시는 특별계시를 모두 문서화하셔서 오늘날의 성경으로 완성해 주신 것입니다. 그러므로 이제는 별도의 특별계시가 아니라 완성된 특별계시인 성경을 통해서 구원을 주십니다.

그러므로 가톨릭의 교황이 자신의 자리에서 특별계시에 더하는 교리를 만들 수 있다든가, 혹은 특별한 성경의 계시를 받았다며 성경에 특별계시를 더한다든가 하는 로마가톨릭과 신비주의자들의 주장은 받아들일 수 없는 것입니다.

성경이 문서화된 두 가지 목적은 '진리를 더 잘 보존'하고 '진리를 더 잘 전파'하기 위해서입니다.

3. 하나님은 자연계시를 통해 자신의 선하심과 지혜와 권능을 드러내고 계신데 왜 구원을 위한 특별계시가 더 필요한 것일까요?

자연 세계와 피조물과 역사에 나타난 하나님의 계시를 자연계시라고 말합니다. 자연계시는 하나님의 존재를 드러냄으로 불신자들로 하여금 하나님이 존재하신 줄 몰랐다는 핑계를 댈 수 없게 만드는 기능이 있습니다. 사람들은 구름과 바람과 창조물을 통해 하나님을 볼 수 있습니다. 그러나 구원에 필요한 지식은 자연계시를 통해서 얻을 수 없다는 한계가 있는 것입니다. 구원에 필요한 지식은 오직 특별계시를 통해서만 알 수 있게 됩니다.

성경의 범위(Identity)

1. 먼저 적극적인 면으로서 성경은 구약 39권, 신약 27권 모두 66권만이 성경입니다. 성경을 정경(Canon)이라고 부르는데 Canon은 '삐뚤어진 것을 측량하는 똑바른 자(척도)'라는 의미가 있습니다. 성경에 비추어 일치하는 것은 옳은 것이며, 성경과 일치하지 않는 것은 모두 그릇된 사상과 철학이라는 말입니다. 때문에 성경만이 모든 세상의 것들을 측량 할 수 있는 오류 없는 정경입니다.

2. 소극적인 면으로서 외경이나 위경을 성경에 포함될 수 없는 것이며, 교회에서 아무런 권위로 인정받을 수 없는 것입니다. 외경(Apocrypha)은 모두 일곱 권인데 로마가톨릭에서는 이를 제2경전이라 부르며 성경으로 인정함으로 인해서 불건전한 교리 등이 나오게 되었습니다. 외경으로 부르는 경전은 마카비상서, 마카비하서, 지혜서, 집회서, 유딧서, 바룩서, 토빗서, 에스더서 추가 부분, 그리고 다니엘서의 추가 부분입니다.

위경(Pseudographia)이란 로마 가톨릭에서조차도 경전 취급을 받지 못하는 이단적 요소가 많은 경전들입니다. 마리아 복음서, 베드로 복음서 등을 말합니다.

성경의 권위성(Authority)

1. 성경의 권위에 관해 두 가지 질문에 대답하고 있습니다.
하나는 '왜 성경은 권위 있는 책인가?'하는 질문이고, 다른 하나는 '성경이 하나님의 말씀이며 권위 있는 책이라는 것을 우리가 어떻게 알 수 있는가?'하는 질문입니다. 전자는 객관적인 질문이고, 후자는 주관적인 질문입니다. 첫째 질문에 관해서 4항이 답하고, 둘째 질문에 관해서 5항이 답하고 있습니다.

2. 왜 성경이 권위 있는 책인가? 로마 가톨릭 교회의 주장대로 교황이나 교회가 권위 있는 책이라고 선포했기 때문인가? 그렇지 않다는 것입니다. 성경이 권위 있는 이유는 성경의 저자가 하나님이시며, 성경 자체가 하나님의 말씀이기 때문이라는 것입니다. 그러므로 모든 인간에게 구속력이 있는 것이고, 모든 인간은 성경의 권위에 순종해야 한다는 것입니다. 성경의 권위를 인정해야만 한다는 것입니다. (Authority in it). 성경이 하나님의 말씀임을 증거하는 고전적인 다섯 구절이 있습니다. "모든 성경은 하나님의 감동으로 된 것으로 교훈과 책망과 바르게 함과 의로 교육하기에 유익하니" | 딤후 3:16 "예언은 언제든지 사람의 뜻으로 낸 것이 아니요 오직 성령의 감동하심을 받은 사람들이 하나님께 받아 말한 것임이라" | 벧후 1:21 "진실로 너희에게 이르노니 천지가 없어지기 전에는 율법의 일점 일획도 결코 없어지지 아니하고 다 이루리라" | 마 5:18 "성경은 폐하지 못하나니 하나님의 말씀을 받은 사람들을 신이라 하셨거든" | 요 10:35 "예수께서 대답하여 가라사대 기록되었으되 사람이 떡으로만 살 것이 아니요 하나님의 입으로 나오는 모든 말씀으로 살 것이라" | 마 4:4

3. 우리가 성경이 하나님의 말씀이며 권위 있는 책이라는 것을 알 수 있는 세 가지 증거가 있습니다(Authority with us).
먼저, 외적 증거는 역사적으로 하나님의 백성들은 성경에 대해 최고의 경의를 표하며 권위성을 인정했다는 것입니다.

둘째, 성경 자체의 내적 증거는 성경 내용의 신성함, 교리의 실현성, 문체와 장엄성, 내용의 일관성, 주제의 포괄성, 구원을 위한 계시성, 비교할 수 없는 탁월성 등인데 이는 성경이 하나님의 말씀이라는 것을 스스로 증거합니다.

셋째, 성도 안에 역사하시는 성령의 내적 증거로 이는 가장 강력한 증거인데, 신자는 내주하시는 성령께서 성경이 하나님의 말씀이라는 요동치 않는 확신을 주신다는 것입니다. 성경 자체만 해도 내적 증거를 갖고 있지만, 인간은 죄성으로 인해서 그 증거를 무시하기 때문에 성령의 내적 증거가 또 요구되는 것입니다.

성경의 충분성(Sufficiency)

1. 성경의 충분성이란 인간이 알아야 할 모든 지식이 성경 안에 다 들어있다는 의미는 아닙니다. 성경의 충분성이란 '사람이 어떻게 구원을 얻는가?', '무엇을 믿어야 구원을 얻는가?', '영생을 어떻게 얻는가?' 하는 질문에 대해 충분한 답을 준다는 의미입니다.

그럼에도 불구하고 성경 속에서 역사나 과학이나 지리나 다른 분야에 관해서 성령이 직접 언급할 때는 다른 지식분야가 성경을 무시하고 성경에 명백히 선언된 진리를 거스려 말해서는 안됩니다.

2. 성경은 유일 충분성(Sole sufficiency)을 갖고 있기 때문에 구원목적을 위해서는 성경만이 유일한 답을 가지고 있으므로 로마 가톨릭 교회처럼 성경 이외에 전통을 첨가하거나, 신령주의자들처럼 신비하게 별도의 다른 계시가 첨가되어서는 안 되는 것입니다.

3. 성경을 통해서만 구원을 얻을 수 있다는 사실을 아는 사람은 두 가지 의무를 가집니다. 하나는 성경을 부지런히 읽고 연구해야 하며, 성경을 읽을 때는 교만

한 마음을 버리고 성령의 조명, 즉 성령의 가르치심을 받아야 한다는 것입니다. 그래야 성경의 바른 의미를 깨달을 수 있습니다.

    4. 교회는 때론 예배방식이나 교회정치 같은 영역에서 차이를 보일 수 있습니다. 이런 경우에는 하나님의 말씀의 범위 안에서 상식이나 분별력을 활용해야 한다는 점도 언급하고 있습니다.

성경의 명료성(Clarity)

1. 성경의 명료성이란 사람이 구원을 받기 위해서 반드시 알아야 하고 믿어야 하는 진리들에 관해서 아주 분명하고 명확하게 제시되어 있다는 의미입니다. 그러므로 적당한 성경연구 방법을 사용하기만 한다면 지식의 유무와는 상관없이 구원받을 수 있는 진리를 충분히 이해하고 믿을 수 있게 됩니다.

    2. 그러나 성경의 모든 부분이 다 그 의미가 명확한 것은 아닙니다. "알기 어려운 것이 더러 있으니" | 벧후 3:16 이 말씀처럼 그 자체 구절만 가지고 의미를 알기 어려운 경우도 있는데 이런 경우에는 다른 구절과 비교 연구하여 그 의미를 찾아보아야 합니다. 이 원칙을 '신앙의 유비(Analogy of faith)'라고 말합니다. 제9항이 신앙의 유비를 언급하고 있습니다.

    3. 또한 성경은 모든 사람에게 동일하게 그 의미가 명료하게 보여준다는 말도 아닙니다. 어떤 사람들은 성령의 가르침을 받아 말씀의 의미를 분명히 깨달을 수도 있으나, 어떤 사람들은 성경을 읽어도 분명히 깨닫지 못하는 경우도 있습니다. 그러므로 깨달은 사람이 깨달은 마음으로 말할 때에 비소로 일만 마디 방언보다도 가치가 있게 됩니다.

성경의 사용성(Availability)

1. 성경은 모든 사람이 사용할 수 있어야 한다는 원리입니다. 성경의 해석과 적용이 어떤 특정한 계급에만 한정되어 있다는 로마 가톨릭의 원리를 배척합니다.

2. 또한 구약성경은 히브리어로, 신약성경은 헬라어로 기록되었으나 하나님의 백성들도 원어를 알지 못하기 때문에 각 민족의 쉬운 방언으로 번역되어야 합니다. 그래야 하나님의 말씀이 모든 종족에게 풍성히 거할 수 있게 됩니다.

성경의 최종성(Finality)

1. 성경은 모든 종교 논쟁이나 교회 회의나 사람들 개인의 생각에 대해 최종적인 판단권을 가집니다. 모든 결론은 하나님의 말씀인 성경의 판단에 굴복해야 한다는 것입니다. 성도의 신앙과 행습의 최종 판단자는 성경입니다.

이처럼 성경은 인간의 구원을 위해서 꼭 필요한 하나님의 특별 계시입니다. 모든 시대 모든 사람이 믿어야 할 규범적인 계시(Normative Revelation)는 오직 성경 66권뿐이며 모든 사람이 복종해야 할 권위성이 있는 하나님의 말씀입니다. 또한 성경은 구원받는데 유일하고 충분한 계시이며, 이 계시에 더하거나 빼는 자는 저주를 받게 될 것입니다.

성경은 구원받는 지식을 분명하게 가르치는 명료성을 가리키고 있고, 모든 사람이 읽고, 들을 수 있도록 자국어로 번역되어야 하며, 인간의 신앙과 행습에 최종적인 판단자가 됩니다. 그러므로 우리가 성경을 어떻게 대하여야 하는가는 자명해집니다. ✝

정리를 위한 문제

1. 인간은 영원한 지옥의 멸망으로부터 구원받을 필요가 있기 때문에 성경은 _____ 에 이르게 하는 모든 지식과 믿음과 순종을 위해 꼭 필요하다.

2. 성경이 기록되기 전의 인간은 구원을 주시는 _____ 를 통해서 구원을 받았고 이를모두 문서화 하셔서 오늘날의 _____ 으로 완성해 주셨다.

3. 모든 시대 모든 사람이 믿어야 할 _____ 계시는 오직 성경 66권뿐이다.

4. 성경이 권위 있는 이유는 성경의 저자가 _____ 이시며, 성경 자체가 하나님의 말씀이기 때문이다.

5. 성경 내용의 신성함, 교리의 실현성, 문체의 장엄성, 내용의 _____ , 주제의 포괄성, 구원을 위한 계시성, 비교할 수 없는 탁월성으로 성경은 스스로의 권위를 증거한다.

6. 성경이 하나님의 말씀이라는 가장 강력한 증거는 성도 안에 역사하시는 성령의 _____ 이다.

7. 성경의 _____ 이란 어떻게 구원을 얻는가, 무엇을 믿어야 영생을 어떻게 얻는가에 대해 충분한 답을 준다는 의미다.

8. 성도는 성경을 부지런히 읽고 연구해야 하며, 교만한 마음을 버리고 _____ 의 조명, 즉 _____ 의 가르치심을 받으며 읽어야 한다.

9. 성경의 명료성이란 사람이 구원을 받기 위해서 반드시 알아야 하고 믿어야

하는 _____ 에 관해 아주 분명하고 명확하게 제시되어 있다는 것이다.

10. 성경의 사용성이란 성경의 해석과 적용이 어떤 _____ 에만 한정되어 있는 것이 아니라, 성경은 모든 사람이 사용할 수 있어야 한다는 원리입니다.

11. 성경의 최종성은 모든 종교논쟁이나 교회회의나 사람들 개인의 생각에 대해서 최종적인 _____ 을 가진다는 것이다.

답: 1. 구원 2. 특별계시, 성경 3. 규범적인 4. 하나님 5. 일관성 6. 내적 증거
7. 충분성 8. 성령, 성령 9. 진리들 10. 특정 계급 11. 판단권

제2장

성삼위일체에 관하여
OF GOD AND THE HOLY TRINITY

● [전문]

1항. 우리 주 하나님은 오직 한 분이신 살아 계신 참 하나님이시다 | 고전 8:6; 신 6:4 . 그는 자존하시며 | 렘 10:10; 사 48:12, 무한하시고, 완전하시다 | 출 3:14 . 그의 본체는 불가해하며, 가장 순결한 영이시고 | 요 4:24 , 비가시적이며, 육체도 없으시고 육체의 부분도 없으시며 육적인 성정도 없으시고, 불멸하시며, 사람이 접근할 수 없는 빛 가운데 거하신다 | 딤전 1:17; 신 4:15, 16 . 그는 불변하시며 | 말 3:6 , 광대하시고 | 왕상 8:27; 렘 23:23 , 영원하시고, 측량할 수 없으시며 | 시 90:2 , 전능하시고, 모든 일에 무한하시며 | 창 17:1 , 가장 거룩하시고 | 사 6:3 , 가장 지혜로우시며, 가장 자유로우시고, 가장 절대적이시다. 그는 모든 일을 자신의 영광을 위해 | 잠 16:4; 롬 11:36 자신의 불변적이고 가장 의로우신 의지의 계획에 따라 | 시 95:3; 사 46:10 행하신다. 그는 가장 사랑이 많으시고, 가장 자비로우시며, 오래 참으시고, 선과 진리가 충만하시며, 부정과 허물과 죄를 용서하시고 자기를 부지런히 찾는 자들에게는 상주

시는 분이시다 | 출 34:6, 7; 히 11:6 . 더욱이 그의 심판은 가장 공정하고 가장 두려운 것이다 | 느 9:32, 33. 그는 죄를 미워하시며 | 시 5:5, 6, 죄인을 결코 그냥 용서하지는 않으신다 | 나 1:2, 3; 비교. 출 34:7.

2항. 모든 생명 | 요 5:26 과 영광 | 시 148:13과 선 | 시 119:68 과 축복을 홀로 가지고 계신 하나님은 자신 안에 있어서나, 자신에 대해서나 자족하신 분이시다. 그는 자신이 창조한 피조물의 어떤 도움도 필요로 하지 않으시며 | 욥 22:2, 3 그들로부터 어떤 영광도 취하지 않으시고 오직 피조물 안에서, 피조물에 대하여, 피조물에게, 그리고 피조물 위에 자신의 영광을 나타내신다. 그분께서는 모든 존재의 유일한 근원이시다. 모든 것들은 그를 통해서 그를 향해서 존재하고 있다 | 롬 11:34-36. 그는 모든 피조물에 대해 주권적인 통치권을 가지고 있다 | 단 4:25, 34, 35. 모든 것들은 무엇이든지 그가 기뻐하시는 대로 그의 앞에서 노출되고 드러난다 | 히 4:13 . 그의 지식은 무한하고 피조물에 의존하지 않는다 | 겔 11:5; 행 15:18 . 그러므로 그에게는 우연한 것이나 불확실한 것은 없다. 그의 모든 계획과 모든 역사, 그리고 모든 명령은 가장 거룩하다 | 시 145:17. 창조주께 의무를 가지고 있는 피조물인 천사들과 사람들은 | 계 5:12-14 경배와 예배와 복종을 마땅히 하나님께 드려야 하며, 또한 하나님은 그것을 기쁘게 요구하신다.

3항. 이 영적이고 무한한 존재는 성부, 성자, 성령으로 삼위(three substances or three persons)이시지만 | 요일 5:7; 마 28:19; 고후 13:14 능력과 영원성에 있어서 한 분 (one substance or one essence)이시다. 각 위는 완전한 신적 실체를 가지고 있으나 나누어지는 것은 아니다 | 요 14:11; 비교. 고전 8:6; 출 3:14. 성부는 출생되셨거나 (generation), 발출(procession)되지 않으셨다. 성자는 성부에게서 영원 출생 되셨고 | eternal generation 요 1:14, 18, 성령은 성부와 성자에게서 발출되셨다 | eternal procession, double procession 갈 4:6. 삼위는 완전히 무한하시고 시작이 없으시며 오직 한 하나님이시다. 삼위는 본질상 분할될 수 없으나(not divided) 다른 위격과 비

교해서 여러 가지 독특한 고유성을 가지고 있는 위격적인 관계로 인하여 상호 구별된다(but distinguished). 삼위일체 교리에 대한 믿음은 하나님과의 교제 그분에 대한 안정된 의존의 기초가 된다.

1689년 런던 침례교 신앙고백서 〈제2장〉은 신론과 삼위일체론에 대한 신앙고백입니다. 325년에 공표된 니케아신조를 바탕으로 정통적인 신론과 삼위일체론을 고백하고 있으며, 삼위일체론을 반대하는 모든 이론을 배척하고 있습니다. 또한 하나님의 속성과 피조물과의 관계를 가장 균형 있게 제시하고 있는데 21세기의 기독교는 하나님의 속성에 관해서 더 묵상할 필요가 있습니다.

특별히 〈제2장〉 3항의 삼위일체론은 제1차 런던 침례교 신앙고백서와 장로교의 웨스트민스터 신앙고백서, 회중교회의 사보이 선언에 나타난 삼위일체론을 모두 결합한 가장 자세한 신앙고백이라 할 수 있습니다.

하나님의 속성에 관해 균형 있고 완벽한 내용을 제시하고 있다

신앙고백서 제1항이 강조하는 하나님의 중요한 여덟 가지 속성을 알아보겠습니다.

1. 하나님은 한 분이시다(Singularity).
2. 하나님은 독립자존 하신다(self-existence).
3. 하나님은 인간이 다 이해할 수 없는 불가해성(Incomprehensibility)을 갖고 있다.

4. 하나님은 영(Spirituality)이시다. 비가시적이시며, 육체도 없으시고, 육체의 지체도 없으시며, 인간과 같은 육적인 성정(성욕, 식욕 등)도 없으시고, 순결하신 영이시다.

5. 하나님은 무한하신(Infinity) 분이시다. 능력과 지혜에 한계가 없으신 분이시다.

6. 하나님은 주권성(Sovereignty)을 가지신다. 하나님은 가장 지혜로우시며, 가장 자유로우시고, 가장 절대적이시다. 그는 모든 일을 자신의 영광을 위해 자신의 불변적이고 가장 의로우신 의지의 계획에 따라 행하신다.

하나님의 주권이 미치는 범위는 '모든 일'입니다. 하나님의 주권이 미치지 않는 곳은 하늘과 땅 어디에도 없습니다. 하나님 주권의 목적은 '하나님 자신의 거룩한 영광'을 나타내시기 위한 것입니다. 하나님이 주권을 행사하시는 방식은 '자신의 불변적이시고, 가장 의로우신 의지의 계획을 따라서' 행사하십니다.

하나님은 인간의 뜻에 따라서 움직이시는 분이 아니시기 때문에 당신의 계획을 인간과 상의하지 않으십니다. 삼위일체 하나님 간에 맺어진 거룩한 언약은 결코 변함이 없고, 가장 의로운 계획이며 이것을 하나님의 작정(Decree of God)이라고 말합니다. 그러므로 인류와 세계의 역사는 하나님의 작정을 하나님이 주권적으로 실현해 나가시는 과정입니다.

7. 하나님은 가장 사랑(Love)이 많으신 분이시다. 가장 자비하시고, 오래 참으시며, 선과 진리가 충만하시고, 죄를 용서해 주시는 하나님이십니다.

8. 또한 하나님은 공의(Justice)로우신 분이시다. 하나님의 공의에 대해 두 가지 방식으로 표현되어 있습니다. 적극적으로는 하나님은 자기를 부지런히 찾는 자들에게는 상을 주시는 하나님이십니다. 그러나 소극적인 면으로는 하나님은 죄를 미워하시며, 죄인을 결코 그냥 용서하시는 법이 없으십니다. 죄를 심판하시는 하나님의 심판은 가장 공정하고 가장 두려운 심판입니다.

하나님과 피조물과의 관계성을 고백한다

하나님과 피조물의 관계는 다섯 가지로 분류되고 있습니다.

1. 하나님은 피조물로부터 독립자존하십니다(Self-Sufficient Independence). 하나의 존재를 위해선 피조물의 어떤 도움도 필요로 하지 않으십니다. 하나님은 당신의 영광이 부족해서 피조물로부터 영광을 보충하시는 것이 아닙니다. 도리어 피조물은 하나님의 충만하신 영광을 받아서 그 영광을 드러내고 하나님께 영광을 돌리는 것입니다.

2. 하나님은 피조물을 주권적으로 지배(Sovereign Dominion)하시는 유일한 분이십니다. 하나님은 모든 피조물에 대해서 주권적인 통치권을 가지고 계시며 만물은 하나님이 기뻐하시는 대로 그 앞에서 노출되고 드러납니다. 만물은 하나님 앞에서 자신을 숨기거나 그 지배를 벗어날 수 없습니다.

3. 하나님은 피조물에 대한 절대적인 지식(Absolute knowledge)을 가지고 계십니다. 피조물에 대한 하나님의 지식은 무한하며, 피조물에 의존해서 지식을 알게 되시는 것이 아닙니다. 하나님의 지식은 절대적이시고 무한하므로 하나님께는 우연한 것도 없고 불확실한 것이 아무것도 없습니다.

4. 하나님은 피조물 앞에 절대적인 거룩성(Utter sanctity)을 가지고 계십니다. 그의 모든 계획과 모든 역사들(Works) 그리고 모든 명령은 가장 거룩합니다.

5. 하나님은 피조물에 대한 본질적인 요구(Intrinsic Claim)를 가지고 계십니다. 모든 피조물을 창조하신 주권자 되시는 하나님은 피조물인 천사들과 인간들에게 경배와 예배와 복종을 요구하십니다. 하나님은 피조물로부터 경배와 예배와 복종 받으시기를 기뻐하십니다.

하나님의 삼위일체성을 가장 상세하게 서술하고 있다

1. 먼저 하나님은 일체(One Substance or One Essence)이시지만, 삼위(Three Persons or Three Substances)로 존재하신다는 사실을 선언하고 있습니다. 삼위일체는 다음의 세 가지 질문에 대한 대답입니다.

    a. 하나님은 여러분인가? 아닙니다. 한 분이십니다.

    b. 한 하나님 안에는 몇 위가 존재하시는가? 삼위가 존재하십니다.

    c. 삼위는 누구신가? 성부, 성자, 성령이십니다

2. 삼위일체론은 하나님에 대해 인간이 다 이해할 수 없는 신적인 신비의 영역에 속한 부분입니다. 삼위일체론은 설명이 불가능하지만 하나님의 존재양식을 쉽게 설명하려다 이단이 된 경우가 3-4세기에 세 가지 사상으로 나타났습니다.

하나는 동태적 군주신론(Dynamic Monarchianism)입니다. 예수 그리스도는 너무나 착한 사람이라서 하나님의 신적 능력이 인간 예수 안에서 다이나믹하게 나타났을 뿐, 하나님은 한 분이시고 예수님은 하나님이 아니라는 주장입니다. 이 사상은 그리스도의 신성을 훼손하여 하나님이 한 분이라는 생각을 강조한 것입니다. 사모사타의 바울(Paul of Samosata)이 대표자입니다.

둘째는 양태적 군주신론(Modalistic Monarchianism)입니다. 3세기 초 로마에서 가르친 사벨리우스(Sabellius)의 사상이기 때문에 사벨리우스주의라고도 말합니다. 하나님이 구약시대는 성부로, 복음서 시대는 성자로, 교회시대는 성령으로 옷을 갈아입고 나타나셨다는 것입니다. 그러므로 십자가에서 수난 받은 분은 사실상 성부 하나님이시기 때문에 이를 성부수난설(Patri-passionism)이라고도 부릅니다. 하나님이 한 분이라는 사상을 보존하려다 성자의 인성을 훼손했습니다.

셋째는 아리우스주의(Arianism)인데, 성자는 하나님도 아니고 인간도 아닌 중간적인 존재라는 사상입니다. 아리우스주의로 인해 325년 니케아종교회의가 열리게 되었고, 이 회의에서 성자는 완전한 하나님이심을 교회는 공표하게 됩니다.

3. 삼위일체의 하나님은 삼위로 분할되는 것은 아니지만(Not divided), 각 위격의 고유성을 가지고 있기 때문에 구별됩니다(But distinguished).

성부는 1/3 하나님, 성자는 1/3 하나님, 성령도 1/3 하나님이라는 식으로 삼위격이 합하여 100% 하나님을 이루는 것이라고 설명하거나 주장하면 이단이 됩니다. 성부도 100% 완전한 하나님이시고, 성자도 완전한 하나님이시고, 성령도 완전한 하나님이시며 각 위격은 완전한 신성을 소유하고 계십니다. 그러므로 삼위는 분할되지 않지만 각각 고유한 위격적인 특징을 가지고 있으므로 혼동될 수 없습니다(Not-confounded).

하나님의 출생에 관해서도 신앙고백서는 서술하고 있습니다. 성부 하나님은 비출생(Non-generation) 비발출(Non-procession) 되셨고, 성자 예수님은 성부로부터 출생된 존재이십니다. 그러나 성자의 출생은 아리우스처럼 어떤 출생 시점을 따질 수 없으며, 성자의 출생은 오리겐이 말한 것처럼 영원히 완성되지 않은 채 미완성인 계속된 출생도 아닙니다. 그러므로 성자의 출생은 영원 속에서 완성된 출생입니다. 이 중요한 특징을 영원출생(Eternal generation)이라고 부릅니다. 그리고 성령님은 성부와 성자로부터 영원 속에서 완성된 발출되었으므로 영원발출(Eternal procession)이라고 말합니다.

서방교회와 개신교는 성자의 이중발출을 믿지만, 동방교회는 지금도 성령은 오직 성부로부터만 발출되었다는 단일발출설을 믿고 있습니다. 이 교리의 차이로 인해서 동방교회와 서방교회는 1054년에 분열되었습니다.

4. 성자와 성령이 성부께 종속되는가(Subordination)에 대한 문제는 많은 사람들을 혼란케 했습니다. 이 문제를 해결하기 위해 두 가지 측면을 이해해야 합니다.

본질적 삼위일체(Essential Trinity) 혹은 내재적 삼위일체론은 세 위격은 그 본질(Essence)에 있어서 완전 동등하시며, 높고 낮음을 따질 수 없다는 것입니다. 그러나 경세적 삼위일체(Economic Trinity) 사상에서는 인간구원이라는 경세(Economy)를 이루기 위해서 성부는 구원의 계획자요 명령자이시며, 성자는 속죄의 성취자이시고, 성령은 구원의 적용자가 되십니다. 그러므로 영혼구원이라는 목적을 위해 성자와 성령은 성부께 순종하시는 것입니다. 이 순종은 자발적이고 희생적인 순종이지 본질적인 종속이 아닌 것입니다.

이처럼 삼위일체 교리는 신비에 속하기 때문에 인간의 지식으로 다 이해할 수는 없어도 반드시 믿어야 할 진리입니다. 정통적인 삼위일체 교리를 부정하는 사람은 예외 없이 이단자들입니다. 그러므로 3항 마지막 부분에 "삼위일체 교리에 대한 믿음은 하나님과 교제를 나누는 기초가 되고, 하나님을 안정되게 의존하며 살아가는 기반이 된다"고 언급하고 있는 이유를 깨달아야 합니다. ✝

✎ 정리를 위한 문제

1. 하나님은 한 분이시며, 독립자존하시는 분이시며, 인간이 다 이해할 수 없는 불가해성을 갖고 계시며, ＿＿＿＿＿＿＿＿ 이시며, 무한하신 분이시며,을 가진 ＿＿＿＿＿＿＿＿ 분이시며, 가장 사랑이 많으신 분이시며, 공의로우신 분이시다.

2. 하나님의 주권이 미치는 범위는 '모든 일'이며, 하나님의 주권의 목적은 '하나님 자신의 거룩한 ＿＿＿＿＿＿＿＿'을 나타내시기 위한 것이며, 하나님은 '자신의 불변적이시고, 가장 의로우신 의지의 계획을 따라서 주권을 행사하신다.

3. 하나님은 피조물로부터 독립자존하시며, 피조물을 주권적으로 ＿＿＿＿＿＿＿＿ 하시는 유일한 분이시며, 피조물에 대한 절대적인 지식을 가지신다.

4. 또한 하나님은 피조물 앞에 절대적인 _____ 을 가지고 계시며, 피조물에 대한 본질적인 요구를 가지고 계십니다.

5. 하나님은 일체이시지만, _____ 로 존재하신다. 하나님은 한 분이지만 성부, 성자, 성령으로 존재하시는 삼위일체시다.

6. 동태적 군주신론, _____ 군주신론, 아리우스주의는 삼위일체론에 대한 이단들이다.

7. 하나님은 삼위로 분할되지는 않지만, 각 위격의 고유성을 가지고 때문에 _____ 되신다.

8. 성부 하나님은 비출생, 비발출된 존재시며, 성자 예수님은 성부로부터 출생된 존재시며, 성령님은 성부와 _____ 로부터 발출된 존재시다.

9. 성자나 성령이 성부께 종속되느냐하는 문제는 많은 사람을 혼란케 한다. 삼위의 세 위격은 그 본질에 있어서 완전 _____ 하시며, 높고 낮음을 따질 수 없다.

10. 인간구원이라는 경세를 이루기 위해서 성부는 구원의 _____ 요, 명령자이시며, 성자는 속죄의 성취자이시고, 성령은 구원의 _____ 가 되신다.

답: 1. 영, 주권성 2. 영광 3. 지배 4. 거룩성 5. 삼위 6. 양태적
7. 구별 8. 성자 9. 동등 10. 계획자, 적용자

제3장

하나님의 작정에 대하여
OF GOD'S DECREE

● [전문]

1항. 하나님은 영원 전부터 자신의 가장 지혜롭고 거룩한 의지의 계획에 따라 장차 일어날 모든 일을 자유롭고 변함없이 스스로 작정하셨다 | 사 46:10; 엡 1:11; 히 6:17; 롬 9:15, 18 . 그러나 하나님은 죄의 원인자가 아니실 뿐만 아니라 죄와 협력하지도 않으시며 | 약 1:13, 17; 요일 1:5 , 피조물의 의지를 무시하거나 제2원인의 자유와 우발성을 제거하지 않으시고 오히려 그것을 확립하시는 분이시다 | 행 4:27, 28; 요 19:11 . 하나님은 모든 일을 처리하시는 데서 자신의 지혜를 나타내시며 자신의 작정을 성취하심으로써 능력과 성실을 나타내신다 | 민 23:19; 엡 1:3-5 .

2항. 하나님은 가능한 모든 상태에서 일어나거나 일어날 수 있는 모든 것을 알고 계신다 | 행 15:18 . 그러나 하나님은 미래에 어떤 일이 일어날지를 미리 예견하시고 그것을 작정하시는 것은 아니다 | 롬 9:11, 13, 16, 18 .

3항. 하나님의 작정에 의하면 일부의 사람들과 일부의 천사들은 하나님의 영광

을 나타내시고 예수 그리스도를 통해 자기의 영광스러운 은혜를 찬양하시기 위해 | 엡 1:5, 6 영생으로 예정 혹은 작정되어졌다 | 딤전 5:21; 마 25:34; 비교. 엡 1:5, 6 . 자신의 죄대로 행한 다른 사람들은 하나님의 영광스러운 공의를 찬양하기 위해 정죄를 받도록 내버려 두셨다 | 롬 9:22, 23; 유 1:4 .

4항. 이처럼 예정되고 미리 작정된 천사들이나 사람들은 지정되어 불변하도록 결정되어 있어서 그들의 수는 매우 확실하고 확정적이고 | 딤후 2:19; 요 13:18 증가하거나 감소할 수 없다.

5항. 생명으로 예정된 사람들은 | 롬 8:30; 딤후 1:9; 살전 5:9; 비교. 엡 1:4, 9, 11 하나님이 이 세상의 기초를 놓으시기 전에 자기의 영원하고 변함없는 목적에 따라 그리스도 안에서 선택되었다. 하나님은 자기의 자유로운 은혜와 사랑으로 피조물에게 자신을 움직일 만한 조건이나 원인이 될 어떤 다른 것이 없이 오직 비밀의 계획과 하나님의 기쁘신 뜻에 따라 영원한 영광에 이르도록 그들을 그리스도 안에서 선택하셨다 | 벧전 1:2; 살후 2:13 .

6항. 하나님은 택함을 받은 자들에게 영광을 주시려고 정하신 것처럼 하나님의 영원하고 가장 자유로운 의지의 목적을 따라서 그것에 필요한 모든 수단도 미리 정하셨다 | 롬 9:13, 16; 엡 2:9, 12 . 그러므로 택함을 받은 자들은 아담 안에서는 타락했으나 그리스도에 의해 구속함을 받게 되는 것이다 | 살전 5:9, 10 . 그들은 적절한 때에 역사하시는 성령을 통하여 그리스도를 구주로 믿도록 유효적인 부르심을 받게 된다 | 롬 8:30 . 그들은 구원에 이르는 믿음으로 말미암아 의롭다 칭함을 받고, 양자가 되며, 성화 되고, 그의 능력으로 보호를 받는다 | 벧후 1:3 . 택함 받지 않은 자들은 그리스도에 의해 구속을 받지 못하고 유효적인 부르심을 받지 못하며, 의롭다 칭함을 받지도 못하며, 양자가 되거나 성화되거나 구원을 받지 못한다. 오직 택함을 받은 자들만이 이것을 받을 수 있다 | 요 10:26; 요 17:9; 요 6:44 .

7항. 이 깊고 신비로운 예정의 교리는 특별히 신중하고 조심스럽게 취급되어야 한다. 그의 말씀에 나타난 하나님의 뜻을 받들고 순종하는 사람들은 유효적 소명을 받은 것이 확실하기 때문에 각자가 하나님의 영원한 선택을 받았다는 사실을 확신할 수 있다 |살전 1:4, 5; 벧후 1:10. 따라서 이 교리는 하나님께 대한 찬양과 경외와 감탄이 일어나게 한다 |엡 1:6; 비교. 롬 11:33. 그리고 복음에 진실히 복종하는 모든 사람에게 겸손과 부지런함과 |롬 11:5, 6 무한한 위로를 준다 |눅 10:20.

하나님의 작정(Decree of God)과 예정(Predestination)은 종종 같은 의미로 사용되지만 약간의 차이가 있습니다. 작정이란 우주 만물에 관한 하나님의 보편적 계획이며, 예정이란 인간구원에 관한 하나님의 특별한 계획입니다. 그러므로 작정은 예정을 포함한 포괄적인 하나님의 계획을 말합니다. 신앙고백서는 일반적인 하나님의 작정으로부터 시작해 특별한 하나님의 구원예정으로 전개되고 있습니다.

우주만물에 대한 하나님의 포괄적인 작정

1. 하나님의 작정에 대한 세 가지 요점

먼저 그 어떠한 것도 하나님의 작정을 좌절시킬 수 없습니다. 하나님은 작정적인 의지를 가지고 계신데 이 의지는 때로는 주권적인 의지(sovereign will) 혹은 비밀한 의지(secret will)라고 불립니다. 아무것도 하나님의 작정에 저항할 수 없으며, 그 의지는 목적한 바를 모두 성취합니다.

둘째, 하나님의 작정에서 벗어나는 것은 아무것도 없습니다. 하나님의 작정은 우주적이며 인간사의 모든 사건을 포함합니다.

좋은 사건이나 나쁜 사건 | 사 45:7; 암 3:6; 욥 1:21 등, 죄악된 행위들 | 창 50:20; 삼하 16:10-11; 눅 22:22 등, 인간의 자유로운 행위들 | 잠 16:1; 롬 8:28, 35-39 등, 우연으로 보이는 사건들 | 왕상 22:28-34; 욥 5:6; 욘 1:7 등, 인생의 구체적인 사건들 | 욥 14:5; 시 139:16; 약 4:15 등, 국가적인 사건들 | 왕하 5:1; 시 75:1-7 등, 악한 자의 최종적 멸망 | 삼상 2:25; 롬 9:17; 벧전 2:8 등 을 모두 포함하며 마지막으로 하나님의 작정에 영향을 준 것은 아무것도 없습니다. 아무것도 존재하지 않고 오직 하나님만이 존재하시는 상황에서 하나님의 작정이 이루어졌기 때문에 피조물이 하나님의 작정에 어떤 영향을 준다는 것 자체가 불가능합니다.

성경 자체가 하나님의 작정에 모사가 되어 가르친 자가 없다고 증거하고 있습니다 | 사40:13-14; 롬 11:34; 고전 2:16 . 하나님의 작정하심이 미치는 범위는 창조하신 모든 피조물에 미치는 우주성을 가집니다. 그러므로 작정된 만물이 작정하시는 주체이신 하나님께 어떠한 영향을 줄 수 없습니다.

"이것이 온 세계를 향하여 정한 경영이며 이것이 열방을 향하여 편 손이라 하셨나니 만군의 여호와께서 경영하셨은즉 누가 능히 그것을 폐하며 그 손을 펴셨은즉 누가 능히 그것을 돌이키랴" | 사 14:26-27, "모든 일을 그 마음의 원대로 역사하시는 자" | 엡 1:11 이십니다.

2. 작정교리와 인간의 자율 의지(Free Agency)의 관계

자유의지(Freedom of Will)와 자율 의지(Free Agency)의 차이는 성경을 이해하는 가장 중요한 핵심 사상입니다. 인간에게 자유의지가 있느냐 없느냐 하는 문제는 그 논쟁의 핵심이 '인간에게 구원을 준비하고 스스로 구원에 기여할 능력이 있느냐?' 하는 것으로 해석할 수 있습니다.

개신교는 1525년에 마르틴 루터(Martin Luther)의 '노예의지론'이 발표된 이후 '자유의지론'을 부인하고 인간의 의지는 죄와 마귀의 노예상태라는 '노예의지론'을 취합니다. 그러나 펠라기우스주의, 소씨너스주의, 로마 가톨릭, 아르미니우스주의, 그리고 자유주의 신학은 모두 자유의지론을 취합니다.

인간의 의지에 대한 이런 이해 차이는 하나님의 작정 교리를 이해하는 데에도 상반된 입장을 보입니다. 개혁주의 신학을 따르는 개신교는 노예의지론과 함께 하나님의 작정교리를 신봉합니다. 그러나 펠라기우스파, 소씨너스주의는 작정교리를 비성경적이라 거부하고, 자유주의 신학은 작정교리에 관심도 보이지 않으며, 로마 가톨릭과 아르미니우스주의는 중간적 입장을 보이고 있습니다. 소위 예지예정설인데, 2항에서 예지예정설도 거부되고 있습니다.

하나님은 가능한 모든 상태에서 일어나거나 일어날 수 있는 모든 것을 알고 계시지만ㅣ행15:18 하나님은 미래에 어떤 일이 일어날지를 미리 예견하시고 그것을 작정하시는 분은 아닙니다ㅣ롬 9:11, 13, 16, 18 . 예지예정설은 하나님은 피조물의 행동을 미리 정해놓으시는 교활한 하나님으로 만드는 이론입니다. 그러므로 개혁교회는 예지 예정설을 거부하는 것입니다.

그러나 노예의지론을 취하는 개혁주의 신학을 따르는 개신교라도 인간이 로봇이라고 말하는 것은 아닙니다. 인간은 자기 마음대로 행할 수 있는 자율의지를 가진 자유행동자(Free Agent)임을 누구도 부인하지 않습니다. 자율의지란 말은 인간의 의지는 원칙적으로 외부적인 강요를 당하지 않는다는 의미입니다. 문제는 인간의 마음이 만물보다 부패한 상태이므로 그 마음에서 구원에 기여할 의지나 능력이 나오지 않는다는 것이 노예의지론입니다.

신자는 하나님의 진리를 올바르게 이해해야 하며 하나님의 작정교리에 대한 양극단을 피해야 합니다. 하나님의 작정만 강조하고 인간의 자율의지를 부인하면 숙명론(Fatalism)이나 고등칼빈주의(Hyper-Calvinism)에 빠지게 됩니다. 그러나 인간의 자율의지를 확대하여 자유의지론으로 나가면 하나님의 작정을 거부하거나 희석시키는 펠라기우스주의(Pelagianism), 소씨너스주의(Socinianism), 아르미니우스주의(Arminianism)에 빠지게 됩니다.

1689 런던 고백서는 '하나님의 작정'과 '인간의 자율의지'의 교리를 함께 선포합니다. "하나님은 피조물의 의지를 무시하거나 제 2원인의 자유와 우발성을 제거하지 않으시고 오히려 그것을 확립하시는 분이시다 | 행 4:27, 28; 요 19:11"는 1항 중간의 내용이 바로 이런 균형감을 나타내는 것입니다.

3. 작정에 관한 몇 가지 질문들

작정교리에 대한 가장 일반적인 반대론자들의 주장은 하나님이 인간의 죄악된 행위들조차도 작정하셨다면 하나님이 죄의 원인자가 되시냐는 의문입니다.

1689 런던 고백서는 하나님은 인간의 죄악된 행동을 작정하기는 하셨으나 죄의 원인자가 아니실 뿐 아니라 죄와 협력하지도 않으신다고 분명히 선포하고 있습니다. 죄에 관한 하나님의 작정은 원인적 작정(Casual Decree)이 아니라 허용적 작정(Permissive Decree)에 불과합니다. 그러므로 하나님을 죄의 원인자 혹은 죄의 저자라고 말해서는 안 됩니다. 하나님은 그 근본 동기가 구원을 이루시려는 구속적인 동기(redemptive motive)에 한해 죄를 허용하십니다.

하나님의 예지와 작정의 관계에 대한 올바른 이해는 하나님이 가능한 모든 상태에서 일어나거나 일어날 수 있는 모든 일을 미리 알고 있는가 하는 질문으로 시작해야 합니다. 이에 관한 답은 '그렇다' 입니다. 그러나 주의할 것은 그런 일이 일어날 것을 미리 내다보시고 "그렇다면 내가 먼저 작정해 놓고 선수를 쳐야 하겠다"는 의미의 예지예정개념은 철저히 거부해야 한다는 것입니다.

하나님의 예지는 하나님의 작정하신 것이 역사 속에서 현실이 될 것을 아시는 예지입니다. 하나님의 예지에 따라서 작정이 이루어진 것이 아니라, 작정에 따라서 예지가 이루어지는 것입니다. 하나님이 작정하시지 않은 것은 예지하실 필요도 없습니다. 왜냐하면 그런 일이 일어날 리가 없기 때문입니다.

하나님의 지식에 관하여 '예지'라는 표현 자체도 문제성을 갖습니다. 왜냐하면 '미리 아신다'는 성서적 의미는 장래에 일어나는 사건을 미리 아신다는 지식적인 의미가 아니라, 하나님이 택한 자들을 창세전에 '미리 깊이 사랑하셨다'는 의미이기 때문입니다.

그러면 하나님은 어떤 종류의 지식을 가지고 계신가 하는 질문을 할 수 있습니다. 이 문제에 관하여 전통적으로 신학자들은 세 가지 종류의 지식을 말합니다.

1) 하나님은 필수적 지식 혹은 본성적 지식을 소유하십니다. 하나님은 하나님의 본성상 만물의 가능태를 다 알고 계십니다.

2) 하나님은 일견적 지식 혹은 의지적 지식을 가지십니다. 하나님은 하나님의 의지에 따른 작정의 결과 가능태가 현실태로 나타난 것을 한눈에 보아 다 알고 계십니다. 개혁주의 신학은 이 두 가지 종류의 하나님의 지식을 인정합니다.

3) 하나님은 중간적 지식을 가지신다는 것입니다. 개혁교회는 중간적 지식을 인정하지 않습니다. 그러나 로마 가톨릭과 아르미니우스주의는 중간적 지식을 주장합니다. 하나님은 가능태가 현실태로 바뀌는 과정에 인간의 자유의지를 개입시킨다는 것입니다.

예를 들어 사무엘상 23:11-12에서 다윗이 그일라로 간다면 그 결과가 어떻게 되며, 다윗이 그일라로 가지 않는다면 그 결과가 어떻게 되는지 하나님은 양자간의 결과를 알고 계시지만, 다윗이 어떤 결정을 내릴지는 모르신다는 것입니다. 그것은 다윗의 자유의지에 달렸다라고 말합니다. 침례교회의 신학은 중간적 지식론은 하나님의 전지성을 부인하고, 전체 역사가 사람의 뜻에 따르게 되는 결과가 나오므로 중간적 지식을 철저히 배격합니다.

특수계획으로서의 구원예정

1. 성서적인 선택 교리의 특징

모두가 다 하나님에 의해서 구원 예정된 것은 아니다(3항). 선택이라는 단어 자체가 일부 선택의 의미를 포함합니다 | 시 147:19-20; 암 3:2; 신 7:7-8 . 유기에 대한 성경 구절은 선택이 일부에 국한된 것을 의미하는 것입니다 | 요 12:37-40; 유 1:4 .

구원 예정된 사람들의 숫자는 절대 불변이다(4항). 그 이유는 하나님의 의지는 절대로 변하지 않는 영원함이기 때문입니다. 구원이 예정된 사람들의 숫자는 확정적입니다. 증가되거나 감소할 수 없습니다.

하나님의 구원예정은 무조건적이다(5항). 피조물에게 하나님의 선택을 받을 아무런 조건이나 원인이 없습니다. 하나님의 비밀한 계획과 기쁘신 뜻만이 사람들이 구원받는 궁극적인 원인입니다.

구원 예정된 사람들이 구원받는 방편도 하나님이 정해 놓으셨다(6항). 하나님은 미리 아신 자들을 미리 정하시고, 정하신 그들을 부르시고, 부르신 그들을 의롭다 하시고, 의롭다 하신 그들을 영화롭다 하십니다. 이런 구원의 순서는 바뀔 수 없습니다. '전도의 미련한 것'은 구원 예정된 사람들을 구원하시는 하나님이 정하신 방편입니다. 예정교리는 개혁주의 교회의 기반을 이루는 중요한 신학입니다. 이에 예정론을 주의 깊게 다루어야 합니다.

2. 예정론에 관한 몇 가지 질문

택자가 아닌 사람들이 구원받을 수 있나? 그럴 수 없습니다. 그들은 구원을 원하지도 않습니다.

스스로 택자임을 어떻게 알 수 있나? 6항 중반에 그 증거들이 제시되고 있습니다. 성화와 믿음 안에 거하는 성도의 견인은 택함 받은 은혜의 결과요 증거들입니다.

하나님의 의지는 몇 가지 종류가 있나? 작정적인 의지(은밀한 의지 혹은 주권적인 의지)는 인간의 순종 여부와 상관없이 실현되는 의지입니다. 그러나 하나님의 명령적인 의지는 인간에게 순종을 요구하시는 의지입니다.

요셉의 형들은 하나님의 명령적인 의지를 위반했으나 하나님의 작정적인 의지까지 거스를 수 있었던 것은 아니었습니다. 회개하고 예수를 구주로 믿으라는 명령은 하나님의 명령적인 의지입니다. 그러므로 택자이든 아니든 회개하고 믿어야 할 의무가 있는 것입니다.

우리 침례교인들은 하나님의 유기(Reprobation)보다는 예정하신 선택(Election)의 은혜를 더욱 강조했습니다. 그러므로 웨스트민스터 신앙고백서 3장 7항의 유기에 대한 내용은 1689 런던 고백서에는 의도적으로 배제되었습니다. 유기는 선택의 반면 진리이기는 하지만 강조될 필요는 없는 사상이기 때문입니다. 침례교회의 선조들은 이처럼 교리문제에 세심하였습니다. ✝

정리를 위한 문제

1. ＿＿＿＿＿ 이란 우주 만물에 관한 하나님의 보편적인 계획이며, ＿＿＿＿＿ 이란 인간구원에 관한 하나님의 특수계획이다.

2. 루터는 인간의 의지는 죄와 마귀의 노예상태라는 ＿＿＿＿＿ 을 취했다. 그러나 펠라기우스주의, 소씨너스주의, 로마 가톨릭, 아르미니우스주의, 자유주의 신학은 모두 ＿＿＿＿＿ 을 취하고 있다.

3. 펠라기우스파, 소씨너스주의는 작정교리를 비성경적이라 거부하고,

자유주의 신학은 작정교리에 관심도 보이지 않으며, 로마 가톨릭과
아르미니우스주의는 중간적 입장을 보이고 있다. 소위 _____
인데, 2항에서 _____ 은 거부되고 있다.

4. 하나님의 작정만 강조하고 인간의 _____ 를 부인하면
숙명론이나 고등칼빈주의에 빠지게 된다.

5. 인간의 자율의지를 확대하여 _____ 으로 나가면 하나님의
작정을 거부하거나 희석 시키게 된다.

6. 죄에 관한 하나님의 작정은 원인적 작정이 아니라 _____ 에
불과하다.

7. 하나님의 예지에 따라 작정이 이루어진 것이 아니라 _____ 에
따라 _____ 가 이루어진다.

8. 세 가지 종류의 지식 중에 개혁교회가 인정하는 지식은 _____ 과
_____ 이고, 로마 가톨릭과 아르미니우스주의가 인정하는 지식
은 _____ 이다.

9. 모두가 다 하나님에 의해서 구원 _____ 된 것은 아니다. 구원
예정된 사람들의 숫자는 _____ 이다. 하나님의 구원 예정은
무조건적이다. 구원받는 방편도 하나님이 정해 놓으셨다.

10. 하나님의 의지는 두 가지가 있다. _____ 는 인간의 순종 여부와
상관없이 실현되는 의지이며, _____ 는 인간에게 순종을
요구하시는 하나님의 의지이다.

답: 1. 작정, 예정 2. 노예의지론, 자유의지론 3. 예지예정설, 예지예정설 4. 자율의지 5. 자유의지론
6. 허용적 작정 7. 작정, 예지 8. 본성적 지식, 일견적 지식 혹은 의지적 지식, 중간적 지식
9. 예정, 절대불변 10. 작정적 의지, 명령적 의지

제4장

창조에 관하여
OF CREATION

●[전문]

1항. 태초에 성부, 성자 | 요 1:1, 5; 히 1:2; 욥 26:13 , 성령 하나님은 그의 영원한 권능과 지혜와 선하심의 영광을 나타내시기 위해 | 롬 1:20 세상과 그 안에 있는 만물 즉 보이는 것들과 | 골 1:16; 창 2:1, 2 보이지 않는 것들을 6일 동안에 만드시기를 기뻐하셨다. 그 지으신 모든 것이 다 선하였다.

2항. 하나님은 모든 다른 피조물들을 만드신 후에 사람을 이성적이고 불멸하는 영혼을 가진 | 창 2:7 남자와 여자로 창조하셨다 | 창 1:27 . 하나님은 그들에게 생명을 주셨고, 하나님의 형상을 따라 | 전 7:29; 창 1:27 지식과 의와 참된 거룩함을 가진 사람으로 창조하셨다. 그들의 마음속에는 하나님의 법이 기록되어 있고 | 롬 2:14, 15 또한 그것을 수행할 능력을 가지고 있었다. 그리고 아직 죄를 범할 가능성 아래 놓여져 있었고 변하기 쉬운 인간 의지의 자유에 맡겨져 있었다 | 창 3:6 .

3항. 그들의 마음속에 쓰여진 법 이외에 그들은 선악을 알게 하는 나무의 실과

를 따먹지 말라는 명령을 받았다 | 창 2:17; 창 3:8-10 . 그것을 지키고 있는 동안에는 하나님과 교제를 나눔으로써 복을 받았고 피조물을 다스릴 수 있는 통치권이 있었다 | 창 1:26, 28 .

〈제4장〉에는 다른 장에서 자세하게 다루고 있는 주제들도 포함되어 있습니다. 그러므로 여기에서는 6일간의 창조, 육신과 영혼으로 구성된 인간의 구조, 그리고 하나님의 형상으로 창조된 인간, 이 세 주제를 중심으로 다루고자 합니다.

창조의 개요

1. 창조의 시간: 태초에 창조가 이루어졌습니다. 하나님 이외에는 아무것도 존재하지 않던 때에 무(無)로부터 창조를 시작하셨습니다.
2. 창조자: 성부와 성자와 성령 삼위일체 하나님이 모두 창조에 관여하셨습니다.
3. 창조의 목적: 삼위일체 하나님의 영원한 권능과 지혜와 선하심의 영광을 나타내기 위해 창조가 이루어졌습니다.
4. 창조의 범위: 하나님께서는 세상과 그 안에 있는 만물 즉, 보이는 것들과 보이지 않는 것들을 창조하셨습니다.
5. 창조에 걸린 시간: 6일 동안 이 모든 것을 창조 하셨습니다. 6일은 24시간으로된 문자적인 6일입니다.

6. 창조하신 결과: 거룩하신 하나님이 지으신 모든 것들이 다 선하였습니다.

6일 창조론을 대적하는 세 가지 이론

하나님께서 하루 24시간인 엿새 동안 만물과 인간을 창조하셨다는 창세기 1장의 진리를 부인하는 세 가지 사상을 비판하고자 합니다. 부정적인 비판이 될 수 있지만 그리스도인들이 공격받을 때 방어할 수 있는 무기를 갖춰야 하기 때문에 알아야 할 필요가 있습니다.

1. 진화론(Evolution Theory)

모든 진화론자들은 한 가지 사상을 전제하고 있습니다. 그 사상은 1785년 스코틀랜드의 지질학자였던 제임스 허튼(James Hutton)이 제시한 '균일설'(uniformitarianism)입니다. 지구는 오랫동안 동일한 변화를 점진적으로 겪어서 현재와 같이 되었다는 것입니다.

제임스 허튼이 주장한 균일설이 생물학으로 침투한 것은 1859년 찰스 다윈이 출간한 '종의 기원'이라는 책이 출간되면서부터 입니다. 이 책에서는 모든 만물은 한 가지 기원으로부터 오랜 세월 동안 동일한 변화를 겪어 현재 존재하는 여러 종류의 종으로 발전했다고 주장합니다. 한 가지 물질에서 지속적인 변화가 일어나 인간도 되고 식물도 되고 동물도 되었다는 것입니다.

방사성 탄소연대 측정법에 따라 지구의 나이를 측정하면 약 5,500만 년이라고 합니다. 하지만 이것도 사람에 따라 계산이 다릅니다. 평균적으로 5,500만 년이고 우주의 나이는 150억 년 정도 된다고 합니다. 진화론자들의 결정적인 단점은 우주나 지구의 변화가 옛날이나 지금이나 동일하다는 근거가 없다는 것입니다. 지금 일어나는 변화는 관찰할 수 있겠지만 옛날에도 동일하게 변화가 일어났다는 근거는 어떻게 찾느냐는 것입니다. 변화의 과정에서 외부 세력의 개입으로 급격하게 변화가 일어날 가능성을 배제해야 하는 근거가 어디 있느냐는 것입니다.

하나님의 말씀인 성경은 세상이 급격한 변화로 창조되었다고 말합니다. 아무것도 없는 가운데 엿새 동안 만물이 지어졌다고 말합니다. 지금 현재의 세상은 처음 창조 때와는 다릅니다. 창세기 3:17절에서 아담과 하와의 범죄로 인해 땅이 저주를 받아 가시와 엉겅퀴를 내고 지진이 일어나며 쓰나미와 태풍이 생겨난 것입니다. 그리고 노아 당시에는 사람들의 계속된 악행으로 인해 홍수가 일어났습니다. 이처럼 세상에는 수많은 급격한 변화가 일어났습니다.

또한 사도 베드로는 예수 그리스도께서 재림하실 때에도 큰 격변이 일어날 것이라고 예언했습니다. "그러나 주의 날이 도적 같이 오리니 그 날에는 하늘이 큰 소리로 떠나가고 체질이 뜨거운 불에 풀어지고 땅과 그 중에 있는 모든 일이 드러나리로다" | 벧후 3:10 . 하늘이 큰 소리로 떠나가고 땅과 그 중에 있는 것이 모두 불에 녹아 죄가 완전히 제거된 새 하늘과 새 땅이 이루어질 것이라고 베드로가 예언했습니다. 기독교는 만물이 균일하게 변화하는 것이 아니라 급격한 변화가 수시로 있었고 앞으로도 있을 것이라고 가르칩니다.

진화론자들의 균일설은 격변설(Catastrophism)을 배제하지만 균일설은 과학적 근거가 없는 말입니다. 만물은 항상 동일하게 변화한다는 거짓된 가정에 서 있는 것입니다. 예수 그리스도의 재림을 부정하는 사람들의 특징이 바로 만물이 옛날부터 그대로 있다고 말하는 균일설을 주장한다고 베드로후서 3장은 말합니다. 이들은 홍수로 인해 세상이 멸망되었다는 사실을 일부러 잊으려 한다고 했습니다.

만물이 항상 동일하게 변화한다고 주장하는 사람들은 하나님께서 욥에게 하신 질문에 대답해야 합니다. "너는 대장부처럼 허리를 묶고 내가 네게 묻는 것을 대답할지니라 내가 땅의 기초를 놓을 때에 네가 어디 있었느냐 네가 깨달아 알았

거든 말할지니라"|욥 38:3-4 진화론자들도 하나님께서 질문하실 때 대답해야 합니다. "너는 내가 만물을 창조할 때 어디 있었느냐?" 이렇게 질문하시면 어떻게 대답할까요?

과학자들은 관찰과 실험을 통해 나오는 결과만을 진리로 받아들입니다. 관찰하지 못하고 실험해서 결과가 나오지 않으면 믿지 못합니다. 그런데 왜 관찰하거나 실험해보지도 못하면서 억만 년 전에도 동일한 변화가 일어났다고 주장할까요?

진화론자들은 심각한 모순에 빠져있습니다. 그러므로 진화론은 과학이 아니라 신앙입니다. 자기들이 보지 못한 것을 믿기 때문에 신앙인 것입니다. 신앙은 신앙인데 성경의 신앙과 어긋난 거짓된 신앙을 가지고 있는 것입니다. 진화론자들은 단지 성경을 믿지 않으려고 하는 불신자일 뿐입니다. "네가 스스로 지혜롭게 여기는 자를 보느냐 그보다 미련한 자에게 오히려 바랄 것이 있느니라"|잠 26:12 진화론자들은 성경을 믿지 않는 미련한 자들입니다.

2. 유신론적 진화론(Theistic Evolution)

하나님을 믿긴 믿지만 진화론의 기세에 기가 눌려 양보한 사상이 유신론적 진화론입니다. 이들은 하나님께서 세상을 창조하셨다는 사실만 믿으면 되지 엿새 만에 창조하셨든 6억 년 동안 창조하셨든 무슨 상관이냐고 말합니다. 하나님께서 세상을 창조하신 것은 믿지만 엿새 만에 창조하셨다는 사실은 믿지 않습니다.

이들은 창세기 1장에 나오는 '날'을 상징적인 표현으로 해석합니다. 하루가 아니라 오랜 세월로 보는 것입니다. 이런 이론을 'Day-Age Theory'라고 하는데 진화론과 창조론을 교묘하게 섞은 잡종 이론입니다. 이런 주장을 하는 사람들에게 물어보고 싶은 말이 있습니다.

출애굽기 20:8-11절에 보면 십계명 중 4계명이 나옵니다. "안식일을 기억하여

거룩히 지키라 엿새 동안은 힘써 네 모든 일을 행할 것이나 제 칠일은 너의 하나님 여호와의 안식일인즉 너나 네 아들이나 네 딸이나 네 남종이나 네 여종이나 네 육축이나 네 문안에 유하는 객이라도 아무 일도 하지 말라 이는 엿새 동안에 나 여호와가 하늘과 땅과 바다와 그 가운데 모든 것을 만들고 제 칠일에 쉬었음이라 그러므로 나 여호와가 안식일을 복되게 하여 그 날을 거룩하게 하였느니라" | 출 20:8-11 .

이 말씀은 하나님께서 엿새 동안 창조하시고 일곱째 날에 쉬셨으니까 인간도 엿새는 부지런히 일하고 일곱째 날을 쉬라는 말씀입니다. 만약 하나님께서 창조하신 엿새가 오랜 세월을 의미한다면 우리도 동일하게 오랜 세월 동안 일해야 하지 않겠습니까? 그리고 오랜 세월을 쉬어야 하지 않겠습니까?

구약성경에서 '날'은 700번 이상 사용되지만 예외 없이 24시간을 가리키는 단어로 사용되고 있습니다. 그러므로 유신론적 진화론은 성경을 지성인들에게 납득시키려는 좋은 의도를 가지고 있다 해도 결국 원수에게 굴복해서 타협한 것입니다. 창조하신 것만 믿으면 됐지 며칠 만에 창조하셨는지가 왜 중요하냐고 말하는 사람은 예수님만 믿으면 됐지 예수님이 어디서 태어나셨는지가 왜 중요하냐고 말하는 사람과 같은 것입니다. 우리가 믿는 예수님은 유대 땅 베들레헴에서 태어나신 분입니다. 대구나 광주에서 태어난 사람은 예수님이 아닙니다. 광주에서 태어났는데 자신이 예수라고 하는 사람은 사기꾼입니다. 이처럼 참된 그리스도인들은 유신론적 진화론을 믿어서는 안 되고 배척해야 합니다.

3. 간격이론(Gap Theory)

간격이론은 "태초에 하나님이 천지를 창조하시니라" | 창 1:1 와 "땅이 혼돈하고 공허하며 흑암이 깊음 위에 있고 하나님의 신은 수면에 운행하시니라" | 창 1:2 는 두 말씀 사이에 엄청난 시간 간격이 있다고 주장합니다. 왜 이런 사상이 나오게 됐을

까요?

과학자들이 방사능으로 바위의 나이를 측정해보았는데 바위의 나이가 수백억 년이 더 된다고 결론을 얻었습니다. 하지만 성경은 젊은 지구를 말하고 있으니 어떻게 된 것일까요? 그래서 나오게 된 것이 창세기 1장 1절과 2절 사이에 수백억 년의 간격이 있다고 주장하는 간격이론입니다. 하지만 하나님께서 바위를 만드실 때 수백억 년 된 바위를 왜 못 만드시겠습니까? 얼마든지 그렇게 만드실 수 있습니다.

간격이론을 주장하는 사람들은 창세기 1장 1절과 2절 사이에 큰 변화가 있었다고 주장하는 점에서 창조론의 격변설과 일치합니다. 그리고 '날'을 24시간으로 보는 점에서도 창조론과 일치합니다. 하지만 근본적으로 이들은 진화론자들의 사상을 성경과 조화를 시키려고 했습니다.

간격이론은 20세기에 들어와 세대주의 종말론자들에게 영향을 주었습니다. 스코필드 관주성경이 간격이론을 주장하는데 오늘날 이런 주장을 하는 사람들은 대부분 세대주의 종말론자들입니다. 세대주의 종말론자들은 종말론도 틀렸지만 창조론도 틀렸습니다. 성경은 간격이론을 주장할만한 아무런 근거가 없습니다.

창세기 1장 1절과 2절 사이에 수백억 년의 간격이 있다면 2절과 3절, 3절과 4절 사이에는 왜 그런 간격이 없겠습니까? 창세기 1장 1절은 하나님께서 무에서 유를 창조하셨다는 제목이고 2절 이하는 창조하신 내용입니다. 제목과 내용 사이에 수백억 년의 간격이 있어야 될 아무런 이유가 없는 것입니다. 그러므로 간격이론은 유신론적 진화론과 마찬가지로 진화론과 타협한 근거 없는 이론에 불과한 것입니다.

그리스도인들은 하나님께서 천지를 창조하시되 24시간 엿새 동안 창조하셨다는 성경의 가르침을 그대로 믿어야 합니다. 성경은 진화론자들이 주장하는 균일설과는 정반대로 가르치고 있습니다. 성경은 삼위일체 하나님께서 아무것도 없는 세상에 말씀으로 엿새 동안 천지를 창조하셨다는 것을 분명히 가르쳐주고 있습니다.

창조의 극치: 인간의 창조

1. 하나님께서는 자신의 형상을 따라서 인간을 창조하셨습니다. 흙으로 몸을 지으시고 생기를 불어 넣으셔서 이성적이고 불멸하는 영혼을 가진 남자와 여자로 지으셨습니다. 그러므로 인간은 육신과 영혼을 가진 존재입니다. 2분설이 성서적입니다.

2. 그러므로 세 가지 주의해야 할 사상이 있습니다.

첫째, 육신과 영과 혼으로 구성되었다는 3분설은 희랍철학의 사상이요 성서적 사고가 아닙니다. 만일 3분설이 옳다면 육신이 사망한 중간상태(intermediate state)에서 육은 흙으로 돌아가고 영은 천국으로 간다면 혼은 어디로 가는가 하는 문제가 발생하게 됩니다.

둘째, 영은 선하고 육신은 악하다는 사상도 희랍사상이고, 영지주의 사상이므로 배척되어야 합니다. 인간은 영혼과 육신 모두 귀한 존재입니다.

셋째로 인간은 영혼과 육신이 결합된 단일체(monadic view)라고 한다면 육신은 죽어 흙으로 가고 영혼은 천국에 들어간다는 중간상태를 부인해야만 합니다.

창조의 모형: 하나님의 형상

1. 하나님이 만드신 인간의 모형(pattern)은 하나님의 형상(image)과 하나님의 모양(likeness)입니다. 2000년의 교회 역사 가운데 하나님의 형상과 하나님의 모양이 같은 것이냐, 아니면 다른 것이냐는 아주 중요한 논쟁주제였습니다. 2세기 후반에

프랑스 리옹의 감독이었던 이레니우스(Irenaeus)는 하나님의 형상과 모양이 다른 것이라고 주장했습니다. 그는 인간이 영, 혼, 육으로 이루어졌다고 말하는 삼분설을 취했습니다.

그러나 창세기 5:3절의 하나님의 형상과 하나님의 모양은 같은 것입니다. 하나님의 형상은 영적인 것이며, 영이 육과 조화를 이루지 못해서 추가적인 은혜로 영과 육의 부조화를 중간에서 조정해 주는 혼적인 하나님의 모양이 필요하게 되었다는 3분설은 헬라사상이며 영지주의적인 사상입니다.

개신교는 이런 사상을 거부합니다. 정통 기독교는 삼분설을 취한 적이 없습니다. 인간은 영혼과 육신으로 이루어져 있고 영과 혼은 따로 구별되지 않습니다. 하지만 이레니우스는 인간을 영, 혼, 육으로 구별해서 영은 하나님의 형상이고 혼은 하나님의 모양이라고 했습니다. 하나님의 형상에는 자유의지가 들어가 있는데 아담과 하와가 타락했을 때 혼 즉, 하나님의 모양만 파괴되고 영 즉, 하나님의 형상은 그대로 남아있다는 것입니다. 결국 인간의 자유의지론을 옹호하기 위한 이론인 것입니다. 이것을 동방정교와 로마 가톨릭이 그대로 이어받아 지금도 자유의지론을 주장하고 있습니다. 인간은 자유의지로 선행을 할 수도 있고 예수님을 믿을 능력도 있어서 구원에 공헌할 수도 있다고 주장하는 것입니다.

하지만 개신교에서는 인간이 자율의지를 가진 존재이긴 하지만 구원에 공헌하거나 기여할 수 있는 자유의지는 없다고 말합니다. 개신교는 하나님의 형상과 하나님의 모양을 구별하지 않습니다. 하나님의 형상과 모양을 같은 것으로 보는 것입니다. "아담이 일백삼십 세에 자기 모양 곧 자기 형상과 같은 아들을 낳아 이름을 셋이라 하였고"|창 5:3 자기 모양과 형상은 상호 교환해서 사용할 수 있는 동의어로 사용되는 것입니다. 하나님이 자기 형상을 따라 자기의 모양대로 인간을 지으셨다고 한 것은 동일한 용어를 반복적으로 사용해서 의미를 강화한 것입니다.

2. 하나님의 형상이란 도대체 무엇일까요? 하나님의 형상에 대해서는 사람들마다 의견이 분분합니다. 먼저 하나님의 형상에 관한 잘못된 이론 세 가지부터 생각해 보겠습니다.

먼저, 하나님의 형상으로 지음 받았다는 것은 인간이 신이 되었다는 것을 의미하지 않습니다. 인간이 도를 닦으면 신이 될 수 있다는 사람의 주장은 어림도 없는 이야기입니다. 인간은 결코 신이 될 수 없습니다. 창세기 3:5절에서 뱀이 하와를 유혹할 때 선악과를 먹으면 하나님과 같이 될 수 있다고 유혹했습니다. 그러므로 인간이 신이 될 수 있다고 하는 가르침은 사단의 가르침입니다.

또한, 하나님의 형상으로 지음 받았다는 것은 인간의 육신의 모양이 하나님을 닮았다는 것을 의미하지 않습니다. 왜냐하면 하나님은 영이시기 때문이다. "하나님은 영이시니 예배하는 자가 신령과 진정으로 예배할지니라"│요 4:24 하나님은 우리와 같이 육신을 갖고 존재하시는 분이 아닙니다. 그러므로 하나님의 형상으로 지음 받았다고 할 때 육신의 모양을 닮았다는 것이 아니라 영적인 특징이 닮았다는 것입니다. 만약 인간의 육신의 모양이 하나님의 형상이라면 고릴라나 원숭이에게도 어느 정도 하나님의 형상이 있다고 말해야 할 것입니다.

마지막으로 아담과 하와의 범죄로 인해서 인간에게 하나님의 형상이 완전히 사라졌다는 생각도 잘못되었습니다. 하나님의 형상이 심각하게 훼손되기는 했지만 완전히 사라진 것은 아닙니다. "무릇 인간의 피를 흘리면 인간이 그 피를 흘릴 것이니 이는 하나님이 자기 형상대로 인간을 지었음이니라"│창 9:6 죄인임에도 불구하고 인간을 자기 형상대로 지으셨다고 말씀하십니다. "이것으로 우리가 주 아버지를 찬송하고 또 이것으로 하나님의 형상대로 지음을 받은 인간을 저주하나니"│약 3:9 그러므로 하나님의 형상대로 지음 받았다는 것은 우리가 신이 된다는 이야기도 아니고 우리의 육신이 하나님의 형상과 똑같다는 이야기도 아니며 범죄로 인해 하나님의 형상이 없어졌다는 이야기도 아닙니다.

3. 그러므로 하나님의 형상대로 지음 받았다는 것은 하나님은 영이시기 때문에 인간에게도 하나님과 같은 영적 특성이 있다는 것입니다. 그러면 하나님과 같은 영적인 특성이 무엇일까요? 신약성경에서 바울은 세 가지 영적인 특성을 이야기합니다.

첫째, 하나님의 형상은 지식과 의와 거룩함입니다. "너희가 서로 거짓말을 말라 옛 인간과 그 행위를 벗어버리고 새 인간을 입었으니 이는 자기를 창조하신 자의 형상을 좇아 지식에까지 새롭게 하심을 받는 자니라" | 골 3:9-10 지식은 생각하고 판단하며 묵상하는 능력을 가리킵니다. "하나님을 따라 의와 진리의 거룩함으로 지으심을 받은 새 인간을 입으라" | 엡 4:24 의롭게 사는 사람과 거룩하게 사는 사람에게는 하나님의 형상이 나타나는 것입니다.

둘째, 하나님의 형상은 서로 교제를 나눌 수 있는 것을 의미합니다. 하나님이 인간을 지으시되 남자와 여자를 창조하시어 남자와 여자가 교제하며 가정을 이루어 살도록 하셨습니다. 그리고 하나님과 교제할 수 있는 존재로 만드셨습니다. 또한 다른 사람과도 교제하며 살 수 있는 존재로 만드신 것입니다.

셋째, 하나님의 형상은 모든 피조물을 다스리는 통치권을 가진 존재임을 의미합니다. "하나님이 가라사대 우리의 형상을 따라 우리의 모양대로 우리가 인간을 만들고 그로 바다의 고기와 공중의 새와 육축과 온 땅과 땅에 기는 모든 것을 다스리게 하자 하시고" | 창 1:26

인간은 만물을 다스릴 통치권을 위임 받았습니다. 그래서 창세기 2:19-20절을 보면 아담이 모든 육축과 새와 짐승의 이름을 지어준 것입니다. 이름을 지어준다는 것은 바로 통치권이 있다는 의미입니다. 그러므로 하나님의 형상은 첫째 하나님의 영적인 특성과, 둘째 교제할 수 있는 특성, 그리고 피조물을 다스릴 수 있는 통치권을 의미하는 것입니다.

4. 하나님의 형상대로 지음 받은 것과 구원은 무슨 관계가 있을까요? 아담

과 하와의 범죄로 인해 하나님의 형상이 사라진 것은 아니지만 몹시 훼손되었습니다. 사람은 지식도 부패했고 의로움과 거룩함도 잃어버렸습니다. 죄인이 된 것입니다. 하나님과의 교제는 단절되었고 사람과의 교제도 적대감으로 가득하게 되었습니다. 그리고 사람이 피조물을 지배하지 못하게 되었습니다. 피조물이 사람을 공격합니다. 사람이 피조물을 지배하는 통치권도 심각하게 훼손되었습니다.

하지만 예수 그리스도를 믿고 구원받은 사람들은 점진적으로 하나님의 형상이 회복되는 것입니다. 지식이 새로워지고 의와 거룩함을 자꾸 찾아가는 것입니다. "하나님이 미리 아신 자들로 또한 그 아들의 형상을 본받게 하기 위하여 미리 정하셨으니 이는 그로 많은 형제 중에서 맏아들이 되게 하려 하심이니라"| 롬 8:29

우리를 구원하신 중요한 목적은 우리 안에 하나님의 형상을 회복하는 것입니다. 우리 안에는 하나님의 형상이 있고 이것이 회복되어 가고 있습니다. 우리가 죽어서 천국에 가게 되면 100% 완전한 하나님의 형상을 회복하게 됩니다. 부활하여 새 하늘과 새 땅에서 살아갈 때는 피조물도 인간에게 완전히 굴복하는 것입니다.

행위언약의 위반

1. 인간이 처음 창조될 때는 무죄상태였으며, 선으로도 악으로도 어느 쪽으로도 기울어 질 수 있는 가변적인 자유의지(Mutable Free Will)를 가지고 있었습니다. 인간의 마음속에는 하나님의 법이 기록되어 있었고 인간은 그 법을 수행할 수 있는 능력이 있었습니다. 하나님의 법이 문서화된 것은 시내산에서 모세가 율법을 받을 때였지만 하나님의 법이 마음에 기록된 때는 하나님이 아담을 창조하실 때였던 것입니다. 로마서는 "이방인들도 그 마음에 새긴 율법의 행위를 나타내느니라"

|롬 2:15 고 했습니다.

2. 누가 이방인의 마음 속에 율법을 기록하셨을까요? 물론 하나님이십니다. 언제 기록 하셨을까요? 창조 때입니다. 그러므로 인간은 창조 때에는 자유의지를 가진 존재였습니다. 그러나 선악을 알게 하는 나무의 실과를 먹지 말라는 하나님의 명령을 거역하고 반역함으로 말미암아 인간의 의지는 자유성을 상실하고 죄와 마귀의 노예가 되었습니다. 그러므로 개신교는 타락 후 인간의 의지에 관해서 노예의지론을 믿는 것이며, 자유의지론을 거부합니다.

하나님은 선악과를 먹는 날에는 정녕 죽으리라는 행위 언약을 아담과 맺으셨습니다. 아담은 온 인류의 언약적인 머리(Federal Head 혹은 Covenantal Head)로서 하나님과 언약을 맺은 것입니다. 아담이 이 언약을 어긴 첫 범죄한 고로 온 인류의 원죄가 되었습니다. 인간이 이 언약을 준수하는 한 하나님과 교제하며, 만물을 지배하고 다스리며 최대의 행복과 자유를 누리며 영생하는 생명을 가지고 있었습니다. 그런데 아담의 범죄로 이 생명을 잃은 것이고, 예수 그리스도의 속죄로 인간은 이 생명을 다시 찾게 된 것입니다. ✝

▎정리를 위한 문제

1. 하나님께서 하루 24시간, 6일 동안 창조하셨다는 창세기 1장의 진리를 부인하는 세 가지 이론은 _____, _____, _____ 이다.

2. 모든 진화론자들이 전제하는 한 가지 사상은 1785년 스코틀랜드의 지질학자였던 제임스 허튼이 제시한 _____ 이다.

3. 균일설이 생물학으로 침투한 것은 찰스 다윈이 출간한 _____ 이 출간되면서부터다.

4. 기독교는 만물에 급격한 변화가 수시로 있었고 앞으로도 있을 것이라고 가르친다. 진화론자들의 균일설은 _____ 을 배제한다.

5. _____ 은 하나님의 창조는 믿지만 엿새 만에 창조하셨다는 것은 믿지 않는 이론이다. 창세기 1장에 나오는 _____ 을 상징적인 표현으로 해석하여 하루가 아니라 오랜 세월이라고 말한다.

6. 구약성경에서 '날'은 700번 이상 사용되었지만 예외 없이 _____ 시간을 가리키는 단어로 사용되고 있다.

7. _____ 은 "태초에 하나님이 천지를 창조하시니라"|창 1:1와 "땅이 혼돈하고 공허하며 흑암이 깊음 위에 있고 하나님의 신은 수면에 운행하시니라"|창 1:2는 두 말씀 사이에 엄청난 시간 간격이 있다고 주장한다.

8. 인간은 _____ 과 _____ 을 가진 존재라는 이분설이 성서적이다.

9. 하나님은 인간을 하나님의 _____ 과 _____ 을 따라 창조하셨다.

10. 하나님은 선악과를 먹는 날에는 정녕 죽으리라는 _____ 을 아담과 맺으셨다.

답: 1. 진화론, 유신론적 진화론, 간격이론 2. 균일설 3. 종의 기원 4. 격변설 5. 유신론적 진화론, 날 6. 24 7. 간격이론 8. 육신, 영혼 9. 형상, 모양 10. 행위언약

제5장

하나님의 섭리에 관하여
OF DIVINE PROVIDENCE

[전문]

1항. 만물의 선한 창조자이신 하나님은 자신의 지혜와 권능과 공의와 무한한 선과 자비의 영광을 찬양하기 위해서 자기의 무한한 능력과 지혜 안에서 자기의 오류 없는 미리 아심과 자유롭고 변함없는 의지의 계획에 따라 | 엡 1:11 가장 큰 것으로부터 가장 작은 것에 이르기 까지 | 마 10:26, 30, 31 그들의 창조된 목적을 따라서 모든 피조물들과 만물들을 지극한 지혜와 거룩한 섭리로써 보존하고 지도하고 처리하고 통치하신다 | 히 1:3; 요 16:11; 사 46:10, 11; 시 13:5, 6 .

2항. 모든 사건들이 변함없고 오류 없이 발생하는 것은 제일 원인인 하나님의 미리 아심과 작정에 따라서 일어나게 되는 것이다 | 행 2:23 . 우연히 일어나는 일은 아무것도 없으며 또한 하나님의 섭리의 개입 없이 일어나는 일도 하나도 없다 | 잠 16:33; 고후 12:7, 8, 9 . 그러나 제 2원인의 본질에 따라서 필연적으로 혹은 자유롭게 혹은 뜻하지 않게 이루어지는 일들은 동일하신 하나님의 섭리에 의

한 것이다 | 창 8:22.

3항. 하나님은 일반적인 섭리에 있어서 여러 수단들을 사용하신다 | 행 27:31, 44; 사 55:10, 11. 그러나 그 수단 없이도 | 호 1:7 그 수단 이상으로 | 롬 4:19-21 또는 그 수단에 반대되는 것이라도 자신의 기뻐하시는 대로 자유롭게 역사 하신다 | 단 3:27

4항. 하나님의 전능하신 능력과 측량할 수 없는 지혜와 무한하신 선하심은 섭리 가운데서 명백하게 나타난다. 그의 결정된 계획은 처음 타락과 | 롬 11:32-34; 삼하 24:1; 대상 21:1 천사들과 사람들의 모든 죄악된 행위들까지 미친다(이것은 단순히 허용에 의한 것이 아니다). 또한, 그는 가장 지혜롭고 가장 능력 있게 그것을 제한하실 뿐 아니라 | 왕하 19:28; 시 76:10 자신의 가장 거룩한 목적에 따라 다양한 섭리 안에서 명령하시고 통치하신다 | 창 50:20; 사 10:6, 7, 12. 그러나 그들의 행동의 죄악성은 하나님으로부터가 아니고 단지 사람으로부터 나온다. 하나님은 가장 거룩하며 가장 의로우신 분이시므로 죄의 조성자이거나 승인자도 아니며 그렇게 될 수도 없다 | 시 50:21; 요 2:16.

5항. 가장 지혜로우시며 의로우시며 은혜로우신 하나님은 때때로 잠시 동안 자녀들의 이전의 죄들을 멸하시기 위해, 그들에게 숨겨진 부패의 세력과 마음의 기만성을 깨달아 겸손하게 하기 위해 | 대하 32:25, 26, 31; 삼하 24:1; 고후 12:7-9, 좀 더 밀접하고 지속적으로 그들의 필요를 자기에게 의존하게 하기 위해, 모든 미래의 범죄 기회에 대해 경고하여 올바르고 거룩한 다른 목적들을 추구하도록 하기 위해 자기 자녀들을 여러 가지 유혹들과 마음의 부패 속에 그대로 내버려두신다. 그러므로 택함을 받은 자에게 일어나는 모든 일들은 그의 영광과 택함을 받은 자들의 선을 위해 하나님의 정하심에 따라 일어난다 | 롬 8:28.

6항. 악하고 불경건한 사람들에 대해 의로운 재판관이신 하나님은 이전에 범한 죄에 대해 눈을 어둡게 하시고 마음을 완악하게 하신다 | 롬 1:24, 25, 28; 롬 11:7,

8. 왜냐하면, 하나님은 그들에게 마음에 깨달음을 주시도록 역사하는 은혜를 허락지 않을 뿐 아니라 |신 29:4 때때로 그들이 가진 은사를 빼앗으신 |마 13:12. 그리고 그들의 부패성으로 인해 죄를 지을 대상에 노출되도록 하신다 |신 2:3; 왕하 8:12, 13. 그리고 동시에 그는 그들을 그들의 탐욕과 |시 81:11, 12; 살후 2:10-12 세상의 유혹들과 사탄의 권세에 내어 버려두신다. 이 때문에 그들은 자신의 마음을 스스로 완악하게 만드는 것이다. 그러나 같은 수단이라도 다른 사람들에게는 마음을 부드럽게 만드는 데 사용하시기도 한다 |출 8:15, 32; 사 6:9, 10; 벧전 2:7, 8.

7항. 하나님의 일반적인 섭리는 모든 피조물에게 미친다. 그러나 하나님의 교회를 보존하고 |딤전 4:10; 암 9:8, 9; 사 43:3- 5 교회에 관련된 모든 일을 선하게 처리하시기 위해서는 특별한 섭리를 사용하신다.

신약성경 가운데 가장 유명한 말씀이자 가장 인기 있는 구절이 "우리가 알거니와 하나님을 사랑하는 자 곧 그 뜻대로 부르심을 입은 자들에게는 모든 것이 합력하여 선을 이루느니라" |롬 8:28 입니다. 이 말씀에는 사도바울의 강한 확신이 드러나 있습니다. "우리가 바라건대" 혹은 "우리가 믿기로는" 이런 정도의 표현이 아니라 "우리가 알거니와"라는 강한 확신의 표현을 사용하고 있습니다. 이런 사도적인 확신은 그리스도인의 삶에 가장 근본이 되는 확신입니다.

오늘날 성도들에게는 이런 확신이 결여되어 있습니다. 머리로는 알고 있어도 가슴으로는 확신하는 것이 부족합니다. 왜냐하면, 세속적인 사상이 성도들의 마음 속에도 많이 침투되어 있기 때문입니다. 특별히 이신론(Deism)의 사고가 은연중에 침투되어 있기 때문이기도 합니다. 하나님이 만물을 창조하시기는 하셨으나 만물에는 자연법칙을 주셔서 만물을 시계태엽을 한번 감아놓으면 저절로 풀어지듯이 자연법칙을 따라서 자연히 돌아가고 있다는 사상입니다. 하나님은 마치 멀리 떠난 집 주인처럼 만물의 운행에는 관여하지 않으시고 자연법칙에 맡겨놓으셨다는 사상입니다. 이런 사상을 시계태엽신관이라고 부릅니다.

그러나 사도바울은 이신론적인 사상을 철저히 배격하고 있습니다. 하나님이 만드신 만물을 하나님이 직접 섭리하고 계시다는 확신을 가지고 있는 것입니다.

하나님의 섭리에 대한 성도의 올바른 반응은 무엇일까요? 롬 8:31-35절이 성도가 보여야 할 올바른 반응입니다. "그런즉 이 일에 대하여 우리가 무슨 말 하리요 만일 하나님이 우리를 위하시면 누가 우리를 대적하리요 자기 아들을 아끼지 아니하시고 우리 모든 사람을 위하여 내어 주신 이가 어찌 그 아들과 함께 모든 것을 우리에게 은사로 주지 아니하시겠느뇨 누가 능히 하나님의 택하신 자들을 송사하리요 의롭다 하신 이는 하나님이시니 누가 정죄하리요 죽으실 뿐 아니라 다시 살아나신 이는 그리스도 예수시니 그는 하나님 우편에 계신 자요 우리를 위하여 간구하시는 자시니라 누가 우리를 그리스도의 사랑에서 끊으리요 환난이나 곤고나 핍박이나 기근이나 적신이나 위험이나 칼이랴"ㅣ롬 8:31-35

대적할 자도 없고, 송사할 자도 없고, 정죄할 자도 없고, 하나님의 사랑에서 끊을 자도 없다는 확신을 가져야 한다는 것입니다. 왜냐하면, 하나님이 모든 것을 섭리하시고 하나님은 우리를 위하시기 때문입니다. 옛날 성도들은 Deus Pro Nobis(하나님이 우리를 위하신다)는 표어를 슬로건으로 삼고 살았습니다. 하나님이 우리를 위하신다는 말씀이 하나님의 섭리론의 전부라고 할 수 있습니다. 하나님의 섭리론은 매우 중요한 교리입니다.

섭리의 개념

1. 섭리(Providence)란 무엇입니까? 우선 어원적인 의미를 살펴보겠습니다. 섭리라는 영어단어는 라틴어 Providentia에서 나온 단어입니다. pro는 '미리'라는 말이고, videntia는 비디오처럼 '하나님이 미래에 일어날 일을 모두 미리 보시고 미리 공급해 주신다'는 의미입니다. 공급(Provision)이라는 영어단어도 같은 어원에서 나온 것입니다.

가정에서 남편의 책임은 공급의 책임입니다. 앞으로 무엇이 필요하게 될 것인가를 미리 보고 공급해 주는 것이 남편의 책임입니다. "너희는 내일 일을 염려하지 말라"는 예수님의 말씀은 많이 오해되는 말씀입니다. 내일 일을 두려워하고 염려하지 말라는 말씀이지 내일 무엇이 필요할 것인가를 미리 보고 계획을 세워서는 안 된다는 말씀이 아닙니다.

남편이 가정의 모든 필요를 미리보고 공급해주는 것처럼, 하나님이 피조물의 모든 필요를 미리 보시고 미리 모든 필요를 공급해 주시는 것이 섭리입니다.

2. 섭리의 개념이 분명하게 나타나고 있는 곳이 창세기 22장입니다. 아브라함이 모리아산에서 이삭을 번제로 바치려 했던 사건이 기록되어 있습니다. 이삭이 아버지 아브라함에게 질문했습니다. "이삭이 그 아비 아브라함에게 말하여 가로되 내 아버지여 하니 그가 가로되 내 아들아 내가 여기 있노라 이삭이 가로되 불과 나무는 있거니와 번제할 어린 양은 어디 있나이까 아브라함이 가로되 아들아 번제할 어린 양은 하나님이 자기를 위하여 친히 준비하시리라" | 창 22:7-8 . 하나님이 미리 준비해 놓으셨다는 이것이 바로 섭리의 어원적인 의미입니다.

3. 신앙고백서 〈제5장〉 1항에서 하나님의 섭리에 대한 신학적인 정의를 잘 내려놓고 있습니다. "가장 큰 것부터 가장 작은 것에 이르기까지 그들의 창조된 목적을 따라서 모든 피조물과 만물들을 지극한 지혜와 거룩한 섭리로써 보존하고 지

도하고 처리하고 통치하신다"고 했습니다. 다른 말로 하면 하나님은 창조하신 모든 피조물을 미리 계획하셔서 보존하시고 통치하신다는 말입니다. 그러므로 모든 일이 일어나게 되는 제1원인은 하나님의 작정(Decree of God)이고, 시간과 역사 속에서 하나님의 작정이 현실적으로 이루어지도록 하는 제2원인이 하나님의 섭리(Providence of God)인 것입니다.

섭리의 두 영역

하나님의 섭리는 보존(Preservation)과 통치(Government)라는 두 영역을 포함하고 있습니다.

1. 하나님의 섭리는 창조하신 피조물들을 '보존'하시는 것입니다. 구약성서에 하나님이 만물을 창조하신다고 할 때 사용된 히브리어 동사는 바라(ברא)입니다. '바라'는 단지 만들어 놓고 끝났다는 의미가 아닙니다. 만드신 것을 계속해서 보존(sustain, preserve)해 주신다는 사상을 포함하고 있습니다.

히브리서 1:3절에 "이는 하나님의 영광의 광채시요 그 본체의 형상이시라 그의 능력의 말씀으로 만물을 붙드시며"라고 했습니다. 만물은 그리스도의 말씀으로 보존되고 있다는 의미입니다.

사도행전 17:28절에도 "우리가 그를 힘입어 살며 기동하며 있느니라"고 했습니다. 나를 지으신 분도 하나님이시고, 나를 보존해 주시는 분도 하나님이시라는 말입니다. 내가 숨 쉬고, 움직이고, 기동하고 있는 것이 바로 하나님의 보존의 섭리 때문이라는 말입니다. 세속문화는 이 세상이 독립된 기계처럼 움직인다고 생각합니다. 자연법칙에 따라서 스스로 움직이고 있다고 생각합니다. 그러나 자연법칙이란 하나님이 만물을 보존하시고 통치하시는 정상적인 수단일 뿐입니다. 하나님은 이런 정상적인 수단 이상으로 역사하시고, 기적을 행하실 수도 있는 하나님이신 것입니다.

성경은 분명히 선포합니다. '창조'도 하나님의 활동이시오, 만물이 보존되는 것도 하나님의 활동임을 확증하는 것입니다.

2. 하나님 섭리의 두 번째 영역은 피조물을 '통치'하시는 것입니다. 현대인의 사상 가운데 가장 악한 사상이 온 우주와 인간이 우연히 움직이고 있다는 사상입니다. 그러나 우연(Chance)이란 하나의 수학적인 개념에 불과한 것이며 '우연'이 무슨 일을 발생케 하는 능력이 있는 것이 아닙니다. 신앙고백서 〈제 5장〉 2항 중반에 "우연히 일어나는 일은 아무것도 없으며 또한 하나님의 섭리의 개입 없이 일어나는 일도 하나도 없다고 했습니다. 모든 일은 하나님의 통치 아래 일어나는 것입니다.

마태복음에 "참새 두 마리가 한 앗사리온에 팔리는 것이 아니냐 그러나 너희 아버지께서 허락지 아니하시면 그 하나라도 땅에 떨어지지 아니하리라" | 마 10:29 고 했습니다. 7년을 짐승처럼 지내는 형벌을 받은 느부갓네살이 7년 만에 제정신이 돌아와서 한 말도 있습니다. "하늘의 군사에게든지, 땅의 거민에게든지 그는 자기 뜻대로 행하시나니 누가 그의 손을 금하든지 혹시 이르기를 네가 무엇을 하느냐 할 자가 없도다" | 단 4:35

모든 일이 하나님의 통치 아래 일어난다는 사상은 성도들에게는 큰 위로가 되는 사상입니다. 하나님이 우리를 통치하시되, 우리 편이 되셔서 우리를 위해 주시는 통치를 해 주시니 얼마나 감사한 일인가요? 우리의 범사와 생명, 우리의 직업, 우리의 가정 모두가 하나님의 손안에 하나님의 통치 아래 있는 것입니다. 좋으신 하나님의 통치 아래 있기 때문에 우리는 내일 일을 염려할 필요가 없는 것입니다.

동시작용 혹은 동시발생의 교리(Doctrine of Concurrence)

1. 하나님의 섭리의 교리를 공부할 때 가장 어려운 부분이 바로 동시발생의 진리입니다.

이 세상에 일어나는 모든 일은 하나님이 섭리하시기 때문에 어떤 의미에서 하나님이 행하시는 일입니다. 그러나 인간도 자율적인 의지를 가지고 행하기 때문에 다른 의미에서는 인간이 행하는 일도 되는 것입니다.

양수리 수양관이 위치한 두물머리에서 북한강과 남한강이 하나로 만나듯이 하나님이 행하시는 일과 인간이 행하는 일이 결국은 한가지 목적을 이루게 된다는 것이 동시발생의 교리입니다.

2. 그렇다면 인간이 죄를 지었을 때에 그 죄도 하나님이 행하신 것입니까? 신앙고백서 〈제5장〉 4항 후반부에는 "하나님은 가장 거룩하며 가장 의로우신 분이므로 죄의 조성자이거나 승인자도 아니며 그렇게 될 수도 없다"고 말합니다. 하나님은 죄의 조성자가 아니지만 그렇다고 해서 인간의 죄가 하나님의 통치를 벗어난다고 말해서는 안 됩니다.

3. 하나님의 뜻은 명령적 의지(Preceptive Will)와 작정적 의지(Decretive Will)의 두 가지가 있습니다. 요셉의 형들이 아우인 요셉을 사랑하지 않고 노예로 팔아먹은 것은 하나님의 명령적 의지를 거스리는 일이었습니다. 하나님이 그렇게 팔아먹으라고 명령하신 것이 아니었습니다.

그러나 요셉 형들의 죄도 하나님의 작정적 의지 안에서는 하나님의 통치 아래 있었던 것입니다. 하나님은 그들의 죄까지도 모두 선으로 바꾸어 놓으시는 무궁한 지혜와 능력의 하나님이신 것입니다. 창세기 50:20절에 "당신들은 나를 해하려 하였으나 하나님은 그것을 선으로 바꾸사 오늘과 같이 만민의 생명을 구원하게 하시려 하셨나니"라고 했습니다.

가룟 유다도 자기 뜻을 따라서 예수님을 팔아먹은 죄를 지었지만, 하나님은 그것을 예수 그리스도의 속죄의 십자가로 바꾸신 것입니다. 그러나 가룟 유다 개인의 책임은 면해진 것이 아닙니다. 하나님의 작정적 의지를 이루었다고 해서 명령적 의지를 거역한 죄가 무마되는 것은 아닙니다.

우리 성도의 삶에 분명한 진리는 세 가지가 있습니다.

1. 하나님이 우리를 보존하시고 통치하신다는 것입니다.
2. 하나님은 내 편이십니다.
3. 하나님은 내게 일어나는 모든 일을 합하여 선이 되게 하시고, 성도를 향한 하나님의 섭리는 특별 섭리입니다.

섭리의 진리에서 큰 위안과 확신을 얻을 수 있습니다. ✝

정리를 위한 문제

1. 하나님은 만물의 운행에는 관여하지 않으시고 자연법칙에 맡겨놓으셨다고 주장하는 사상을 _____ 이라고 말한다.

2. _____ 라는 영어단어는 하나님이 미래에 일어날 일을 모두 미리 보시고 미리 공급해 주신다는 의미이다.

3. 모든 일이 일어나게 되는 제1원인은 하나님의 _____ 이고, 시간과 역사 속에서 하나님의 작정이 현실적으로 이루어지도록 하는 제2원인은 하나님의 _____ 이다.

4. 하나님의 섭리는 창조하신 피조물들을 _____ 하시는 것입니다.

5. 우리가 직접 눈으로 보는 _____ 이란 하나님이 만물을 보존하시고 통치하시는 정상적인 수단일 뿐이다.

6. 하나님 섭리의 두 번째 영역은 피조물을 _____ 하시는 것이다.

7. 현대인의 사상 가운데 가장 악한 사상이 온 우주와 인간이 _____ 움직이고 있다는 사상이다.

8. 양평의 두물머리에서 북한강과 남한강이 하나로 만나듯이 하나님이 행하시는 일과 인간이 행하는 일이 결국은 한가지 목적을 이루게 된다는 것이 _____ 의 교리다.

9. 하나님의 뜻은 _____ 와 _____ 두 가지로 정리된다.

10. 하나님의 뜻은 일어나는 모든 일을 합력하여 선이 되게 하시는 성도를 향한 _____ 섭리다.

답: 1. 시계태엽신관 2. 섭리 3. 작정, 섭리 4. 보존 5. 자연법칙 6. 통치
7. 우연히 8. 동시발생 9. 명령적 의지, 작정적 의지 10. 특별

제6장

사람의 타락과 죄와 형벌에 관하여

OF THE FALL OF MAN, OF SIN AND
OF THE PUNISHMENT THEREOF

[전문]

1항. 하나님은 사람을 정직하고 완전하게 창조하시고, 의로운 법을 주셨는데 그 법을 지킬 때는 생명에 이르고 어길 때는 사망에 처하는 것이었다. | 창 2:16, 17. 그러나 사람들은 이 명예를 오래 지켜내지 못했다. 사탄은 뱀의 간교함을 사용하여 하와를 유혹했고 | 창 3:12, 13; 고후 11:3 하와는 아담을 미혹하여 아담은 아무런 강요됨이 없이 창조의 법과 그들에게 주어진 금지된 과일을 먹지 말라는 명령을 고의로 위반한 것이었다. 하나님께서 자신의 지혜롭고 거룩한 계획에 따라 그들이 죄를 범하도록 허용하신 것은 자신의 영광을 드러내시려는 목적이 있기 때문이다.

2항. 이 죄로 말미암아 우리의 첫 부모는 그들의 본래의 의와 하나님과의 교제로부터 떨어졌고 | 롬 3:23 그 결과 우리 모든 사람들에게는 죽음이 오게 되었다. 모든 사람들은 죄 가운데 죽게 되었고 | 롬 5:12, 영혼과 육체의 모든 기능들과 부

분들은 전적으로 더러워졌다 | 딛 1:15; 창 6:5; 렘 17:9; 롬 3:10-19.

3항. 그들은 시조였으며 | 롬 5:12, 19; 고전 15:21, 22, 45, 49 하나님에 의해 지명된 온 인류의 대표자였다. 따라서 그 죄책이 우리에게 전가되었으며, 타락한 본성이 매 세대에 걸쳐 모든 자손들에게 유전되었다. 이제 인간은 죄 속에서 잉태되고 | 시 51:5; 욥 14:4 본질상 진노의 자녀가 되었고 | 엡 2:3의 노예가 되었으며 죽음의 지배를 받게 되었다 | 롬 6:12, 20 . 주 예수께서 그들을 자유롭게 하지 않는다면 그들은 영적인 고통, 현세적인 고통뿐만 아니라 영원한 고통을 받게 될 것이다 | 히 2:14; 살전 1:10 .

4항. 이 원래적 부패(원죄)로 말미암아 우리는 모든 선에 대하여 전적으로 싫증을 느끼며 | 롬 8:7 골 1:21 , 무능해 졌다. 그리고 선을 배격하는 존재가 되었으며, 악으로 완전히 기울어지게 되어 모든 자범죄가 나오게 되었다 | 약 1:14, 15; 마 15:19 .

5항. 이 원죄는 이 세상의 삶을 사는 동안에 중생한 사람들에게도 남아 있다 | 롬 7:18, 23; 전 7:20; 요일 1:8 . 그것은 그리스도를 통하여 용서받고 억제되지만, 본성적인 부패뿐만이 아니라 그로부터 나오는 자연적인 동기들은 틀림없이 당연히 죄가 되는 것이다 | 롬 7:24, 25; 갈 5:17 .

사람 가운데 죄 없는 완전한 삶을 살 수 있는 사람이 있을까요? 이 질문에 대한 대답은 원죄에 관한 말씀과 연관되어 있습니다.

원죄에 대한 오해들

1. 원죄의 교리는 많이 오해되기도 하고, 많은 논쟁의 대상이 되기도 했습니다. 가장 흔한 오해는 원죄란 아담과 하와가 범한 첫 번째 죄라고 생각하는 것입니다. 그러나 원죄(Original sin)란 아담과 하와의 첫 번째 죄를 말하는 것은 아닙니다. 오히려 아담과 하와의 첫 번째 죄가 가져온 총체적인 결과를 가리킵니다.

원죄는 자범죄가 아닙니다. 원죄와 자범죄는 구별되어야 합니다. 모든 인간이 처해있는 죄악된 상태(sinful condition)를 가리키는 말이 원죄이고, 이 죄악된 원죄의 상태 때문에 자범죄가 나오는 것입니다.

그러므로 자범죄를 지었기 때문에 죄인이 된 것이 아니라, 죄악된 본성 즉 원죄를 가지고 있기 때문에 당연하게도 자범죄를 짓게 되는 것입니다. 원죄란 모든 인간이 처해있는 부패하고 타락한 본성입니다. 지상에 존재했던 모든 종류의 교회들은 어떤 형태이든 원죄의 교리를 가지고 있습니다. 성경은 인간의 본성이 잘못되었다는 점을 증거하기 때문입니다.

그러나 인간을 향한 이성적인 관찰만으로도 인간의 본성에는 문제가 있다는 사실을 충분히 알 수가 있는 것입니다. 인간 사회에는 왜 이렇게 죄가 만연해 있는가(Universality of sin)하는 것에 대한 설명이 필요 없는 것입니다. 기독교를 알지 못하는 이방세계의 사람들이라도 인간은 아무도 죄 없는 완전한 존재가 없다는 사실을 인정하고 있습니다.

2. 그렇다면 도대체 그 이유가 무엇일까 질문을 던질 수 있습니다. 인간의 본성이 선하다든가, 아니면 선도 아니고 악도 아닌 중립이라든가, 그렇다면 일부 소수라 할지라도 죄 없는 완전한 존재가 있을 수 있지 않느냐, 아니면 최소한도 중립성을 유지하는 사람이라도 있지 않느냐는 질문이 나올 수 있습니다.

어떤 사람은 인간이 선한 본성을 가지고 태어났지만, 인간이 사는 사회나 환경이 악하기 때문에 그 영향을 받아서 죄를 저지르는 것이라고 말합니다. 그러나 이런 논리는 사회나 환경을 악하게 만든 것이 누구냐고 물으면 대답할 말을 잃게 되는 논리입니다. 만일 인간의 본성이 선하거나 중립이라면 최소한 인간사회나 환경도 50%정도는 악에 물들지 않은 사회나 환경이 있어야 하지 않느냐고 생각할 수 있습니다. 인간이 살고 있는 사회나 환경이 악하다는 것은 그 사회의 구성원인 인간이 악하기 때문입니다. 이는 성경도 증거하는 진리이거니와 인간이 이성적인 관찰로도 알 수 있는 사실입니다.

3. 그렇다면 인간은 어떻게 부패하고 타락한 본성을 가지고 태어났느냐는 중요한 질문을 던져 보아야 합니다.

성경이 가르치는 진리는 아담과 하와가 하나님과 맺은 언약을 어기고 불순종한데 대한 하나님의 심판이 바로 원죄라고 말합니다. 아담과 하와가 저지른 죄에 대한 형벌로서 아담과 하와를 부패와 타락에 내버려 두신 것입니다.

AD 400년 전후 아프리카 히포에서 목회하던 어거스틴(Augustine)은 인간의 본성은 타락 이전과 타락 이후가 다르다고 펠라기우스(Pelagius)라는 수도승과 인간의 본성에 관해 논쟁 할 때 말했습니다. 어거스틴은 타락 이전의 인간은 죄를 지을 수도 있고 죄를 짓지 않을 수도 있는 능력도 있다고 말했습니다. 라틴어 Posse Peccare(Possible to sin)와 Posse non Peccare(Possible not to sin)이 두 가지가 다 가능한 상태입니다. 가변성(Mutability)이 있는 무죄 상태의 상황입니다. 그러나 역시 죄지을 가능성이 있는 상태입니다.

아담과 하와는 이 능력을 하나님께 불순종하는 데 사용하고 범죄 하는데 사용했습니다. 그 결과 하나님의 심판이 왔고 타락 이후에 아담과 하와의 허리에서 나오는 모든 후손은 죄짓지 않는 것이 불가능한 상황이 되었다는 것입니다(non posse non Peccare, not possible not to sin). 죄를 짓지 않는 것이 가능하지 않은 상태, 인간의 마음은 항상 죄를 짓는 쪽으로만 움직이는 상태로 바로 원죄입니다. 이 원죄는 아담의 후손인 모든 인간이 태어날 때부터 가지고 태어나는 본성이 되었습니다. 모든 인간이 태어나면서부터 타락상태에 처하게 되었음을 로마서는 명확하고 선포하고 있습니다.

"유대인이나 헬라인이나 다 죄 아래 있다고 우리가 이미 선언하였느니라 기록한 바 의인은 없나니 하나도 없으며 깨닫는 자도 없고 하나님을 찾는 자도 없고 다 치우쳐 한가지로 무익하게 되고 선을 행하는 자는 없나니 하나도 없도다"ㅣ롬 3:9-12

칼빈 선생은 이 사실을 인간의 전적타락(Total Depravity) 이라고 불렀고 어거스틴은 인간의 도덕적 무능력(Moral Inability of human being) 이라고 말했습니다.

4. 인간이 전적으로 타락했다는 말이 인간이 어떤 사회적인 선(Civic virtue)도 행할 수 없는 존재라는 말은 아닙니다. 타락한 존재라도 세금 내고, 교통법규 지키고, 구제도 하고, 사회공헌도 할 수 있지만 성경이 말하는 선(善)이 되려면 세 가지 조건이 선행되어야 합니다.

먼저 하나님의 영광을 위하려는 동기(Motivation)가 있어야 합니다. 그리고 믿음으로 행해야 합니다. "믿음으로 좇아 하지 아니한 연고라 믿음으로 좇아 하지 아니하는 모든 것이 죄니라"ㅣ롬 14:23 . 마지막으로 하나님의 법을 따라야 합니다.

아무리 하나님의 영광을 위한 동기로 믿음을 따라 행했다 하더라도 하나님의 법과 어긋나는 일은 선이 아닙니다. 성경은 non posse non Peccare 즉 타락상태에서 아무도 이런 의미의 선을 행할 수 있는 사람이 없다고 말씀합니다.

"예수께서 이르시되 네가 어찌하여 나를 선하다 일컫느냐 하나님 한 분 외에는 선한 이가 없느니라"ㅣ눅 18:19 . 아담의 후손으로서 타락상태에 있는 인간은 누구라도 하나님이 요구하시는 선을 행할 능력이 없는 것입니다. "나를 보내신 아버지께서 이끌지 아니하면 아무라도 내게 올 수 없으니"ㅣ요 6:44 아무도 주 예수께 올 능력이 없다는 말입니다. 오직 하나님 아버지께서 이끌어 예수께로 오게 하는 경우에만 예외입니다.

불신자들의 모든 행위도 하나님을 기쁘시게 할 수 없습니다. "육신에 있는 자들은 하나님을 기쁘시게 할 수 없느니라"|롬 8:8 여기에서 육신은 body가 아닌 flesh 즉 인간의 타락된 본성인 원죄를 말합니다. "육신의 생각은 하나님과 원수가 되나니 이는 하나님의 법에 굴복지 아니할 뿐 아니라 할 수도 없음이라"|롬 8:7 그러므로 인간은 마음의 원하는 바가 항상 악하므로 "선을 행하는 자는 없나니 하나도 없도다"|롬 3:12 라고 말씀하신 것입니다.

성부 하나님의 은혜와 성령님의 역사가 없이는 아무도 예수께로 나올 수 있는 능력이 없게 됩니다. 죄로 말미암아 영적인 사망 상태, 노예 상태에 있는 자들은 성령님의 중생의 역사가 없이는 아무도 영적인 선을 행할 수 없습니다. 어거스틴은 "인간은 영적으로 병든 존재가 아니고 영적으로 사망한 존재"라고 말했습니다.

아담과 하와의 타락의 범위가 어디까지인가

1. 아담과 하와의 타락으로 인간의 영혼과 육체의 모든 부분과 기능이 전부 더러워졌습니다. 지식도 있고 감정도 있고 의지도 있고 양심도 있으나 그 모든 부분이 다 죄로 인해 타락해졌습니다. 타락한 인간이라도 스스로 예수를 믿을 수 있는 능력과 자유가 남아 있다고 사람들은 말합니다. 그러나 인간은 의지도 타락했고, 지식도 타락했고, 감정도 타락했으므로 진리도 모르고 하나님을 사랑함도 없고 스스로 예수님께 올 능력도 없는 것입니다.

2. 자연상태의 인간은 그 어느 누구도 하나님을 찾는 자가 없고 눈앞의 하나님을 두려워 함도 없다는 것이 인간에 대한 하나님의 평가입니다. 인간의 타락된 본성 이것은 아담과 하와의 하나님을 향한 반역, 행위 언약에 대한 오랜 불순종

으로 인한 결과입니다. 이 결과를 가리켜 원죄라고 합니다.

모든 인간은 자연상태에서는 원죄아래 있으므로 오직 삼위일체 하나님의 은혜로만이 원죄에서 해방 될 수 있는 것입니다. 하나님과 맺은 행위언약을 위반하고 불순종한 아담과 하와의 죄는 징벌을 가져왔습니다. 인간은 타락하고 부패한 본성 즉, 원죄를 가진 존재가 되었습니다.

3. 아담의 타락 이후로 누구나 원죄를 가지고 태어나므로 필연적으로 제기되는 질문이 있습니다. "내가 어쩔 수 없는 본성에 의해서 죄를 지었다면 하나님은 어떻게 나를 심판하실 수가 있나?" 이 질문은 자연스러운 질문입니다. 여기서 한 걸음 더 나아가면 "아담의 타락으로 인한 심판으로 오게 된 원죄가 어떻게 후손들에게 전이 되었는가"하는 질문이 나오게 되어 있습니다.

'원죄의 전이'에 대한 성경의 대답

원죄의 전이에 대한 성경의 대답이 로마서 5:12-21절 입니다.

"[12]이러므로 한 사람으로 말미암아 죄가 세상에 들어오고 죄로 말미암아 사망이 왔나니 이와 같이 모든 사람이 죄를 지었으므로 사망이 모든 사람에게 이르렀느니라 [13] 죄가 율법 있기 전에도 세상에 있었으나 율법이 없을 때에는 죄를 죄로 여기지 아니하느니라 [14] 그러나 아담으로부터 모세까지 아담의 범죄와 같은 죄를 짓지 아니한 자들 위에도 사망이 왕노릇하였나니 아담은 오실 자의 표상이라 [15] 그러나 이 은사는 그 범죄와 같지 아니하니 곧 한 사람의 범죄를 인하여 많은 사람이 죽었은즉 더욱 하나님의 은혜와 또는 한 사람 예수 그리스도의 은혜로 말미암은 선물이 많은 사람에게 넘쳤으리라 [16] 또 이 선물은 범죄한 한 사람으로 말미암은 것과 같지 아니하니 심판은 한 사람을 인하여 정죄에 이르렀으나 은사는 많은 범죄를 인하여 의롭다 하심에 이름이니라 [17] 한 사람의 범죄를 인하여 사

망이 그 한 사람으로 말미암아 왕노릇 하였은즉 더욱 은혜와 의의 선물을 넘치게 받는 자들이 한 분 예수 그리스도로 말미암아 생명 안에서 왕노릇 하리로다 [18] 그런즉 한 범죄로 많은 사람이 정죄에 이른것 같이 의의 한 행동으로 말미암아 많은 사람이 의롭다 하심을 받아 생명에 이르렀느니라 [19] 한 사람의 순종치 아니함으로 많은 사람이 죄인 된것 같이 한 사람의 순종하심으로 많은 사람이 의인이 되리라 [20] 율법이 가입한 것은 범죄를 더하게 하려 함이라 그러나 죄가 더한 곳에 은혜가 더욱 넘쳤나니 [21] 이는 죄가 사망 안에서 왕노릇 한 것 같이 은혜도 또한 의로 말미암아 왕노릇 하여 우리 주 예수 그리스도로 말미암아 영생에 이르게 하려 함이니라" | 롬 5:12-21

1. 이처럼 로마서는 아담의 죄와 후손들의 죄와 사망 간에는 직접적인 연관성(Direct connection)이 있음을 명확히 증거하고 있습니다. 특히 12절은 아담이 죄로 인해 온 인류에게 죄와 사망이 오게 되었음을 명확히 말하고 있습니다. 17절과 19절도 직접적인 연관성을 선언하는 구절들 입니다.

2. 여기서 질문이 생깁니다. 죄란 율법을 어긴 것이고, 율법이 없으면 죄나 형벌이 있을 수 없는 것 아니냐는 질문입니다. 이에 대한 대답이 14절입니다. 14절은 '그러나'로 시작되고 있습니다. 아담으로부터 모세가 율법을 받을 때까지 모든 사람들도 사망이라는 죄의 결과를 겪은 것을 보면 그들도 역시 죄인이라는 것을 알수 있다는 말입니다. 인간이 사망한 이유는 죄 때문입니다.

사람들이 율법을 직접 범했기 때문에 죄인으로서 사망한 것이 아닙니다. 왜냐하면 모세 이전에는 문서화된 율법이 없었기 때문입니다. 또한 양심의 법을 어겼기 때문이라고도 볼 수 없다는 것입니다. 왜냐하면 유아들은 양심의 법을 어기지 않고도 사망하기 때문입니다. 모세 이전의 사람들이 죄인으로서 사망한 이유는 그들도 아담의 죄로 인한 결과인 원죄를 전가 받았기 때문입니다. 우리는 아담의 죄를 직접 전가 받았습니다.

바울은 아담을 오실 자의 표상(Type)이라고 했습니다. 아담과 그리스도의 관계는 첫 아담과 둘째 아담의 관계입니다. 고린도전서 15:45절에 "기록된 바 첫 사람 아담은 산 영이 되었다 함과 같이 마지막 아담은 살려주는 영이 되었나니"에서 첫 아담이 한 일을 '한 범죄'이고, 그 결과는 첫 아담이 대표하는 사람들 즉 모든 사람들이 죄와 사망의 심판과 정죄에 이르게 되었다는 말씀입니다.

그러나 둘째 아담이신 그리스도께서 하신 일은 '의의 한 행동'이고 그 결과는 그리스도가 대표하는 사람들 즉, 하나님의 택자들이 의롭다하심과 생명을 받게 되었다는 것입니다. 아담의 죄는 모든 사람에게 전가(Imputation) 되어 모든 사람이 죄인이 되는 결과를 가져왔고 결국 모든 사람에게 사망이 이르렀습니다. 그러나 그리스도의 순종의 결과는 그리스도가 대표하는 하나님의 택한 백성들에게 전가되어 그 결과로 택한 백성들이 의를 얻어 의인이 된다는 것입니다.

사람들은 죄인에게 '그리스도의 의'가 전가되어 의인이 된다는 진리에 대해서 전혀 불평불만이 없지만, 아담의 죄가 전가 되어 우리가 죄인이 되었다는 진리에 대해서는 많은 불평을 합니다. 그렇다면 아담의 원죄는 어떻게 후손들에게 전해질까요?

'원죄의 전이'에 대한 세가지 대표적인 이론

1. 신화설(Myth Theory)

자유주의 신학자들은 아담과 하와는 실제 인물이 아니라 상징적인 인물일 뿐이며, 창세기 3장도 실제 역사적인 사건이 아닌 하나의 우화(Parable) 내지는 신화(Myth)에 불과하다는 신화설을 주장합니다. 의롭고 선한 존재로 태어난 아담이 선악과를 따먹은 것처럼, 후손인 인간들도 개인 각자에게 닥친 죄의 유혹에 넘어져 죄인이 된다는 것입니다. 즉 아담은 나쁜 모범을 보였을 뿐이라는 사상입니다.

신화설은 성경의 가르침과 전면적으로 어긋나는 이단 사설에 불과하며, 이 이론으로서는 범죄 과정을 거칠 시간도 없이 죽은 유아 사망에 관해서는 전혀 설명할 길이 없는 것입니다. 이 이론은 원죄의 전이를 설명하려는 것이 아니라 원죄 자체를 인정하지 않으려는 의도입니다. 이 사상은 409년 아프리카 카르타고에서 어거스틴에 반대한 수도승 펠라기우스(Pelagius)의 가르침이었습니다.

아르미니우스주의는 원죄를 인정하기는 하지만, 하나님은 모든 사람에게 그리스도를 믿을 수 있는 선행적인 은혜(Prevenient grace)로 개인의 능력을 주셨기 때문에 사실상 원죄의 결과를 제거해 주셨다고 말합니다. 결국 펠라기우스와 별 차이가 없는 사상입니다. 아르미니우스주의는 시간이 흐르며 자유주의 신학이 되었습니다. 성경에서는 이들이 주장하는 선행적 은혜라는 개념을 찾을 수 없습니다.

2. 실재론(Realism)

실재론은 철학적인 성격을 띠고 있습니다. 모든 사람의 영혼은 선재(先在)하는 상태에서 아담과 함께 에덴동산에 실제로(Really) 존재했고, 아담이 선악과를 따먹을 때에 동시에 함께 모든 사람들의 영혼들도 그 범죄에 참여했다는 사상입니다. 헬라 철학자 등의 영혼선재설을 전제로 하고 있습니다. 실재론자들은 아담의 죄에 대해서 하나님이 심판하시는 것은 정당한 심판이라고 말합니다. 그런데 아담의 죄로 인해 후손들이 처벌받는 것은 받아들일 수 없다고 말합니다. 후손들도 자기의 죄로 인해 처벌받아야 그것이 정당하다는 것입니다.

실재론자들이 이런 주장을 하는 근거는 에스겔 18장입니다.

"¹여호와의 말씀이 또 내게 임하여 가라사대 ²너희가 이스라엘 땅에 대한 속담에 이르기를 아비가 신 포도를 먹었으므로 아들의 이가 시다고 함은 어찜이뇨 ³나 주 여호와가 말하노라 내가 나의 삶을 두고 맹세하노니 너희가 이스라엘 가

운데서 다시는 이 속담을 쓰지 못하게 되리라 ⁴모든 영혼이 다 내게 속한지라 아비의 영혼이 내게 속함 같이 아들의 영혼도 내게 속하였나니 범죄하는 그 영혼이 죽으리라" | 겔 18:1-4

하나님이 다른 사람의 죄로 인해서는 처벌치 않으시며 모든 인간의 영혼이 에덴동산에서 아담과 함께 선재한 영혼들이 범죄한 경우에만 처벌할 수 있다고 생각합니다. 그러나 하나님은 아담의 타락을 설명하려고 에스겔 18장을 쓰신 것이 아닙니다. 도리어 자기의 죄를 남에게 씌우는 이스라엘 백성의 죄성을 지적하는 말씀입니다. 하와는 뱀에게 책임을 전가하고, 아담은 하와를 비난하는 것과 같은 죄성을 꾸짖으시는 하나님의 말씀입니다.

실재론자들이 주장하는 또 다른 근거는 히브리서 5:6입니다. 이 말씀은 "너는 멜기세덱의 반차를 좇아 영원한 제사장이라 하셨도다" | 시110:4 을 인용했습니다.

히브리서를 기록한 목적 가운데 하나는 예수 그리스도가 왕이시며 대제사장이시라는 진리를 기록하기 위해서입니다. 예수님이 유다 지파에서 나오신 이유는 왕이시기 때문입니다. 그렇다면 어떻게 레위 지파가 아닌 유다 지파의 사람이 대제사장이 되실 수 있느냐는 것입니다. 이 질문에 대한 대답으로 히브리서 기자는 시편 110:4절을 인용한 것입니다. 제사장은 레위 지파뿐만이 아니라 멜기세덱 라인으로도 제사장이 나올 수 있다는 것입니다. 멜기세덱은 그 이름의 의미가 '의의 왕'이요 살렘 왕으로서 '평강의 왕' 입니다.

히브리서 7:3절에는 "아비도 없고 어미도 없고 족보도 없고 시작한 날도 없고 생명의 끝도 없어 하나님 아들과 방불하여 항상 제사장으로 있느니라"고 기록되어 있습니다. 실재론자들의 주장은 멜기세덱에게 십일조를 드린 아브라함이 멜기세덱으로부터 축복을 받았다는 내용을 통해, 낮은 자가 높은 자에게 복 빎을 받으므로 멜기세덱이 아브라함보다 크고, 아브라함은 아담보다 크고, 이삭은 야곱보다 크고, 야곱은 레위보다 크니 결국 멜기세덱은 레위보다 크다는 것입니다. 그러므로 레위 지파를 따르는 대제사장보다 멜기세덱의 반차를 따른 대제사장이신 예수 그리스도가 더 크신 분이라는 말입니다.

중요한 포인트는 히브리서 7:10절입니다. "이는 멜기세덱이 아브라함을 만날 때에 레위는 아직 자기 조상의 허리에 있었음이니라" 멜기세덱으로부터 축복을 받을 때 아브라함의 허리에 레위가 있었던 것처럼, 아담의 허리에 모든 사람의 영혼이 있었다는 생각입니다. 히브리서 7:10절의 해석의 오류와 영혼선재설이 결합된 사상입니다. 그러나 이 말씀은 레위의 영혼이 선재했다는 의미가 아니라 멜기세덱의 반차에 따른 대제사장이 레위 지파의 반차를 따른 대제사장보다 높다는 해석이 정확합니다.

어거스틴이나 조나단 에드워즈는 좀더 세련된 형태의 실재론을 주장했습니다. 아담은 모든 사람의 자연적인 머리(Natural Head)로서 타락한 영혼은 육신과 함께 유전된다는 사상으로 영혼유전설(Traducianism)이라고도 말합니다.

실재론은 역사상 많은 사람이 취한 견해지만 성서적인 근거는 매우 취약합니다. 더구나 영혼선재설이나 영혼유전설은 현재 개신교가 취하는 사상도 아닙니다. 그렇다면 우리의 영혼은 어디에 있었을까요? 이들의 주장처럼 아담과 함께 에덴동산에 있었을까요? 아니면 부모를 통해 유전이 될까요? 이 모든 주장은 성경이 말하고 있지 않는 내용입니다.

3. 언약적인 대표설(Federalism)

칼빈으로부터 아담은 온 인류의 언약적인 대표(Federal Head)라는 사상이 제시되기 시작해 후학들에 의해 발전되었습니다. 아담은 온 인류의 법적인 대표자(Legal Representative)로서 아담의 행위는 그가 대표하고 있는 온 인류의 행위가 된다는 사상입니다.

인간의 영혼은 어머니 뱃속에서 육신이 잉태되어 태어날 때마다 하나님이 새로운 영혼을 육신과 함께 창조하신다는 영혼창조설(Creationism)과 연결되어 있습니다. 인간의 영혼은 대표자로써의 아담이(Legal Representative) 행한 범죄로 인해 죄성과 죄책을 전가 받았다는 사상이 개신교의 사상인 언약적 대표설입니다. 한국의 대표자인 대통령이 다른 나라와 맺은 조약은 모든 국민이 맺은 조약이 되는 것처럼 아담이 우리의 대표자로 죄를 범한 인간이 되고 결국 그 죄가 우리에게 원죄로 전이 되는 것입니다. 인간이 자범죄를 지을 때 비로소 죄책이 전가된다는 간접전가설(Mediate Imputation)이 아니라, 출생시부터 죄성과 죄책을 안고 태어난다는 직접전가설(Immediate Imputation)을 취하고 있는 것입니다.

반면에 예수님은 성부 하나님이 택하신 영혼들의 법적인 대표자가 되셨습니다. 예수님이 세우신 공로는 하나님이 택하신 사람들에게 예수님의 의가 모두 전가된다는 것입니다. 이것이 의의 전가(Imputation of Righteousness)입니다. 죄인들은 예수 그리스도를 구주로 믿음으로서 예수님의 의를 전가 받아 의인이 되는 것입니다. 대표의 행위가 직접적으로 전가된다는 이 원리를 부정하면 아무도 의인이 될 수 없는 것입니다.

언약적인 대표설이 성경의 가르침입니다. 예수님 외에 다른 대표자가 있을 수 없는 일입니다. 아담의 죄로 말미암아 아담이 대표하고 있는 모든 인류에게 죄성과 사망이라는 죄책이 온 것입니다. 하나님이 아담을 대표자로 삼으신 것은 옳은 일이었으며 다른 대표자가 있을 수 없는 일이었습니다. 그러나 그리스도 예수가 우리의 대표자가 되어 우리는 그 분의 의를 얻어 천국에 들어가게 된다는 것입니다. ✝

정리를 위한 문제

1. _____ 란 아담과 하와의 첫 번째 죄를 말하는 것이 아닌 오히려 아담과 하와의 첫 번째 죄가 가져온 _____ 를 가리키는 것이다.

2. 모든 인간이 처해 있는 _____ 때문에 _____ 를 짓는다. 인간은 _____ 를 지었기 때문에 죄인이 된 것이 아니라, 죄악된 본성을 가졌기 때문에 _____ 를 짓게 된다.

3. 원죄는 아담의 후손인 모든 인간이 가지고 태어나는 본성이다. 이 사실을 _____ 이라고 말한다.

4. 성경은 _____ 에서 아무도 이런 의미의 선을 행할 수 없다고 말한다.

5. 타락상태에 있는 사람은 _____ 와 _____ 가 없이는 아무도 예수께로 나올 수 있는 능력이 없다.

6. 아담과 하와가 하나님과 맺은 _____ 을 위반하고 불순종한 죄는 하나님의 징벌을 가져오게 되었다.

7. 모세 이전의 사람들이 죄인으로서 사망하는 이유는 그들도 아담의 죄로 인한 결과인 원죄를 _____ 받았기 때문이다.

8. 둘째 아담이신 그리스도께서 하신 일은 의의 한 행동이고, 그 결과는 그리스도가 대표하는 사람들 즉 하나님의 택자들이 _____ 과 생명을 받게 되었다.

9. 그리스도의 순종의 결과는 그리스도가 대표하는 하나님의 백성들에게 전가되는 것이고, 그 결과로 택한 백성들이 의를 얻어 _____ 이 된다.

10. 자유주의 신학자들이 주장하는 _____ 은 원죄 자체를 인정하지 않으려는 사상이며, 철학적 성격을 띤 _____ 은 모든 선재하는 영혼들이 아담과 함께 범죄에 참여했다는 사상이다.

답: 1. 원죄, 총체적인 결과 2. 죄악된 상태, 자범죄, 자범죄, 자범죄 3. 인간의 전적 타락 4. 타락상태 5. 하나님의 은혜, 성령님의 역사 6. 행위언약 7. 전가 8. 의롭다하심 9. 의인 10. 신화설, 실재론

제7장

하나님의 언약에 관하여
OF GOD'S COVENANT

[전문]

1항. 하나님과 피조물 사이의 간격은 너무나 크다. 이성을 가진 피조물들은 하나님을 창조주로서 순종할 책임이 있다. 그러나 하나님 편에서의 자발적인 낮추심 이외에 인간의 순종에 대한 보상으로서는 생명을 얻을 수는 없다. | 눅 17:10; 욥 35:7, 8 . 그 자발적인 낮추심이 하나님이 기쁘게 취하신 언약이라는 방법이다.

2항. 더욱이 사람은 타락하여 스스로 율법의 저주 아래에 빠져 버렸기 때문에 | 창 3:17; 갈 3:10; 롬 3:20, 21 하나님은 은혜 언약을 맺으시기를 기뻐하셨다. 하나님은 은혜 언약을 통하여서 죄인들에게 예수 그리스도로 말미암은 생명과 구원을 값없이 제공하셨다 | 롬 8:3; 막 16:15, 16; 요 3:16 . 그들이 구원받기 위해서는 예수 그리스도에 대한 믿음이 요구되었고, 영생을 얻기로 작정된 모든 자에게는 자발적으로 믿을 수 있도록 성령을 주시겠다고 약속하셨다 | 겔 37:26, 27; 요 6:44, 45; 시 110:3 .

3항. 이 언약은 복음 안에 계시되어있다. 먼저는 아담에게 계시되었는데 여자의

후손으로 말미암아 구원이 주어지리라는 언약이다 | 창 3:15. 후에는 신약에서 은혜언약이 더 진전되고 완성된 모습으로 나타났다 | 히 1:1. 이것은 택함을 받은 자들을 구속하기 위하여 성부와 성자 사이에 체결된 영원한 언약에 근거를 두고 있다 | 딤후 1:9; 딛 1:2. 그리고 타락한 아담의 후손 중 지금까지 구원을 받아 생명과 축복된 영생을 소유한 사람들은 모두 이 언약의 은혜에 의한 것이다 | 히 11:6, 13; 롬 4:1, 2; 행 4:12; 요 8:56. 왜냐하면, 사람은 이제 타락 이전의 아담처럼 무죄 상태에서 맺어진 조건을 근거로 해서 하나님의 인정을 받는 것은 전적으로 불가능하기 때문이다.

히브리서의 중요한 주제는 예수 그리스도의 우월성"을 증거하는 것과 "대제사장으로서의 예수 그리스도의 사역"을 증거하는 것입니다. 이런 목적을 위해서 하나님이 모세와 맺으신 언약을 하나님이 예수 그리스도와 맺으신 언약과 비교하는 것입니다. 히브리서 8:6에 "그러나 이제 그가 더 아름다운 직분을 얻으셨으니 이는 더 좋은 약속으로 세우신 더 좋은 언약의 중보시라"고 했습니다. 하나님이 예수 그리스도와 맺으신 언약이 모세와 맺으신 언약보다도 더 좋은 언약(Better Covenant)입니다.

언약은 무엇이며, 언약에는 어떤 종류가 있는가를 이해하는 것은 성경을 바르게 이해하는 키 포인트(Key point) 즉, 중요한 관건이 됩니다. 언약을 이해하지 못하면 성경을 이해할 수 없습니다.

언약의 본질

1. 하나님이 구원계획을 성취하시는데 핵심이 되는 방편이 언약(Covenant)입니다. 창조주 하나님이 자발적으로 낮아지셔서 피조물과 언약을 맺으시고 언약을 방편으로 피조물을 상대하시면서 하나님의 구원 계획을 이루어 가십니다.

2. 성경에는 하나님이 인간들과 여러 가지 언약을 맺으신 것을 기록하고 있습니다. 아담과도 언약을 맺으셨고 노아와도 언약을 맺으셨으며 아브라함, 이삭, 야곱과 언약을 맺으셨고 시내산에서 모세와도 언약을 맺으셨으며 다윗과도 언약을 맺으셨습니다. 언약이란 둘 혹은 그 이상의 당사자들이 동의하여 맺는 약속입니다. 언약에는 반드시 어떤 조건이 있는 것이고 그 조건을 지키면 축복이요, 그 조건을 어기면 저주가 오게 된다는 2중 구조가 특징입니다. 언약은 어떤 의식을 통해서 인준됩니다.

성경에 나타난 언약 이외에도 인간사에는 다양한 형태의 언약이 존재합니다. 결혼도 하나님 앞에서 맺는 거룩한 개인언약입니다. 그리고 통치자와 국민 간에도 하나님 앞에 맺는 거룩한 언약입니다. 통치자는 책임을 다하고 국민은 통치자에 순종한다는 국민적 언약(National Covenant)입니다.

언약의 개념은 성경을 이해하는데 결정적으로 중요합니다. 성경에 다양한 언약들이 있어도 중요한 세 가지 언약이 그 핵심입니다. 구속언약, 행위언약, 은혜언약입니다. 이 용어들은 학자들 사이에서도 종종 오해와 혼란이 있기 때문에 정확하게 그 개념을 이해할 필요가 있습니다.

구속언약(Covenant of Redemption)

1. 구속언약이라는 용어는 일반적으로 듣기 어려운 용어입니다. 하나님이 인간과

맺으신 언약이 아니라 영원 전에 삼위일체 하나님 사이에서 맺으신 영원한 언약입니다.

은혜언약은 이 구속언약에 뿌리를 두고 있습니다. 신앙고백서 7장 3항 중반에 보면 "이것은 택함을 받은 자들을 구속하기 위하여 성부와 성자 사이에 체결된 영원한 언약에 근거를 두고 있다"고 했습니다. 삼위일체 하나님 사이에 맺어진 구속언약을 근거로 은혜언약이 나오게 된 것입니다.

2. 삼위일체 하나님은 창조에도 모두 관여하셨으며 택자들의 구원과정에도 모두 관여하셨습니다. 삼위이시면서도 일체이시기 때문에 구원과정에서 상호 모순되는 일이 조금도 없는 것입니다.

성부 하나님은 구원을 계획하시고 구원할 자를 선택하시며, 택자들을 구원하시기 위해 성자를 세상에 보내는 일을 행하십니다.

성자 예수님은 성부 하나님의 뜻에 순종해서 인성을 입으시고 세상에 오셔서 성부가 택하신 자를 성경이 "양, 좋은 고기, 좋은 나무, 택자"라고 부르는 사람들의 죄값을 대신 갚으시는 일을 행하셨습니다. 속전을 치르시고 택자를 구원하시는 일이기 때문에 구속(Redemption)이라고 부릅니다. 성자 예수님은 구속을 성취하셨습니다.

성령 하나님은 성부가 택하시고, 성자가 속죄하신 영혼들을 성령으로 거듭나게 하셔서 회개와 믿음의 역사를 일으키십니다. 성령님의 사역은 구속을 적용하시는 사역이라고 말할 수 있습니다. 삼위일체 하나님은 영원 전에 이러한 방식으로 일하시겠다고 상호간에 언약을 맺으신 것입니다. 이것을 구속언약이라고 부릅니다. 성부 하나님은 구원의 계획자요, 성자 하나님은 구원의 성취자요, 성령 하나님은 구원의 적용자이십니다.

신앙고백서 〈제7장〉은 구속언약이라는 단어를 사용하고 있지 않지만 2항 후반부에는 "영생을 얻기로 작정된 모든 자에게는 자발적으로 믿을 수 있도록 성령을 주시겠다고 약속하셨다"는 말이 나타납니다. 3항 중반에 "이것은 택함을 받은 자들을 구속하기 위하여 성부와 성자 사이에 체결된 영원한 언약에 근거를 두고 있다"는 표현은 구속언약을 가리키는 것입니다.

히브리서 13:20절에 예수 그리스도가 흘린 피도 "영원한 언약의 피"라고 쓰여 있습니다. "양의 큰 목자이신 우리 주 예수를 영원한 언약의 피로 죽은 자 가운데서 이끌어 내신 평강의 하나님이"│히 13:20 이 영원한 언약이 바로 구속언약입니다. 예수 그리스도가 인성을 입으시고 이 땅에 오셔서 구속사역을 하신 이유는 삼위일체의 구속언약 때문입니다.

행위언약(Covenant of Works)

1. 신앙고백서 〈제7장〉 3항 후반부에 "사람은 이제 타락 이전의 아담처럼 무죄 상태에서 맺어진 조건을 근거로 해서 하나님의 인정을 받는 것은 전적으로 불가능하게 되었다"고 했습니다.

2. 하나님은 온 인류의 법적인 대표자(Federal representative)로서 아담과 언약을 맺으셨습니다. 아담의 무죄상태(State of Innocence) 혹은 시험상태(State of Probation)에서 맺은 언약의 조건은 "선악을 알게 하는 나무의 실과를 먹지 말라"는 것이었습니다. 선악과를 먹지 않으면 일정한 시험기간이 지나면 영생을 얻게 되고, 모든 인류는 영생을 얻었겠지만 선악과를 먹게 되면서 사망이라는 저주를 받게 되는 것이었습니다.

아담을 법적인 대표가 되어 모든 인류의 운명은 아담과 하와가 이 언약의 조건에 순종하느냐 불순종하느냐에 달려있게 된 것입니다. 아담이 순종하면 온 인류는 영생하는 존재가 되고, 불순종하면 사망하게 되는 이 언약은 아담의 순종 혹은 불순종이라는 행위를 조건으로 맺어진 언약이므로 '행위언약'이라고 부릅니다.

성경은 아담 하와가 이 시험에서 완전히 실패했기 때문에 모든 인류에게 원죄와 사망을 가져왔음을 선언하고 있는 것입니다. 인간이 늙고 병들어 죽게 되었다는 사실이 행위언약이 완전히 실패했다는 증거입니다. 이제는 행위언약 즉, 사람이 어떤 선한 행위를 해서 영생을 얻을 가능성은 완전히 사라졌습니다. 그러므로 선한 사람이 선한 일을 해서 천국에 간다는 생각은 완전히 잘못된 생각이 되는 것입니다.

3. 하나님은 아담과 하와가 행위언약을 위반하자마자 은혜언약을 계시하시기 시작하셨습니다. 이미 아담의 타락을 아셨기 때문에 창조 이전에 삼위일체 간에 구속언약을 맺으셨기 때문입니다.

은혜언약(Covenant of Grace)

1. 신앙고백서 〈제7장〉 3항 전반부는 은혜언약에 대해서 고백하고 있습니다. "이 언약은 복음 안에 계시되어있습니다. 먼저 아담에게 계시되었는데 여자의 후손으로 말미암아 구원이 주어지리라는 언약입니다. 후에는 신약에서 은혜언약이 더 진전되고 완성된 모습으로 나타났다"고 했습니다.

2. 은혜언약은 그 뿌리를 구속언약에 두고 있습니다. 성부 하나님이 택하신 자들의 법적인 대표로서 예수 그리스도와 언약을 맺으신 것입니다. 예수 그리스도는 행위언약에 실패한 첫 아담과는 다른 둘째 아담이 되셨습니다. 첫 아담과 둘째 아담의 공통점은 그가 대표하는 사람들의 법적인 대표자가 된다는 점입니다. 이들 대표자들의 행위는 대표되는 사람들의 행위로 인정된다는 것입니다. 그러므로 첫 아담의 불순종은 그가 대표하는 모든 인류에게 전가(Imputation)되어 모든 인류에게 죄와 사망이 오게 된 것입니다. 첫 아담의 불순종은 우리 모두의 불순종

이 되는 결과를 가져왔습니다.

그러나 둘째 아담이신 예수 그리스도는 두 가지 면에서 순종하셨습니다. 능동적 순종과 수동적 순종입니다.

하나님의 법을 완전히 지키시고 순종하심으로, 죄인들에게 나누어 주실 완전한 의(Perfect Righteousness)를 준비해 주셨습니다. 죄없이 완전한 삶을 가리켜 능동적 순종(Active obedience)이라고 부릅니다. 또 다른 하나는 하나님이 택하신 자들의 모든 죄값을 지시고 십자가에서 죽으심으로 택자들의 죄값을 치르신 것입니다. 이 과정은 이 잔이 자신에게서 지나가기를 바라실 정도로 고통스러운 일이었습니다. 그러므로 이런 순종을 수동적 순종(Passive obedience)이라고 부릅니다. 둘째 아담이신 예수 그리스도의 순종은 예수님이 대표하시는 모든 택자들에게 전가되는 것입니다.

수동적 순종으로 인해서 죄 사함을 받고, 능동적 순종으로 인해서 천국 들어갈 의를 얻게 되는 것입니다. 택자들의 '모든 죄'는 예수 그리스도에게 전가되고(Imputation of sin) 예수님의 '완전한 의'는 택자들에게 전가되는 것입니다(Imputation of righteousness). 그러므로 하나님의 택자들은 자신의 행위로 구원받는 것이 아니라, 예수 그리스도의 완전한 행위를 전가 받아 그 분의 공로로 구원받게 되는 것입니다.

제 장인도 예수님을 믿고 돌아가셨습니다. 제 아내가 그 때 꿈을 꿨습니다. 먼저 돌아가신 장인의 형님도 예수님을 믿고 먼저 천국에 가셨는데 꿈에서 천국에 계신 형님에게 장인이 아래에서 여쭈어 보시더랍니다. "형님, 저는 그 높은 곳에 올라가지 못하겠습니다. 형님은 어떻게 올라가셨습니까?" 그러자 천국에 계신 형님이 말씀하셨답니다. "여보게 자네 힘으로 올라오는 것이 아니네. 예수의 힘으로 올라 올 수 있네."

3. 그러나 예수 그리스도가 성취하신 구속은 성령 하나님이 적용하실 때에 비

로소 그 효과가 나타납니다. 예수 그리스도를 구주로 믿어야 하는데 이 믿음은 성령이 역사하심으로 주시는 하나님의 선물입니다.

인간은 자신의 행위로는 구원받을 수 없는 존재들입니다. 오직 삼위일체 하나님의 구속언약과 하나님이 택자들의 대표되신 예수 그리스도와 맺으신 은혜언약을 근거로만 구원을 받을 수 있는 것입니다. 신앙고백서 제 7장 3항 중반에는 "타락한 아담의 후손 중 지금까지 구원을 받아 생명과 축복된 영생을 소유한 사람들은 모두 이 언약의 은혜에 의한 것이다"라고 선언하고 있습니다.

어떤 사람들은 아담 하와가 에덴동산에서 누리던 축복을 예수님이 회복해 주신다고 주장하는데 그것은 진리가 아닙니다. 에덴동산의 무죄상태 혹은 시험상태로 돌아가는 것이 아닌 아담과 하와가 행위언약에 순종했더라면 얻을 수 있었던 영생의 축복을 주시는 것입니다. 아담이 받지 못한 '더 좋은 축복'을 받는 것입니다.

영생, 구원은 모두 예수 그리스도의 공로 때문에 믿는 자에게 주어졌습니다. 믿음은 모든 사람의 것이 아니라, 택자들에게 주시는 하나님의 은혜의 선물입니다. 그러므로 구원은 철두철미 하나님의 은혜에 의한 것임을 선언하는 것이 언약신학의 진리입니다.✝

정리를 위한 문제

1. _____ 이란 하나님의 구원계획을 성취하시는데 핵심이 되는 방편이다.

2. 성경에는 다양한 언약들이 있는데, _____ _____ 이 세가지가 매우 중요하다.

3. _____ 은 하나님이 인간과 맺으신 것이 아니라, 영원 전에 삼위일체 하나님 사이에서 맺으신 영원한 언약이다.

4. _____ 가 인성을 입으시고 이 땅에 오셔서 구속사역을 하신 이유는 삼위일체 하나님간에 맺으신 구속언약 때문이다.

5. _____ 은 아담의 순종 혹은 불순종이라는 행위를 조건으로 해서 맺어진 언약이다.

6. 하나님은 아담과 하와가 행위언약을 위반 하자 마자 _____ 을 계시해 주시기 시작하셨다.

7. 은혜언약은 성부 하나님이 택하신 자들의 법적인 대표로서 행위언약에 실패하신 첫 아담과는 다른 둘째 아담인 _____ 와 언약을 맺으셨다.

8. 택자들의 모든 _____ 는 예수 그리스도에게 전가되고 예수님의 완전하신 _____ 는 택자들에게 전가된다.

9. 하나님의 택자들은 자신의 행위로 구원받는 것이 아니라, _____ 로 구원받게 된다.

10. 구원은 철두철미 하나님의 은혜에 의한 것임을 선언하는 것이 _____ 의 진리이다.

답: 1. 언약 2. 구속언약, 행위언약, 은혜언약 3. 구속언약 4. 예수 그리스도 5. 행위언약 6. 은혜언약 7. 예수 그리스도 8. 죄, 의 9. 그리스도의 행위 10. 언약신학

제8장

중보자이신 그리스도에 관하여
OF CHRIST THE MEDIATOR

● [전문]

1항. 하나님은 영원한 목적과 성부와 성자 사이의 언약을 따라서 그의 유일한 독생자이신 주 예수를 하나님과 사람 사이의 중보자로 | 사 42:1; 벧전 1:9, 10 , 선지자로 | 행 3:22 , 제사장으로 | 히 5:5, 6 , 왕으로 | 시 2:6; 눅 1:33 , 교회의 머리와 구주로 | 엡 1:23 , 만물의 후사로 | 히 1:2 , 세상의 심판자로 | 행 17:31 택하시고 임명하시기를 기뻐하셨다. 하나님은 영원 전부터 예수에게 한 백성을 주어 그의 후손이 되게 하셨고 | 사 53:10; 요 17:6; 롬 8:30 때가 되어 그에 의해 구속함 받고 부르심을 얻어 의롭다 칭하심을 받게 하시고, 성화되고 영화를 얻도록 하셨다.

2항. 성 삼위일체 중 제 2위이신 하나님의 아들은 참되시고 영원한 하나님이시다. 그는 아버지의 영광의 광채시며 아버지와 한 본체시며 그와 동등하시다. 그는 세상을 창조하셨고 그가 만드신 만물을 유지하시고 통치하시는 분이시다. 때가 차매 그는 인성을 취하셨는데 인간의 모든 본질적인 속성들과 공통의 연약성

을 지니셨지만 | 요 1:14; 갈 4:4 죄는 없으시다 | 롬 8:3; 히 2:14, 16, 17; 히 4:15 . 동정녀 마리아의 모태에서 성령에 의해 잉태되셨는데 성령이 그녀에게 임하셨고 지극히 큰 능력이 그녀를 덮으셨다. 그리고 성경을 따라 여자의 몸을 통해서 | 눅 1:27, 31, 35 유다지파에서 나오셨고 아브라함과 다윗의 후손으로 오셨다. 온전하고 완전하며 독특한 두 본성은 하나의 위격으로 분리될 수 없게 결합되어 변경되거나 합성되거나 혼동될 수 없게 되었다. 이 위격은 참 하나님이시고 동시에 참 인간이신 한 그리스도요 | 롬 9:5; 딤전 2:5 하나님과 사람 사이의 유일한 중보자가 되신다.

3항. 인성이신 주 예수는 신성과 연합되었고 성자의 위격을 취하여 성령에 의해 측량할 수 없이 성화 되고 기름 부음을 받았다 | 시 45:7; 행 10:38; 요 3:34 . 그 안에는 모든 지혜와 지식의 부요함이 있고 | 골 2:3, 아버지께서 그 안에 모든 충만함이 있게 하시기를 기뻐하셨고 | 골 1:19, 종말까지 거룩하고 해를 받지 아니하며 순결하고 | 히 7:26 은혜와 진리가 충만하여 | 요 1:14 중보자와 보증인의 직무를 수행하는 데 조금도 부족함이 없게 하시기를 기뻐하셨다 | 히 7:22 . 이 직무는 그가 스스로 취하신 것이 아니라 아버지의 요구에 의한 것이었다 | 히 5:5 . 또한 모든 권능과 심판을 그의 손에 주셨고 | 요 5:22, 27; 마 28:18; 행 2:36 그의 직분을 수행하도록 명령하셨다.

4항. 주 예수는 이 직분을 기꺼이 맡으셨다 | 시 40:7, 8; 히 10:5-10; 요 10:18 . 그는 이 직분을 이행하기 위하여 율법 아래로 오셨고 완전히 성취하셨다 | 갈 4:4; 마 3:15 . 그리고 우리가 져야하며 고통을 받아야 마땅한 형벌을 당하시고 | 갈 3:13; 사 53:6; 벧전 3:18 우리를 위하여 대신 죄와 저주가 되어 주셨다 | 고후 5:21 . 그의 영혼으로는 가장 극심한 슬픔을 당하셨고 | 마 26:37, 38; 눅 22:44; 마 27:46 그의 육체로는 가장 고통스러운 고난을 당하셨다. 그는 십자가에 달리셨고 죽으셨으며 죽음의 상태에 놓이게 되셨지만 썩음을 당하지는 않으셨다 | 행 13:37 . 그는 제 삼 일에 고난 받으셨던 동일한 몸으로 | 요 20:25, 27 죽음으로부터 부활하셨으며 | 고전 15:3, 4 그 몸으

로 하늘로 승천하셨다 | 막 16:19; 행 1:9-11 . 그는 하나님의 우편에 앉으셔서 중보자가 되셨다가 | 롬 8:34; 히 9:24 세상 끝 날에 사람들과 천사들을 심판하시러 다시 오실 것이다 | 행 10:42; 롬 14:9, 10; 행 1:11 .

5항. 주 예수는 영원한 성령을 통해 자신을 희생의 제물로 하나님께 바침으로써 자신의 온전한 순종과 희생으로 하나님의 공의를 완전히 만족시키셨다 | 히 9:14; 10:14; 롬 3:25, 26 . 그는 아버지께서 그에게 맡겨 주신 모든 사람들을 위하여 화해와 하늘나라의 영원한 상속권을 얻게 하셨다 | 요 17:2; 히 9:15 .

6항. 그리스도가 성육신하기까지 구속의 값을 실제로 지불하시지 않았다 할지라도 | 고전 10:4; 히 4:2; 벧전 1:10, 11 그 힘과 효력과 공로는 세상 시작 때부터 모든 시대 속에서 계속적으로 택함을 받은 자들에게 전달되었다. 이러한 약속들과 모형들과 희생 제물들로 말미암아 또는 그것을 통해서 그리스도는 어제나 오늘이나 영원히 | 히 13:8 여자의 후손으로서 또한 뱀의 머리를 상하게 하시고 창세전에 죽임 당하신 어린양으로서 계시되어 나타나신다 | 계 13:8 .

7항. 그리스도는 중보의 사역에 있어서 두 가지 본성에 따라서 행하셨으며 각각의 본성에 고유한 일을 행하셨다. 그러나 한 위격 안에 통일되어 있으므로 한 본성에 속한 것이라도 때로는 성경에서 다른 본성에 소속된 것으로 묘사 될 때도 있다 | 요 3:13; 행 20:18 .

8항. 그리스도로 인해 영원한 구속을 얻기로 작정되어 있는 모든 사람들에게 그리스도는 구속을 확실하고 효과적으로 적용하고 | 요 6:37; 10:15, 16; 17:9; 롬 5:10 전달하신다. 그는 그들을 위하여 중보하시고 성령으로 그들을 자신에게 연합시키시고, 구원의 신비를 말씀 안에서 그리고 말씀을 통해서 그들에게 나타내시고 | 요 17:6; 엡 1:9; 요일 5:20 , 그들이 믿고 순종하도록 설득시키시며, 그의 말씀과 성령으로써 그들의 마음을 다스리신다 | 롬 8:9, 14; 시 110:1 . 그리고 그리스도의 놀라운

권능과 지혜로써 모든 원수들을 물리치신다 | 고전 15:25, 26 . 그의 기이하고 측량할 수 없는 경륜에 가장 합치되는 방법으로 구원을 베푸시되 | 요 3:8; 엡 1:8 거저 주시는 완전한 은혜로써 주시며, 피조물의 어떤 구원을 얻을 수 있는 조건들을 예견해서 구원을 베푸시지 아니하신다.

9항. 하나님과 사람 사이의 이 중보의 직분은 오직 그리스도에게만 고유하다 | 딤전 2:5 . 그는 하나님의 선지자이며 제사장이며 교회의 왕이시다. 이 직분은 전체이든 어떤 부분이든 그로부터 어떤 다른 어떤 존재에게도 옮겨질 수 없다.

10항. 이 직분의 기능을 수행하려면 다양한 질서(number and order)가 필요하다. 왜냐하면 우리는 우리의 무지 때문에 | 요 1:18 그리스도의 선지자적 업무를 필요로 하며, 하나님으로부터의 분리 때문에 그리고 우리가 하나님께 최상의 봉사를 한다 해도 그 불완전함 때문에 | 골 1:21; 갈 5:17 우리를 하나님과 화해시키고 하나님 앞에 용납될 수 있도록 하시는 그리스도의 제사장적 업무가 필요하다. 또한 우리의 반역성과 하나님께 돌아가지 못하는 전적인 무능력함 때문에 우리의 영적 적들로부터 우리를 구출하고 지켜 주실, 그리고 천국을 확신시키고 복종시키며 이끌고 유지하며 인도하며 지켜 주실 그리스도의 왕적인 업무를 필요로 한다 | 요 16:8; 시 110:3 .

디모데전서 2:5-7절에서 가장 중요한 단어는 '중보자(Mediator)'입니다. 예수 그리스도는 중보자로서 자신을 속전으로 주셨습니다. 중보자라는 단어는 기독교 신앙에서 대단히 중요한 단어입니다. 중보자는 한 명뿐입니다. 온 세상 가운데

중보자는 오직 한 명뿐이라는 의미는 어떤 인간도 하나님과 인간 사이에 속전으로 주신 분, Mediator는 예수 그리스도 외에는 가능하지 않다는 의미입니다.

중보자의 역할(Role)

1. 중보자란 갈등하고 있는 두 당사자 사이를 화목하게 하는 존재를 가리킵니다. 두 당사자 사이에는 소외감과 갈등과 간격이 존재한다는 사실을 전제하는 것입니다.

이처럼 죄인 된 인간은 죄로 말미암아 거룩하신 하나님과 분리되었고, 두 사이에는 갈등과 소외가 존재하고 있습니다. 예수 그리스도는 십자가의 죽으심으로 죄의 문제를 해결해 주시고 하나님과 죄인들 사이를 화목케 해 주시는 중보자이신 것입니다.

2. 욥은 중보자를 원했습니다. "하나님은 나처럼 사람이 아니신즉 내가 그에게 대답함도 불가하고 대질하여 재판할 수도 없고 양척 사이에 손을 얹을 판결자도 없구나" | 욥 9:32-33 라며 욥은 탄식했습니다. 욥은 한편으로는 하나님께 손을 얹고 한편으로는 자기에게 손을 얹어 중보해 줄 수 있는 중보자를 원했던 것입니다. 욥의 이런 소망은 예수 그리스도를 인하여 실현된 것입니다. 죄인들은 스스로 능력으로는 거룩하신 하나님과 화목할 수 없는 것입니다. 죄인들의 죄를 해결해 주고, 거룩하신 하나님과 화목 시켜주실 중보자가 필요한 것입니다.

3. 히브리서의 세 구절은 오직 예수 그리스도만이 중보자가 되심을 증거하고 있습니다.

"그러나 이제 그가 더 아름다운 직분을 얻으셨으니 이는 더 좋은 약속으로 세우신 더 좋은 언약의 중보시라" | 히 8:6

"이를 인하여 그는 새 언약의 중보니 이는 첫 언약 때에 범한 죄를 속하려고 죽으사 부르심을 입은 자로 하여금 영원한 기업의 약속을 얻게 하려 하심이니라"

| 히 9:15

"새 언약의 중보이신 예수와 및 아벨의 피보다 더 낫게 말하는 뿌린 피니라"

| 히 12:24

중보자의 3대 기능(Function)

신앙고백서 〈제8장〉 10항에 중보자 직분의 기능을 수행하려면 다양한 질서가 필요하다고 전하고 있습니다. 중보자가 되려면 3대 기능이 필요합니다.

 1. 첫째는 중보자에게 선지자적 업무가 필요합니다. 왜냐하면 인간은 영적으로 무지한 존재이기 때문에 자신의 문제가 무엇인지도 모르고, 인간의 문제를 해결하기 위한 하나님의 뜻이 무엇인지도 모르기 때문에 인간에게 하나님의 뜻과 진리를 가르치는 선지자적 업무가 요구됩니다.

 2. 둘째는 중보자에게 제사장적인 업무가 필요합니다. 인간이 하나님과 원수되고 하나님으로부터 분리된 이유는 죄 때문이고 죄의 문제를 해결하지 않고는 하나님께 최상의 봉사를 드린다 해도 하나님과 화목할 수 없는 것입니다. 그러므로 중보자가 되려면 인간의 죄 문제를 해결해주는 제사장적인 기능이 요구됩니다.

 3. 셋째는 중보자에게 왕으로서의 업무도 필요합니다. 무능한 인간을 보호하고 다스려서 천국으로 인도해 주시는 왕의 기능이 요구되는 것입니다.

 이 세 가지의 기능은 오직 예수님 만이 수행하실 수 있습니다. 예수님을 '그리스도'라 부르는 이유는 히브리어로 '메시아'요 '기름 부음을 받은 자'라는 의미입니다. 구약성서에서 기름 부음을 받아 임명되는 존재는 선지자와 대제사장과 왕뿐입니다. 예수님은 한 몸에 이 세 가지 직분을 모두 가지신 유일한 중보자이십니다. 예수 그리스도 이외에는 어떤 존재도 중보자의 직분의 일부나 전체를 수행할 수 없으므로 다른 존재에게 중보자 직분이 양도될 수 없는 것입니다. 신앙고백서 〈제8장〉 9항이 이 진리를 선포하고 있습니다.

중보자의 자격(Qualification)

디모데전서 2:5절에 "하나님은 한 분이시요 또 하나님과 사람 사이에 중보도 한 분이시니 곧 사람이신 그리스도 예수라"고 했습니다. 왜 사도바울은 '사람이신 그리스도'라며 그리스도의 인성을 강조하고 있을까요?

1. 중보자는 화목시키고자 하는 양 당사자 모두를 대표할 수 있어야 합니다. 한편으로는 거룩하신 하나님을 대표하기 위해서 완전한 신성을 가져야 하고, 다른 한편으로는 인간을 대표하기 위해서 완전한 인성을 가지고 있어야 합니다. 완전한 신성과 완전한 인성을 가지면서도 두 존재가 아닌 한 존재 즉, '한 위격'이 되어야 합니다. 한 위격이신 예수 그리스도 안에서 신성과 인성은 구별되기는 해도 분리될 수는 없이 결합된 것입니다(Not divided, but distinguished).

2. 중보자에게 왜 인성이 필요할까요? "피 흘림이 없은즉 사함이 없느니라"│히 9:22 는 말씀을 성취하기 위해서입니다. 구속을 위해서는 구약의 제물처럼 피를 흘려야만 합니다. 피 흘리기 위해서는 피가 있는 완전한 인성이 요구되기 때문에 인간이신 예수님이 구속의 조건이 됩니다. 욥기에서의 말씀처럼 하나님과 죄인 사이에 양 팔을 벌려 하나님과 인간 사이를 이을 수 있는 대표는 인성과 신성을 동시에 대표하신 예수님뿐입니다. 피가 있어야 대제사장으로서 자신의 피를 속죄소에 뿌려 죄 사함을 얻어낼 수 있는 것입니다.

디모데는 에베소에서 목회하고 있었고, 에베소에는 영지주의자들이 횡행하고 있었습니다. 영지주의자들은 예수님의 참된 인성을 부인했습니다. 소위 가현설

(Docetism)을 취하고 있었습니다. 예수님이 단지 인간인 것처럼 가짜로 보였을 뿐이라는 주장입니다. 하지만 예수님의 인성을 부인하면 예수님의 피 흘리심을 부인하는 것이요, 피 흘리심을 부인하면 속죄를 부인하는 것이요, 결국 예수님의 중보자 직분을 부인하게 됩니다. 그러므로 영지주의는 교회가 결코 받아들일 수 없는 이단 사설입니다.

신앙고백서 〈제8장〉 2항, 3항, 4항, 5항, 7항은 예수 그리스도만이 중보자가 될 수 있다는 진리를 명확히 선포하고 있습니다.

중보자의 임명(Appointment)

1. 하나님과 인간 사이의 중보자는 자원한다고 아무나 되는 것이 아닙니다. 성부 하나님의 임명을 받아야 합니다. 임명의 주체는 하나님이시며, 하나님은 영원 전에 삼위일체 하나님 사이에 맺어진 구속언약에 의해서 예수님을 중보자로 임명하셨습니다. 신앙고백서 〈제8장〉 1항은 이 진리를 선포합니다.

2. 예수님은 이 직분을 기꺼이 수행하시고자 맡으셨습니다. 성부 하나님의 뜻에 자발적으로 순종하셔서 이 직분을 수행하셨습니다. 신앙고백서 〈제8장〉 4항이 이 사실을 증거하고 있습니다.

3. 성부 하나님은 예수 그리스도에게 성령의 능력을 한량없이 부으심으로 하나님이 임명하셨다는 사실을 증거 하시고, 성자 예수님이 중보자의 사명을 수행하시기에 필요한 충분한 모든 능력을 공급해 주신 것입니다. 신앙고백서 〈제8장〉 3항에 이 진리가 선포되어 있습니다.

중보자 역할의 성취(Accomplishment)

"그가 모든 사람을 위하여 자기를 속전으로 주셨으니 기약이 이르면 증거할 것이라"|딤전2:6 이 구절에서 다섯 단어가 매우 중요합니다. "자기를 주셨으니", "속전으로", "모든 사람", "위하여", "증거할 것이라"

1. 예수님은 자기 몸을 죽음에 내어주셨습니다. "이를 내게서 빼앗는 자가 있는 것이 아니라 내가 스스로 버리노라"|요 10:18, "나는 양을 위하여 목숨을 버리노라"|요 10:15 예수님이 당신의 몸을 죽음에 내어 주신 이유는 아버지께서 택하여 맡기신 사람들의 죄 값을 대신 치르시기 위함이었습니다. 피를 흘려 제물이 되셔서 제사장의 직분을 수행하기 위해서였습니다.

2. 예수님은 자신의 몸을 속전으로 주셨습니다. 속전(Ransom)이라는 말은 '죄에 묶여있는 사람들을 해방시키기 위해서 지불한 대가'라는 의미입니다. 옛날 3세기 이집트 알렉산드리아(Alexandria)의 이단자인 오리겐(Origen)은 예수님이 마귀에게 죄값을 지불했다는 소위 '속상설'을 주장했습니다. 그러나 이런 사상은 매우 속상한, 말도 안 되는 헛된 주장입니다. 예수님은 하나님이 택하신 사람들의 죄값을 대신 갚으심으로 하나님의 공의를 만족시키신 것입니다. 그래서 하나님이 죄인들을 용서하시고 죄인들과 화목할 수 있는 근거를 마련하신 것입니다.

3. 예수님이 자기 몸으로 속전 삼아 죄에서 해방시킨 사람은 '모든 사람'입니다. 헬라어 παντας(판타스)가 사용되었습니다. 성경에 사용된 '모든 사람'이라는 단어는 두 가지 의미가 있습니다. 하나는 현재 과거 미래의 한 사람도 예외 없이 모든 사람(all people without exception)이라는 의미도 있고, 다른 하나는 종족이나 신분이나 성별에 차별을 두지 않는다는 의미의 모든 사람(all people without distinction)이라는 의미도 있습니다. 문맥에 따라서 조심스럽게 의미를 결정해야 합니다.

디모데전서 2장에 사용된 '모든 사람'은 신분에 차별을 두지 않는 모든 사람이라는 의미가 분명합니다. "임금들과 높은 지위에 있는 모든 사람을 위하여 하라"|딤전 2:2 신분이 낮은 사람뿐만 아니라, 신분이 높은 사람을 위해서도 차별을

두지 말고 기도하라는 의미입니다.

4. "모든 사람을 위하여"에서 "위하여"라는 말은 예수님의 속죄 제사가 모든 사람을 위해대신 죽으시는 대속적 속죄임을 의미하는 것입니다.

5. 예수님이 신분, 성별, 국적, 차별 없이 성부 하나님의 택한 자들을 위해 속전을 지불하셨다는 사실은 "기약이 이르면" 즉 신약시대에 증거되어야 할 가장 중요한 진리입니다. 그러므로 바울은 이 진리를 증거하기 위해서 사도가 되었습니다.

중보자로서 예수님의 속죄 제사의 적용 대상 (Application)

1. 예수님은 예외 없이 모든 사람을 위해서 속죄하신 것이 아닙니다. 예수님이 아말렉 족속, 가룟 유다 그리고 복음전파를 방해하는 자들을 속죄하신 것이 아닙니다. 예수님은 신분, 종족, 성별에 차별 없이 성부 하나님이 택하셔서 맡기신 택자들을 위해 속죄하신 것입니다. 신앙고백서 8장 1항 중반에 "하나님은 영원 전부터 예수에게 한 백성을 주어 그의 후손이 되게 하셨고"라 했고 8항 초반에 "그리스도로 인해 영원한 구속을 얻기로 작정 되어 있는 모든 사람에게 그리스도는 구속을 확실하고 효과적으로 적용하고, 전달하신다"고 했습니다.

2. 예수님의 속죄사역의 효력은 성육신 이전에 존재하던 하나님의 택자들에게 미치는 것입니다. 성육신 이전에는 예수님이 그림자와 예표로 계시되었으나, 계시의 내용은 동일했습니다. 죄 없는 속죄 제물의 피 흘림으로써 죄가 사함 받는다는 진리입니다. 6항의 내용이 그것입니다.

5항을 결론으로 맺고자 합니다. "주 예수는 영원한 성령을 통해 자신을 인생의 제물로 하나님께 바침으로써 자신의 온전한 순종과 희생으로 하나님의 공의를 완전히 만족하게 하셨습니다. 그는 아버지께서 그에게 맡겨주신 모든 사람을 위하여 화해와 하늘나라의 영원한 상속권을 얻게 하셨다."

  택한 자들은 인간이 죄와 마귀와 지옥으로부터 해방되어 하나님과 화목하고 천국의 상속권을 얻을 수 있는 유일한 길은 중보자이신 예수 그리스도를 구주와 주님으로 믿는 것입니다. 이것이 영광스러운 복음이요, 대대에 선포될 복음입니다. †

📝 정리를 위한 문제

1. 하나님과 인간은 죄로 말미암아 분리되었고, 예수 그리스도께서 십자가의 죽으심으로 하나님과 죄인들 사이를 화목케 하시는 _____ 가 되셨다.

2. 인간은 영적으로 무지해 인간의 문제를 해결하기 위한 하나님의 뜻을 알지 못하기 때문에 중보자에게는 인간에게 하나님의 뜻과 진리를 가르치는 _____ 적 업무가 요구되었다.

3. 인간이 하나님으로부터 분리된 이유는 죄 때문이고 죄의 문제를 해결하지 않고는 하나님과 화목할 수 없다. 그러므로 중보자가 되려면 죄를 해결해 주는 _____ 적인 기능이 요구된다.

4. 중보자는 무능한 인간을 보호하고, 다스려서 천국으로 인도해 주시는 _____ 의 기능을 가져야 한다.

5. 중보자는 화목 시키고자 하는 양 당사자 모두를 대표해야 한다. 거룩하신 하나님을 대표하기 위해 완전한 _____ 을 가져야 하고, 또 하나는 인간을 대표하기 위해 완전한 _____ 을 가지고 있어야 한다.

6. 하나님과 인간 사이의 중보자는 반드시 하나님의 임명을 받아야 한다. 하나님은 영원 전에 삼위일체 하나님 사이에 맺어진 _____ 에 의해 예수님을 중보자로 임명하셨다.

7. _____ 은 '죄에 묶여있는 사람들을 해방시키기 위해서 지불한 대가'라는 의미다. 예수님은 하나님이 택하신 사람들의 죄값을 대신 갚으심으로 하나님의 공의를 만족시키셨다.

8. 중보자로서 예수님의 속죄 제사는 신분, 종족, 성별에 차별 없이 성부 하나님이 택하여 맡기신 _____ 들에게 적용된다.

답: 1. 중보자 2. 선지자 3. 제사장 4. 왕 5. 신성, 인성 6. 구속언약 7. 속전 8. 택자

제9장

자유의지에 관하여
OF FREE WILL

[전문]

1항. 하나님은 인간에게 의지라는 기능을 주셨는데 인간은 의지의 기능으로써 자신의 선택에 따라서 행동할 수 있는 본성적인 자유와 능력을 갖는다. 인간의 의지는 선이나 악을 행하도록 강요를 당하거나 | 마 17:12; 약 1:14; 신 30:19 . 또는 숙명론적으로 선이나 악을 행하도록 결정되어 있는 것은 아니다.

2항. 인간은 무죄 상태(state of innocency)에서는 하나님 보시기에 선하고 하나님을 기쁘시게 하는 일에 의지를 가지고 행할 수 있는 자유와 능력을 가지고 있었다 | 전 7:29 . 그러나 그 자유는 가변적인 것이어서 그 상태에서 타락할 수 있는 가능성도 있었다 | 창 3:6 .

3항. 인간은 타락으로 말미암아 죄에 빠진 상태(state of sin) 에서는 구원에 이르는 어떠한 영적인 선을 행할 수 있는 의지의 능력 | 롬 5:6; 8:7을 모두 완전히 상실해 버

렸다. 그러므로 자연인은 영적인 선을 행하기를 싫어하며 죄 안에 죽어있는 상태이므로 | 엡 2:1, 5 자신의 힘으로는 회심할 수 없고 회심할 수 있도록 스스로 준비할 수도 없다 | 딛 3:3-5; 요 6:44.

4항. 하나님께서 죄인을 회개시키고 은총의 상태로(state of grace) 옮기실 때에 죄인을 죄에 묶여있던 본래의 속박에서부터 해방시켰다 | 골 1:13; 요 8:36. 그리고 오직 은혜에 의해서만 영적인 선을 자유롭게 의지를 가지고 행할 수 있게 하신다 | 빌 2:13. 그러나 그 속에는 여전히 부패성이 남아있기 때문에 | 롬 7:15, 18, 19, 21, 23 선한 것만을 완전하게 추구하지 않고 때로는 악한 것도 원한다.

5항. 인간의 의지는 영화의 상태에(state of glory) 있을 때에만 전적으로 그리고 변함없이 선만을 행하는 자유를 가진다 | 엡 4:13.

인간의 의지가 자유로운가 속박되어 있는가 하는 문제는 신학적으로나 실천적으로나 대단히 중요한 문제입니다. 이 문제에 관해 잘못된 견해를 갖게 되면 신학과 신앙 전체의 체계가 왜곡되기 때문입니다.

초대교부 가운데 이단자 취급을 받는 오리겐(Origen)이 대표적인 인물입니다. 그는 2세기 말과 3세기 초 아프리카 알렉산드리아의 유명한 교부였습니다. 그는 인간의 영혼이 영계에 선재해 있었다는 영혼선재설을 가르쳤습니다. 인간의 영혼은 영계에 선재 하면서 자유의지를 가지고 죄에 빠졌는데, 인간이 현상계에서 다양한 위치와 능력을 갖는 것은 선재하던 영혼의 죄악의 정도에 따라서 결정된다는 것입니다. 인간의 영혼은 육신에 들어온 후에도 자유의지를 갖고, 육신을 떠난 후에도 자유의지를 갖는데 결국 인간은 연옥의 불에서 정화된 후에는 아무도 지옥에 가지 않고 모두 자유의지로 구원을 받게 된다는 것입니다. 오리겐의 사상은 철두철미 자유의지론이요, 결국 만민구원설과 연옥설의 기원도 오리겐의 자유의지론에 있는 것입니다.

제2차 런던 침례교 신앙고백서에서 사용된 '자유의지'라는 단어는 제목만 사용하고 있지 내용에서 자유의지론을 옹호하고 있는 것은 아닙니다.

의지의 개념

의지란 하나님이 인간에게 주신 여러 가지 기능 가운데 하나로써, 자신의 선택에 따라서 행동할 수 있는 자유와 능력을 말합니다. 인간의 의지는 외부적으로 강요당하거나, 선이나 악을 행하도록 숙명론적으로 결정되어 있지 않습니다. 만일 그렇다면 하나님이 인간의 죄에 대한 책임을 물으실 수 없으실 것입니다. 제1항은 이 사실을 고백하고 있는 것입니다. 인간은 선택할 수 있는 기능을 가지고 있고 자신의 선택에 대해서는 책임을 져야 하는 존재라는 말씀입니다.

인간 의지의 한계성

그렇다고 해서 인간의지가 무한정 자유로울 수 있다는 생각은 잘못된 생각입니다. 제2차 런던 침례교 신앙고백서는 인간의지의 한계성을 주의 깊게 제시하고 있습니다.

1. 인간의 의지가 비록 아담 타락 이전의 무죄상태에 있다 하더라도 하나님의 주권적 의지의 통제 아래 있는 것입니다. 인간의 자유는 하나님의 자유 형상을 닮은 것이고, 하나님의 주권적인 자유에 뿌리를 갖고 있기 때문에 인간의 의지적

자유가 하나님의 의지를 벗어나거나 갈등을 일으킬 수는 없게 됩니다. 신앙고백서 〈제5장〉 4절에서 하나님의 섭리는 천사들뿐만 아니라 사람들의 행위에도 제한을 둘 수 있다고 말하고 있습니다.

2. 인간의지는 자신의 마음 혹은 영적인 상태에 의하여 제한을 받게 됩니다. 의지가 마음을 지배하고 있는 것이 아니라, 인간의 마음이 의지를 지배하고 있는 것입니다. 그러므로 마음이 악한 경우, 의지가 선한 일을 행할 자유는 없는 것입니다.

마태복음 15:18절에 예수님이 말씀하시기를 "입에서 나오는 것들은 마음에서 나오나니 이것이야말로 사람을 더럽게 하느니라"라고 하셨습니다. 인간의 의지는 단지 자기 마음이 시키는 대로 행할 수 있는 자유가 있을 뿐입니다. 마음이 대장이고, 의지는 마음의 명령을 수행하는 사병입니다.

3. 인간의 의지는 홀로 독단적으로 자유로울 수 없습니다. 자연 상태에서 인간의 마음은 죄와 마귀의 종이 되어 있기 때문에 의지가 홀로 자유로울 수 없습니다. 외부적으로 한가지만이라도 의지를 제한하는 요인이 있게 되면 제한을 받을 수밖에 없습니다. 마태복음 5:36절에 "네 머리로도 하지 말라 이는 네가 한 터럭도 희고 검게 할 수 없음이라"고 하였습니다.

자유의지와 자율의지

전통적인 신학논쟁에서 자유의지(Free will)가 가지고 있는 개념이 무엇인지 확실히 할 필요가 있습니다.

1. '자유의지'란 오리겐, 펠라기우스, 로마 가톨릭의 세미 펠라기우스주의(Semi-Pelagianism)의 경우 "인간의 의지가 구원에 공헌하거나 기여하거나 준비할 수 있는 능력을 비롯하여 하나님을 기쁘시게 하는 영적 선을 행할 능력이 있다는 사

상"을 말합니다. 그러므로 자유의지론자들은 인간의 독자적 의지로 구원 받을 수 있다던가, 아니면 인간의 의지로 협력해야 하나님도 인간을 구원 하실 수 있다는 구원관을 갖게 됩니다. 소위 자력중생설(Human Monergism)이나 신인협력설(Synergism)입니다.

이에 대항하는 바른 구원관은 신적독력중생설(Divine Monergism)입니다. 하나님의 은혜로만이 구원 받을 수 있다는 말씀입니다.

2. 루터나 칼빈 같은 개신교의 창시자들은 인간의 의지가 자기마음의 본성대로 행할 자유가 있다는 점을 인정하면서도(이런 의미에서 '자율의지' Free agency라는 표현을 사용합니다), 영적으로 죽어있는 죄인이 타락된 본성으로 구원에 공헌하거나 이바지하거나 준비할 능력이 없다고 주장하였습니다. 그러므로 개신교 창시자들은 인간의 자율의지는 그 본성이 죄와 마귀에 얽매인 노예의지(Bondage of the Will) 상태라고 말하고 있습니다.

이처럼 종교개혁은 본질적으로 자유의지론자들에 대항하여 노예의지론자들이 하나님의 은혜에 의한 구원을 강조하면서 일어난 일입니다.

인간의지의 4중 상태

제2차 런던 침례교 신앙고백서는 위대한 교부 어거스틴과 개신교의 전통적인 분류에 따라서 인간의지의 4중상태를 분명히 고백하였습니다.

1. 인간은 타락 이전에 **무죄의 상태**(state of innocency)에 있었습니다. 인간은 무죄상태에서는 하나님 보시기에 기쁘시게 하는 영적인 선을 행할 자유와 능력을 가지고 있었습니다. 그러므로 타락 이전의 아담에게는 자유의지가 있었다고 말할 수도 있습니다. 그러나 이 자유는 가변성(mutability)이 있어, 악을 행하고 타락하는데 사용할 수도 있는 것이었습니다. 그러나 인간은 유감스럽게도 그 자유를

잘못 사용하여 타락하였고 원죄의 심연에 빠지게 되었습니다.

2. 타락 이후 인간은 **죄에 빠진 상태**(state of fall)가 되었습니다. 타락 상태라고도 합니다. 인간은 타락 이후에도 자기 마음대로 행할 수 있는 자율의지(Free Agency)를 가지고 있었습니다. 인간은 로봇이 아닙니다. 하지만 인간의 마음은 완전히 부패하여 하나님을 기쁘시게 할 수 없게 되었고, 구원을 준비하거나 구원에 이바지할 수 있는 영적인 선을 행할 수 있는 능력을 상실해 버렸습니다. "선을 행하는 이는 없나니 하나도 없도다"라는 전적 무능(Total Inability)의 상태에 빠지게 되었습니다.

그러므로 이 시기에도 인간이 자유의지를 가지고 있었다고 말하는 사람은 타락을 전부 부인하거나 일부 부인할 수밖에 없을 것입니다. 이 시기의 인간의지는 죄와 마귀에 그 본성이 노예 된 노예의지로서 성령께서 은혜를 주시기 전에 스스로 자유할 수 없습니다.

3. 구원 이후 인간은 **은총의 상태**(state of grace)에 머무르게 되었습니다. 하나님의 은혜로 회개하고 예수 그리스도를 구주로 믿은 사람은 그 마음에 혁명적 변화를 겪게 되지만, 이것이 스스로의 뜻(의지)으로 된 것이 아님을 압니다.

하나님은 구원 받은 인간의 마음을 변화시키고 신의 성품으로 부으셔서 영적인 선을 행할 자유와 능력을 부어주십니다. 그러나 인간의 마음은 성화되는 과정의 마음이요, 부패한 본성은 여전히 남아 있기 때문에 때로는 악한 의지로 행하기도 합니다. 그러므로 이 시기에는 바울이 육신(Flesh)이라고 부르는 악한 본성을 매일 죽이고(mortify) 성령의 소욕을 따라 살고자 노력해야 합니다.

4. 마지막으로 인간은 **영화로운 상태**(state of glory)에 거하게 될 것입니다. 인간의지는 영화로운 상태에서는 악한 본성도 없고, 악한 의지를 가질 수도 없습니다. 오직 거룩한 본성에 따른 선한 의지만 있을 뿐입니다. 이런 사람들이 영원히 사는 곳이 완성된 하나님의 나라입니다.

타락 상태에서 은총의 상태로 넘어간 사람은 구원 받은 사람입니다. 그러나 그것은 인간의 의지로 되는 것이 아니라 하나님의 은혜로 되는 것입니다. 요한복음 1:12-13절이 이 진리를 명백히 선포하고 있는 것입니다. "영접하는 자 곧 그 이름을 믿는 자들에게는 하나님의 자녀가 되는 권세를 주셨으니 이는 혈통으로나 육정으로나 사람의 뜻으로 나지 아니하고 오직 하나님께로서 난자들이니라"

인간이 자유의지론을 좋아하는 이유

1. 자연상태에서 인간이 자유의지론을 좋아하는 이유는 인간의 영혼은 마귀의 지배 아래 있고 마귀의 특징은 철저히 자기중심적이기 때문입니다.

이사야 말씀은 아침의 아들 계명성에 관한 말씀입니다. "너 아침의 아들 계명성이여 어찌 그리 하늘에서 떨어졌으며 너 열국을 엎은 자여 어찌 그리 땅에 찍혔는고 네가 네 마음에 이르기를 내가 하늘에 올라 하나님의 뭇별 위에 나의 보좌를 높이리라 내가 북극 집회의 산 위에 좌정하리라 가장 높은 구름에 올라 지극히 높은 자와 비기리라 하도다"|사 14:12-15 사단의 말은 처음부터 끝까지 자기중심적인 말뿐입니다.

2. 그리고 잘못된 신앙교육에서 나오는 편견에 사로잡혀 있기 때문에 자유의지론을 좋아합니다. 하나님의 말씀을 피상적으로 해석하는 교육을 받았기 때문에 하나님의 주권 교리를 싫어하고 인간의 자유의지교리를 좋아하는 것입니다. 인간은 자기중심적인 존재이기 때문에 자유의지교리가 입맛에 맞습니다. 하나님을 섬겨도 자신들의 자유의지에 따라 움직여 주는 하나님을 원하는 것입니다.

3. 인간의 의지가 역사운행의 원동력이 아닌, 하나님의 의지가 역사 운행의 궁극적인 원동력임을 잊어버리기 때문입니다. 짐승신세가 되었다가 7년 만에 제정신이 들은 느부갓네살왕은 이런 말을 했습니다. "땅의 모든 거민을 없는 것 같이 여

기시며 하늘의 군사에게든지 땅의 거민에게든지 그는 자기 뜻대로 행하시나니 누가 그의 손을 금하든지 혹시 이르기를 네가 무엇을 하느냐 할 자가 없도다"| 단 4:35

예수님도 당신의 공생애 기간 중에 하나님의 주권을 설교하면 언제나 사람들은 예수님을 떠나거나 죽이려 했습니다. "또 가라사대 전에 너희에게 말하기를 내 아버지께서 오게하여 주지 아니하시면 누구든지 내게 올 수 없다 하였노라 하시니라 이러므로 제자 중에 많이 물러가고 다시 그와 함께 다니지 아니하더라"| 요 6:65-66

오늘날도 마찬가지입니다. 하나님의 주권과 하나님의 은혜를 선포하는 설교자를 미워하고 인간의 자유의지와 결단을 강조하면 복음적이라고 칭찬합니다. 그러나 구원은 인간의 뜻으로 나는 것이 아니라 하나님의 뜻으로 이루어 집니다. 침례교 신앙고백서는 이 진리에 관해 명백합니다. ✝

▰ 정리를 위한 문제

1. _____ 란 하나님이 인간에게 주신 여러 가지 기능 가운데 하나로써, 자신의 선택에 따라서 행동할 수 있는 자유와 능력을 말한다.

2-3. 인간의지는 비록 아담 타락 이전의 _____ 라 하더라도 하나님의 주권적 의지의 통제 아래 있고, 자신의 마음 혹은 영적인 상태에 의하여 제한을 받을 뿐만 아니라 홀로 _____ 으로 자유로울 수 없다.

4. _____ 는 인간의 의지가 구원에 공헌하거나 기여하거나 준비할 수 있는 능력을 비롯하여 하나님을 기쁘시게 하는 영적 선을 행할 능력이 있다는

사상이다.

5. 종교개혁자들은 인간의 의지가 자기마음의 본성대로 행할 자유가 있는 점을 인정하면서 _____ 라는 단어를 사용하지만, 영적으로 죽어있는 죄인이 타락된 본성을 가지고는 구원에 공헌하거나 이바지하거나 준비할 능력이 없다는 의미로 노예의지 상태라고 하였다.

6-9. 인간의지의 4중 상태란 첫째, 인간은 타락이전에 _____ 에 있었다. 그래서 하나님 보시기에 기쁘시게 하는 영적인 선을 행할 자유와 능력을 가지고 있었다. 둘째, 인간은 타락으로 말미암아 _____ 가 되었다. 이것은 구원에 이르는 어떠한 영적인 선을 행할 수 있는 의지의 능력을 모두 완전히 상실해 버린 것으로 전적 무능의 상태에 빠지게 된 것이다. 셋째, _____ 는 하나님께서 죄인을 회개시키셔서 죄에 묶여있던 본래의 속박에서부터 해방시키셨고, 오직 은혜에 의해서만 영적인 선을 자유롭게 의지를 가지고 행할 수 있게 하셨다. 넷째, 인간의 의지는 _____ 에 있을 때에만 전적으로 그리고 변함없이 선만을 행하는 자유를 가질 수 있다.

10. 자연 상태의 인간이 _____ 을 좋아하는 이유는 자기중심적인 마귀의 지배를 받고 있고, 하나님의 말씀을 피상적으로 해석하는 잘못된 신앙교육을 받았기 때문이며, 역사운행의 원동력이 하나님의 의지로 된다는 사실을 잊어버렸기 때문이다.

답: 1. 의지 2. 무죄상태 3. 독단적 4. 자유의지 5. 자율의지 6. 무죄의 상태
7. 죄에 빠진 상태 8. 은총의 상태 9. 영화로운 상태 10. 자유의지론

제10장

유효적 소명에 관하여
OF EFFECTUAL CALLING

[전문]

1항. 하나님은 생명을 받도록 예정하신 사람들이 본질상 죄와 사망의 상태에서 벗어나 예수 그리스도의 은혜와 구원을 받도록 하시기 위해 | 엡 2:1-6 그가 정하시고 인정하시는 때에 말씀과 성령을 통해 유효적으로 부르시기를 기뻐하신다. | 롬 8:30; 11:7; 엡 1:10, 11; 살후 2:13, 14 또한 그들의 마음이 하나님의 일들을 이해하게 하심으로써 영적으로 구원에 이르도록 각성시키시고 | 행 26:18; 엡 1:17, 18 그들의 돌과 같이 굳은 마음을 제거하시고 | 겔 36:26 부드러운 마음을 주신다. 더 나아가서 그들의 의지를 새롭게 하시고 하나님의 전능하신 능력으로써 그들에게 선한 것을 결정할 수 있게 하셔서 | 신 30: 6; 겔 36:27; 엡 1:19 예수 그리스도에게 유효적으로 이끌리게 하신다. 이때 그들은 하나님의 은혜에 의해서 자발적으로 가장 자유롭게 나오게 된다. | 시 110:3; 아 1:4 .

2항. 이 유효적 소명은 오로지 하나님의 자유롭고 특별한 은혜에 의한 것이지

사람 안에서 예견되는 어떤 것이나 | 딤후 1:9; 엡 2:8 피조물에게 있는 하나님의 은혜와 협력하는 어떤 능력이나 힘으로부터 나오는 것이 아니다. 피조물은 성령에 의해서 소생되고 새롭게 되기까지는 죄와 불법으로 죽어 있는 전적으로 피동적인 존재이다. | 고전 2:14; 엡 2:5; 요 5:25 . 그러나 성령에 의해서 사람은 이 부르심에 응답할 수 있게 되고 이 부르심을 통해서 제공되고 전달되는 은혜를 받아들일 수 있게 된다. | 엡 1:19, 20 .

3항. 어린아이 때에 죽은 택함 받은 유아들은 성령을 통해서 그리스도로 말미암아 중생하고 구원을 받는다 | 요 3:3, 5, 6 . 성령은 자신의 기쁘심대로 언제든지 어디서든지 또한 어떠한 방법으로든지 역사 하신다 | 요 3:8 . 이와 마찬가지로 다른 모든 택함을 받는 사람들도 말씀의 사역을 통해서 외적으로의 부르심을 받지 못하는 경우라 할지라도 중생하고 구원을 받는다.

4항. 택함을 받지 못한 사람들은 비록 그들이 말씀의 사역을 통해 부름을 받고 성령의 여러 가지 일반적인 역사를 경험한다 할지라도 | 마 22:14; 13:20, 21; 히 6:4, 5 그들은 아버지에 의해 유효적으로 이끌림을 받을 수 없다. 그들은 의지적으로 그리고 진실하게 그리스도에게 나아올 수 없으므로 | 요 6:44-46; 요일 2:24, 25 구원을 받지 못한다. 하물며 기독교를 받아들이지 않는 사람들은 결코 구원을 받을 수 없다. 그들이 본성의 빛과 그들이 고백하는 종교법에 따라 그들의 삶을 열심히 짜맞춘다 할지라도 그들은 구원을 받을 수 없다. | 행 4:12; 요 4:22; 17:3 .

인간은 전적으로 타락한 존재요, 하나님은 주권자이십니다. 하나님께서는 타락

한 인류 가운데 일부에게 놀라운 은혜를 주시고, 택하여 구원하시기로 영원 전에 작정하셨습니다.

하나님의 영원전의 선택하심이 시간 속에서 어떻게 적용되어 실현되는가에 대해 신앙고백서 〈제10장〉은 유효적 소명이라는 제목으로 이 문제를 다루고 있는 것입니다.

유효적 소명에 대한 정의

웨스트민스터 소요리문답 제31항은 유효적 소명을 이렇게 정의하고 있습니다. "유효적 소명이란 성령의 역사인데, 이로써 우리의 죄와 비참함을 깨닫게 하시고 또 우리의 마음을 밝혀 그리스도를 알게 하시고 우리의 의지를 새롭게 하시고, 우리를 권하사 복음 안에서 값없이 주시는 예수 그리스도를 영접할 수 있도록 하시는 것이다."

두 종류의 소명

유효적 소명을 올바로 이해하기 위해서는 성경에 나타난 두 가지 종류의 부르심을 알아야 합니다. 하나는 '일반적 소명'이라고도 불리는 외적인 부르심입니다. 다른 하나는 '유효적 소명'이라고 불리는 내적인 부르심입니다.

1. "청함을 받은 자는 많되 택함을 입은 자는 적으니라" | 마 22:14는 말씀에서 "청함을 받았다"는 말씀은 일반적 소명을 말하며 "택함을 받았다"는 말씀은 유효적 소명을 가리키는 것입니다.

'청함'이란 부르심을 받기는 받았어도 거절할 수도 있고 반드시 잔치에 참여하는 것은 아닙니다. 그러나 '택함'이란 부르심을 받게 된 사람은 반드시 잔치에 참여하는 결과를 맺게 되는 것입니다.

"우리는 십자가에 못 박힌 그리스도를 전하니 유대인에게는 거리끼는 것이요 이방인에게는 미련한 것이로되 오직 부르심을 입은 자들에게는 유대인이나 헬라인이나 그리스도는 하나님의 능력이요 하나님의 지혜니라"| 고전 1:23-24

사도 바울은 유대인이든 이방인이든 복음을 전하여 그리스도를 믿으라고 초청했지만 유대인들은 그리스도를 걸려 넘어진 돌처럼 취급했고, 이방인들은 그리스도를 미련한 자 취급하며 영접하지 않았습니다. 이런 초청을 일반적 소명 혹은 복음소명(Gospel calling)이라고 부릅니다. 전도자가 모든 사람을 대상으로 듣는 자의 귀에 복음의 메시지를 전하는 것입니다.

2. 그러나 유대인이나 이방인 가운데 하나님의 부르심을 입는 자들은 복음의 메시지를 들었을 때 그리스도를 하나님의 능력으로 하나님의 지혜로 받아들이고 예수님을 영접합니다. 이것이 바로 유효적 소명입니다. 성령께서 듣는 자의 영혼에 말씀하시는 것입니다. 유효적 소명은 반드시 믿음과 구원의 결과를 맺게 됩니다.

로마서에도 "우리가 알거니와 하나님을 사랑하는 자 곧 그 뜻대로 부르심을 입은 자들에게는 모든 것이 합력하여 선을 이루느니라"| 롬 8:28 라고 했습니다. 하나님의 목적을 따라서 부르심을 입은 사람들은 하나님을 사랑하는 사람들이며 이런 부르심이 바로 유효적 소명입니다.

"또 미리 정하신 그들을 또한 부르시고 부르신 그들을 또한 의롭다 하시고 의롭다 하신 그들을 또한 영화롭게 하셨느니라"| 롬 8:30 하나님은 구원 예정하신 사람들을 유효적 소명으로 부르시고, 그런 유효적 소명을 받은 사람은 그리스도를 구주로 믿음으로 인하여 의롭다 함을 받게 되어 있습니다. 이런 구원의 고리는 순서가 바뀔 수도 없고, 끊어질 수도 없는 것입니다.

어떤 사람은 전도자가 복음설교를 통해 일반적 소명으로 부를 때에는 기쁨으로 복음의 말씀을 받아들이기도 합니다. 그러나 그에게 하나님의 유효적 소명이 없다면 말씀이 뿌리를 내리지 못하고 구원의 열매를 맺지 못하는 경우도 있습니다.

마태복음 13장에 등장하는 사람들입니다. 처음에는 말씀을 기쁨으로 받으나 뿌리가 없어서 환난이나 핍박이 오면 곧 넘어지는 자요, 가시떨기에 뿌리운 자는 말씀을 들으나 세상의 염려와 재리의 유혹에 막혀 결실치 못합니다. 이들은 피상적으로는 믿는 것 같아도 내적으로는 성령의 유효적 소명을 받지 못한 사람들이기 때문에 구원받지 못한 사람들입니다. 그러나 좋은 밭에 말씀이 떨어져서 뿌리를 내리고 30배, 60배, 100배 열매를 맺는 사람이 구원받은 사람입니다.

전도자가 복음설교를 할 때 어떤 사람은 성령님이 바람이 역사하듯이 초자연적으로 역사해서 사람의 마음이 열리고, 복음을 이해하게 되고, 진실로 예수 그리스도를 구주로 믿게 됩니다. 자신의 죄와 비참함을 깨닫고 회개하고, 의지가 새로워져서 그리스도를 영접하게 되는 이유는 유효적 소명을 받았기 때문입니다. 내적인 소명이요, 성령의 역사요, 구원의 열매를 맺는 부르심입니다. 그래서 성도는 부르심을 입은 자들 | 고전 1:24 이라고 불리는 것입니다. 성도는 "부르심을 입은 자" | 유 1:1 입니다. 유효적 소명을 받은 사람들은 하나님 아버지의 사랑을 입은 사람들이요 하나님의 지키심을 입은 자들입니다.

유효적 소명과 성령의 역사

1. 회개와 믿음은 사람이 하는 것이지만 동시에 하나님의 선물입니다. 어떻게 사람이 하는 일이 하나님의 선물이 되겠습니까? 성경이 이를 증거합니다.

"너희가 그 은혜를 인하여 믿음으로 말미암아 구원을 얻었나니 이것이 너희에게서 난 것이 아니요 하나님의 선물이라 행위에서 난 것이 아니니 이는 누구든지

자랑치 못하게 함이니라"| 엡 2:8-9 "아버지께서 내게 주시는 자는 다 내게로 올 것이요 내게 오는 자는 내가 결코 내어 쫓지 아니하리라"| 요 6:37 회개와 믿음은 하나님이 주시는 선물이 분명합니다.

2. 하나님은 어떻게 죄인들에게 이런 선물을 주실까요? 죄인들을 성령이 거듭나게 하심으로 주십니다. 죄를 슬퍼함으로써 회개하게 되고 내 마음이 깨달음을 얻음으로써 그리스도를 믿게 되는 것입니다.

"영접하는 자 곧 그 이름을 믿는 자들에게는 하나님의 자녀가 되는 권세를 주셨으니 이는 혈통으로나 육정으로나 사람의 뜻으로 나지 아니하고 오직 하나님께로서 난 자들이니라"| 요 1:12-13 하나님께로서 난 자들이 바로 거듭난 사람들입니다. 육적으로 난 것이 아니라 영적으로 거듭난 것입니다. 거듭난 사람은 예수 그리스도를 영접하게 되는 것입니다. 회개와 믿음이 원인이 되어 거듭나는 것이 아니라 거듭난 것이 원인이 되어 회개와 믿음을 갖게 되는 것입니다.

"육으로 난 것은 육이요 성령으로 난 것은 영이니"| 요 3:6 거듭난 것은 영적으로 죽은 자가 영적으로 살아나는 것이요, 인간의 의지로 되는 것이 아니라 성령의 능력으로만 됩니다.

"우리가 항상 너희를 위하여 마땅히 하나님께 감사할 것은 하나님이 처음부터 너희를 택하사 성령의 거룩하게 하심과 진리를 믿음으로 구원을 얻게 하심이니"| 살후 2:13 순서를 잘 살펴보아야 합니다. 먼저 하나님의 택하심, 그리고 성령의 거듭나게 하심, 그 다음에 진리를 믿음으로, 그 결과로 구원을 얻게 되는 것입니다.

"육에 속한 사람은 하나님의 성령의 일을 받지 아니하나니 저희에게는 미련하게 보임이요 또 깨닫지도 못하나니 이런 일은 영적으로라야 분변함이니라"| 고전 2:14

성령께서 사람을 거듭나게 하실 때는 항상 복음의 말씀을 사용하십니다. "너희가 거듭난 것이 썩어질 씨로 된 것이 아니요 썩지 아니할 씨로 된 것이니 하나님의 살아 있고 항상 있는 말씀으로 되었느니라 너희에게 전한 복음이 곧 이 말씀

이니라"| 벧전 1:23

"두아디라 성의 자주 장사로서 하나님을 공경하는 루디아라 하는 한 여자가 들었는데 주께서 그 마음을 열어 바울의 말을 청종하게 하신 지라 저와 그 집이 다 침례를 받고"| 행 16:14-15 이처럼 하나님의 말씀이 있을 때 성령께서 거듭나게 하십니다.

"이를 위하여 우리 복음으로 너희를 부르사"| 살후 2:14 그러므로 복음 전하는 사람은 낙심할 필요도 없고, 복음을 사람들 입맛에 맞도록 변경시킬 필요도 없습니다.

"이러하므로 우리가 이 직분을 받아 긍휼하심을 입은 대로 낙심하지 아니하고 이에 숨은 부끄러움의 일을 버리고 궤휼 가운데 행하지 아니하며 하나님의 말씀을 혼잡케 아니하고 오직 진리를 나타냄으로 하나님 앞에서 각 사람의 양심에 대하여 스스로 천거하노라"| 고후 4:1-2

"어두운 데서 빛이 비취리라 하시던 그 하나님께서 예수 그리스도의 얼굴에 있는 하나님의 영광을 아는 빛을 우리 마음에 비취셨느니라"| 고후 4:6

복음 자체가 빛이라 할지라도 영적으로 죽어 있는 사람은 볼 수 없지만 오직 성령께서 거듭나게 하사 영적으로 살려주시는 사람은 볼 수 있는 것입니다. 이것이 유효적 소명입니다. 유효적 소명은 중생의 역사로 나타나는 것입니다.

3. 복음을 들을 기회가 없이 유아 때 죽은 아기나, 분별할 수 없는 장애인은 어떻게 되겠습니까? 사실 이는 성경이 침묵하는 주제인데, 신앙고백서는 그들 가운데에서도 하나님의 택함 받은 사람은 성령이 역사하셨을 것이라는 정도로 은혜롭게 언급하고 있습니다.

"어린아이 때에 죽은 택함 받은 유아들은 성령을 통해서 그리스도로 말미암아 중생하고 구원을 받는다. 성령은 자신의 기쁘심대로 언제든지 어디서든지 또한 어떠한 방법으로든지 역사 하신다. 이와 마찬가지로 다른 모든 택함을 받는 사람들도 말씀의 사역을 통해서 외적으로의 부르심을 받지 못하는 경우라 할지라도 중생하고 구원을 받는다."(제10장 3항)

그러므로 유효적 소명은 하나님의 주권적인 선택이 역사 속에서 적용되는 것입니다. 사람의 계획에 따라 이루어지는 것이 아니라 하나님의 계획에 따라서 이루어지는 것입니다. "또한 이사야가 매우 담대하여 이르되 내가 구하지 아니하는 자들에게 찾은 바 되고 내게 문의하지 아니하는 자들에게 나타났노라 하였고" | 롬 10:20 스스로 구하거나 스스로 하나님을 찾지 않은 이방인들 가운데서도 하나님이 선택하시고 유효적 소명으로 부르셔서 구원하신다는 계획을 이사야 선지자가 예언한 것입니다.

유효적 소명은 성부 하나님의 택하신 자들에게 주시는 은혜입니다. 하나님은 유효적 소명으로 죄인을 부르셔서 영원한 영광에 이르게 하시고, 이 세상에서도 하나님과 교제하며 거룩한 삶을 살게 하셨습니다. 그러므로 택함을 받고 유효적 소명으로 성령의 역사로 구원을 받은 우리는 데살로니가전서 말씀대로 "이는 너희를 부르사 자기 나라와 영광에 이르게 하시는 하나님께 합당히 행하게 하려 함이니라" | 살전 2:12, "하나님이 우리를 부르심은 부정케 하심이 아니요 거룩케 하심이니" | 살전 4:7 부름 받은 자답게 살아갈 수 있게 됩니다. ✝

📌정리를 위한 문제

1. 하나님은 생명을 받도록 _____ 하신 사람들이 본질상 죄와 사망의 상태에서 벗어나 예수 그리스도의 은혜와 구원을 받도록 하기 위해서 그가 정하신 때에 말씀과 성령을 통해 유효적으로 부르시기를 기뻐하신다.

2. 유효적 소명이란 _____ 인데, 이로써 우리의 죄와 비참함을 깨닫게

하시고 또 우리의 마음을 밝혀 그리스도를 알게 하시고, 우리의 의지를 새롭게 하시고, 우리를 권하사 복음 안에서 값없이 주시는 예수 그리스도를 영접할 수 있도록 하시는 것이다.

3~4.
"청함을 받은 자는 많되 택함을 입은 자는 적으니라" | 마 22:1 에서 '청함'을 받았다는 말은 _____ 을 '택함'을 받았다는 말은 _____ 을 의미하는 말이다.

5. 일반적 소명은 _____ 으로써 복음 전도자가 듣는 자의 귀에 복음의 메시지를 전하여 그리스도를 믿으라고 초청하는 것을 말한다.

6~7.
하나님은 죄인들에게 _____ 와 _____ 이라는 선물을 주셨는데, 그 방법은 죄인들을 성령이 거듭나게 하심으로써 죄를 슬퍼함으로써 회개하게 되고, 내 마음이 깨달음 얻음으로써 그리스도를 믿게 되는 것이다.

8. 회개와 믿음이 원인이 되어 거듭나는 것이 아니라, _____ 난 것이 원인이 되어 회개와 믿음을 갖게 된다.

9. 성령께서 사람을 거듭나게 하실 때는 항상 _____ 의 말씀을 사용하신다.

10. 유효적 소명은 하나님의 _____ 적인 선택이 역사 속에서 적용되어지는 것으로 죄인을 부르셔서 영원한 영광에 이르게 하시고, 이 세상에서도 하나님과 교제하며 거룩한 삶을 살게 하시는 것이다.

답: 1. 예정 2. 성령의 역사 3. 일반적 소명 4. 유효적 소명 5. 외적인 부르심
6. 회개 7. 믿음 8. 거듭 9. 복음 10. 주권

제11장

칭의에 관하여
OF JUSTIFICATION

● [전문]

1항. 하나님은 유효적으로 부르신 자들을 또한 값없이 의롭다고 칭하신다. | 롬 3:24; 8:30 . 그들 안에 의를 주입하신 것이 아니라 그들의 죄를 용서하시고 | 롬 4:5-8; 엡 1:7 그들을 의롭다고 간주하시고 용납하심으로써 | 고전 1:30, 31; 롬 5:17-19 의롭다 칭하신다. 이것은 그들 안에 무슨 일이 일어났거나 그들에 의해 무슨 일이 행해져서가 아니라 오직 그리스도로 인하여 의롭다 칭하시는 것이다. 또한, 신앙 자체나 믿음의 행동이나 그 밖에 어떤 복음적 순종을 그들의 의로 여기시는 것이 아니라 | 빌 3:8, 9; 엡 2:8-10 모든 율법에 대한 그리스도의 능동적 순종과 그리스도의 죽으심에 이르는 수동적 순종을 그들의 전적이고 유일한 의로 전가함으로써 그들을 의롭다 칭하시는 것이다. 그들은 믿음에 의해 그를 영접하고 그를 의지하고 그의 의를 얻게 된다 | 요 1:12; 롬 5:17 . 이것은 그들이 스스로 획득하여 소유하는 것이 아니라 하나님이 주시는 선물이다.

2항. 그러므로 그리스도와 그의 의를 영접하고 의지할 수 있는 믿음은 칭의의 유일한 도구이다 | 롬 3:28 . 의롭다 칭함을 받은 사람 안에는 믿음만이 홀로 있는 것이 아니라 언제나 모든 다른 구속적 은혜를 동반한다. 그러므로 이 믿음은 죽은 믿음이 아니라 사랑으로 역사하는 믿음이다 | 갈 5:6; 약 2:17, 22, 26 .

3항. 그리스도는 그의 순종과 죽음을 통해서 의롭다 칭함을 받은 모든 사람의 빚을 충분하게 갚아 주셨고 그들을 대신하여 십자가에서 피 흘리심으로 자신을 희생 제물로 드리셨고 그들의 죄책을 떠맡으심으로 그들에 관한 하나님의 공의를 적절하게 실제로 또한 충분히 만족시키셨다 | 히 10:14; 벧전 1:18, 19; 사 53:5, 6 . 그리스도는 아버지께로부터 보내심을 받았고 그들을 대신하여 행해진 그리스도의 순종과 보상은 아버지께 용납되었기 때문에 | 롬 8:32; 고후 5:21 그들의 칭의는 그들 안에 내재해 있는 어떤 공로에 의한 것이 아니라 오직 값없는 은혜에 의한 것이고 죄인들의 칭의에 있어서 하나님의 엄격한 공의와 풍성한 은혜는 둘 다 영광스럽게 충족되는 것이다 | 롬 3:26; 엡 1:5, 6; 2:7 .

4항. 하나님께서는 영원 전부터 택함 받은 모든 사람을 의롭다 칭하실 것을 작정하셨다 | 갈 3:8; 벧전 1:2; 딤전 2:6 . 그리고 때가 차서 그리스도를 그들의 죄를 위해 죽게 하시고 그들의 칭의를 위해서 다시 살리셨다 | 롬 4:25 . 그러나 성령께서 적절한 시기에 그들에게 그리스도를 실질적으로 적용하시기 전에는 그들은 개인적으로 의롭다 칭함을 받을 수 없다 | 골 1:21,22; 딛 3:4-7 .

5항. 하나님은 의롭다 칭함을 받은 사람들의 죄들을 계속적으로 용서하신다 | 마 6:12; 요일 1:7, 9 . 그리고 비록 그들이 칭의의 상태에서 결코 떨어질 수 없다 할지라도 | 요 10:28 그들은 그들의 죄 때문에 하나님의 부성적 진노를 살 수도 있다 | 시 89:31-33 . 그리고 이런 경우에 그들은 스스로 겸손하고 | 시 32:5; 51:7-12; 마 26:75 , 죄를 고백하며, 용서를 빌고, 믿음과 회개를 새롭게 하기 전에는 대개 회복된 그분

의 얼굴의 빛을 볼 수가 없다. 구약 시대의 신자들의 칭의는 이같은 모든 관점에서 신약 시대의 신자들의 칭의와 하나이며 동일하다 | 갈 3:9; 롬 4:22-24 .

16세기에 일어난 종교개혁은 로마 가톨릭과 개신교 사이의 교리적인 싸움이었습니다. 교리적인 분쟁의 핵심은 '이신득의' 교리였습니다. 죄인들이 어떻게 하나님 앞에서 의로운 자로 인정받게 되느냐 하는 주제입니다. 종교개혁의 슬로건이 "오직 믿음으로(Sola fide)"였는데 개신교를 일으킨 종교개혁가들은 "죄인은 오직 믿음으로만 하나님 앞에 의롭다 함을 얻게 된다"는 이신득의의 교리를 주장한 것입니다. 마르틴 루터(Martin Luther)는 "이신득의 교리는 교회가 일어서느냐 쓰러지느냐 하는 관건"이라고 하였고, 존 칼빈(John Calvin) 역시 "기독교 진리의 모든 것이 이신득의에 달려있다"고 말하였습니다.

　다른 기독교의 교리가 중요치 않다는 말이 아니라, 이신득의 교리 자체가 복음이므로 이신득의 교리가 잘못되면 다른 교리들도 복음이 될 수 없게 된다는 의미입니다. 빌립보의 간수가 인류 역사상 가장 중요한 질문을 합니다. "선생들아 내가 어떻게 하여야 구원을 얻으리이까 하거늘" | 행 16:30 내가 얼마나 착한 일을 많이 해야 하며, 내가 얼마나 헌금을 해야 하며, 내가 얼마나 기도를 많이 해야 구원을 얻겠느냐는 뜻이 담긴 진실로 해답을 몰라서 묻는 말이었습니다. 이 큰 질문에 대한 바울의 대답은 의외로 간단했습니다. "가로되 주 예수를 믿으라 그리하면 너와 네 집이 구원을 얻으리라" | 행 16:31 바울의 대답은 "이신득의"교리에 관한 간단한 설명이었습니다.

이신득의의 교리는 인간의 심각한 문제가 무엇인지를 말한다

1. 의로우신 하나님에 반해 의롭지 못한 인간이라는 사실이 근본적인 문제입니다. 의롭지 못한 인간이 의로우신 하나님 앞에 설 수 없다는 점이 심각한 문제입니다.

구약의 이스라엘 백성들은 성전에 올라갈 때 이런 노래를 불렀습니다. "여호와여 주께서 죄악을 감찰하실찐대 주여 누가 서리이까"|시 130:3 이는 매우 수사학적인 대답이 뻔한 질문입니다. 인간 중에는 아무도 하나님 앞에 설 수 있는 사람이 없다는 대답이 나오기 때문입니다. 하나님의 의의 기준에 도달해서 스스로 의로운 자가 되어 하나님 앞에 설 수 있는 사람은 아무도 없다는 말입니다.

하지만 곧 다음 구절이 소망을 주고 있습니다. "그러나 사유하심이 주께 있음은 주를 경외케 하심이니이다"|시 130:4 하나님이 죄인들의 죄를 사하시고 하나님이 죄인들을 의롭게 하셔서 하나님 앞에 설 수 있게 하신다는 말씀입니다.

2. 복음을 알지 못하는 사람은 자신의 선행으로써 하나님의 의의 기준에 도달해 보려고 합니다. 그러나 바울은 이런 시도를 한마디로 일축해 버립니다. "그러므로 율법의 행위로 그의 앞에 의롭다 하심을 얻을 육체가 없나니 율법으로는 죄를 깨달음이니라"|롬 3:20 선행으로 하나님 앞에 의롭다 하심을 얻을 수 있는 사람은 단 한 명도 없다는 말씀입니다.

3. 인간은 어떻게 이 딜레마를 해결할 수 있을까요? 사도 바울은 로마서 1:16-17절에서 이신득의 진리를 구체적으로 소개하고 있습니다. "내가 복음을 부끄러워하지 아니하노니 이 복음은 모든 믿는 자에게 구원을 주시는 하나님의 능력이 됨이라 첫째는 유대인에게요 또한 헬라인에게로다 복음에는 하나님의 의가 나타나서 믿음으로 믿음에 이르게 하나니 기록된바 오직 의인은 믿음으로 말미암아 살리라 함과 같으니라"

마르틴 루터(Martin Luther)는 성경의 "하나님의 의"라는 단어를 가장 두려워

했습니다. 왜냐하면 하나님의 의를 죄인들을 처벌 하시는 하나님의 공의로 생각했기 때문이었습니다. 그는 '하나님의 의'라는 기준에 도달하기 위해 고행과 금식을 많이 했어도 결코 영혼의 평안을 누리지 못했습니다. 독일의 비텐베르크(Wittenberg) 대학에서 로마서 강해를 하던 루터는 롬 1:17절에 나오는 하나님의 의는 '죄인들을 처벌 하시는 공의가 아니라 죄인들을 사랑하셔서 죄인들에게 나누어 주심으로서 죄인들이 의인이 될 수 있는 하나님의 의'라는 진리를 발견하게 된 것입니다. 하나님이 죄인들을 의롭게 하려고 나누어 주시는 의는 바로 '예수 그리스도'시라는 것을 알게 된 것입니다. 고린도전서 1:30절에 "예수는 하나님께로서 나와서 우리에게 지혜와 의로움과 거룩함과 구속함이 되셨으니"라고 했습니다. 예수가 우리에게 의로움이 된다는 말씀입니다.

그러므로 죄인들은 예수님을 구주로 믿음으로써 하나님이 주시는 의를 받아서 의인이 됩니다. 1515년에 이 진리를 깨달은 것이 복음적인 돌파구(Evangelical break through)가 되어 위대한 종교개혁이 일어나게 된 것입니다. 그러므로 이신득의의 진리가 바로 복음입니다. 이신득의 복음으로 말미암아 1517년 종교개혁이 일어난 것입니다.

칭의의 기본개념

로마 가톨릭과 개신교의 다른 점을 이해하는 것은 복음을 이해하는 데 가장 중요한 관건입니다.

1. 칭의(Justification)에 관한 기본 개념은 로마 가톨릭이나 개신교나 다를 바가 없습니다. "하나님이 죄인들을 의로운 자 의인이 되었다고 선언하시는 것입니다"(Declaration). 그런데 언제, 어떤 조건으로, 어떤 의미로, 하나님이 죄인들을 의인이 되었다고 선언하시겠습니까? 이 문제가 로마 가톨릭과 개신교의 가장 중요한

차이점입니다.

2. 루터와 칼빈은 법정적인 칭의(Forensic Justification)를 주장합니다. 죄인들이 예수 그리스도를 구주로 믿을 때 하나님은 죄인들의 죄를 용서하실 뿐만 아니라, 죄인들을 '법적인 의로운 존재'가 되었다고 선언하신 것입니다.

그러나 법적으로는 의로운 존재가 되었어도 실질적으로는 죄를 짓는 죄인입니다. 그러므로 루터의 공식은 그리스도인이란 '의인이면서 동시에 죄인'입니다. 법적으로는 의인이라도 실질적으로는 죄인이므로 성화의 과정을 겪어 나가야 한다는 것입니다.

3. 로마 가톨릭은 루터의 주장을 법적인 허구(Legal Fiction)라고 비판했습니다. 아직도 죄를 짓고 있는데 하나님이 어떻게 죄짓고 있는 인간을 의롭다고 선언하실 수가 있느냐, 죄인을 의인이라고 선언하신다면 하나님을 거짓말쟁이로 만드는 것이 아니냐는 비판입니다. 하나님으로부터 의롭다 하심을 선언 받으려면 실질적으로 죄가 없는 의인이라야 하나님이 의롭다고 선언하실 수 있다는 말입니다. 실질적인 의는 단번에 얻을 수 있는 것이 아니라, 영세로부터 시작되어 평생에 걸쳐서 지속해서 이루어지는 것이라고 주장합니다.

로마 가톨릭의 칭의 개념은 분석적(Analytical)이라고 볼 수 있습니다.

'삼각형은 각이 세 개'라는 개념이 분석적인 말입니다. 이처럼 '의로운 존재가 의인'이라고 주장하므로 이들의 칭의는 분석적인 개념입니다. 이러한 로마 가톨릭의 사상은 아마추어 같은 이단이라기 보다는 인간을 속이는데 수천 년의 경험을 가진 마귀의 고도의 속임수에 불과합니다. 표면적으로는 옳은 소리 같으나 사실은 '의인은 없나니 하나도 없다'는 하나님의 말씀을 부인하고, 이신득의를 주장하는 듯 보여도 사실은 이행득의를 주장하는 복음의 전면적인 부인입니다.

개신교의 칭의 개념은 합성적(Synthetic)인 개념이라고 할 수 있습니다. 의가 없는 죄인에게 하나님이 외부로부터 온 의를 덧입혀주심으로써 의가 합해짐으로써 의인이 된다는 것입니다.

개신교에서 법정적 칭의를 주장한 근거(Ground of Justification)

〈제11장〉 1항 후반에는 "모든 율법에 대한 그리스도의 능동적 순종과 그리스도의 죽으심에 이르는 수동적 순종을 그들의 전적이고 유일한 의로 전가함으로써 그들을 의롭다 칭하시는 것이다"라고 기록되었습니다.

1. 이는 그리스도의 능동적 순종(Active Obedience)과 수동적 순종(Passive Obedience)이 법적인 칭의의 근거라는 뜻입니다. 그리스도인의 능동적 순종이란 그리스도가 율법을 완전히 준수하심으로써 죄인들에게 입혀줄 '완전한 의'를 준비하신 것입니다. 반면 그리스도의 수동적 순종이란 그리스도가 택자들의 죄값을 대신 지시고 십자가에서 죽으심으로써 택자들의 죄값을 갚으신 것을 가리킵니다.

2. 이 두 가지가 그리스도의 공로가 어떻게 믿는 자에게 적용될 수 있을까요? 죄인들이 의롭게 되는 도구적 원인(Instrumental cause)이 무엇인가, 이것 또한 논쟁의 핵심입니다.

의의 수단 혹은 도구적인 원인

오늘날에는 '도구적인 원인'이라는 말은 잘 사용하지 않지만 아리스토텔레스(Aristotle)의 철학에 나오는 말입니다. 아리스토텔레스는 조각가가 대리석으로 작품을 만들 때 여러 가지 원인이 있다고 말했습니다. 질료인(Material cause)은 대리석, 형상인(Formal Cause)은 작품의 설계도, 동력인(Efficient Cause)은 조각가, 목적인(Final cause)은 어떤 사람을 기념하기 위한 것, 도구인(Instrumental cause)은 망치

라고 설명했습니다. 어떠한 일을 이룰 때에 대여섯 가지 원인이 있다는 것을 아리스토텔레스(Aristotle)가 몇 가지 원인으로 이야기한 것입니다.

1. 로마 가톨릭에 의하면 죄인들이 의인이 되는 수단은 두 가지입니다. 먼저 '영세를' 받음으로써 죄인들은 예수 그리스도로부터 최초의 의(Initial righteousness)를 주입(Infusion)받는다는 것입니다. 그러므로 영세는 '의를 주사 맞는 것'과 같아서 의가 사람들의 속에 있게 된다는 말입니다. 그런데 최초의 의는 사소한 죄(Venial sins)로는 잃어버리지 않지만 중죄(Mortal sins)를 지으면 잃어버리게 된다는 것입니다.

중죄는 사람마다 다르지만, 살인죄, 간음죄, 성령훼방죄, 신성모독죄 등의 죄들입니다. 그러므로 로마 가톨릭은 '최초의 의'를 인간이 죄를 짓지 않음으로 유지(Maintain righteousness) 해야 한다고 말합니다. 그렇다고 의를 회복할 수 없는 것은 아닙니다.

2. 중죄를 지어 최초의 의를 잃어버리게 되었어도 회복하는 수단도 있는데, 그것이 바로 '고해성사'(Penance)입니다.

고해성사는 크게 네 단계로 나누어 지는데 통회, 고백, 사죄, 보속입니다. 보속은 죄의 죄값을 치르는 일종의 선행입니다. 이런 보속의 행위를 하게 되면 인간은 소위 재량공로(Congruous merit)를 얻게 되어 최초의 의를 회복하게 된다고 말합니다. 그러므로 로마 가톨릭은 영세와 고해성사 이 두 가지를 칭의의 수단으로 삼아 철두철미 성례전을 의존하게 되었습니다.

로마 가톨릭의 '인간의 공로'

a. 법정공로(Strict Merit):
자신의 선행에 대해 정확하게 상을 주시는 하나님의 공로
b. 적정공로(Condign Merit):

      자신의 선행에 보너스를 얹어서 상을 주시는 공로
- c. 재량공로(Congruous Merit):

    고해성사의 보속 행위로 인해서 상을 주시는 공로

- d. 여분공로(Supererogatory Merit):

    하나님이 요구하시는 것보다 잉여 선행을 해서 남은 공로. 여분공로를 타인에게 주면 연옥에 있는 사람을 천국에 들어가게 한다며 면죄부를 발행했다.

개신교는 이런 인간의 공로로 의를 획득할 수 있는 사상을 전적으로 모두 부인하고, 죄인이 의로 얻을 수 있는 공로는 오직 예수 그리스도의 두 가지 순종밖에는 없다고 믿는 것입니다. 그리스도의 공로만이 칭의의 근거가 되는 것입니다.

3. 개신교는 죄인이 의인이 되는 유일한 수단은 '믿음뿐'이라고 확신합니다. 그러므로 이신득의(Justification by faith alone)이라고 표현합니다. 믿음도 인간의 공로가 아니요 하나님이 은혜로 주시는 선물이요, 모든 사람에게 주시는 선물이 아니라 하나님이 택하신 사람들에게 주시는 선물입니다. 공로사상(Merit system)을 완전히 배제하는 것입니다.

4. 죄인들이 예수 그리스도를 믿을 때 두 가지 전가(Imputation) 현상이 일어납니다. 죄인들의 죄는 예수 그리스도의 십자가로 이사 가고, 예수님은 택자들의 죄를 전가 받아 대신 형벌을 받으십니다. 또한 능동적 순종으로 획득하신 예수님의 완전한 의는 죄인들에게 이사 가고, 죄인들은 예수님의 완전한 의를 전가 받아 단번에 의인이 되고 이 의는 결코 잃어버릴 수 없게 됩니다. 그러므로 믿음으로 말미암아 죄인들이 얻는 의는 외래적인 의(Alien righteousness)요, 전가된 의(imputed righteousness)요, 하나님이 심판하실 때 의인으로 인정해 주시는 법적인 의(Forensic righteousness)입니다. 이것이 복음이고 다른 복음은 없는 것입니다.

	개신교	로마 가톨릭 칭의의 근거
칭의의 근거	오직 그리스도의 공로	그리스도의 공로+인간의 공로
칭의의 수단	오직 믿음	영세와 고해성사
칭의의 개념	합성적(Synthetic), 법정적인 의	분석적(Analytical), 실질적인 의
칭의의 과정	전가(Imputation)	주입(Infusion)
칭의의 원인	외래적인 의	내재적인 의
칭의의 상실	잃어버릴 수 없음	잃어버릴 수 있음
칭의의 획득	단번에 영원히 얻는 의	점진적으로 이루어가는 의

로마 가톨릭은 복음이 아닙니다. 개신교의 칭의론이 참된 복음입니다. 그러나 개신교 안에도 로마 가톨릭의 칭의론의 잔재가 많이 남아 있음을 유의해야 합니다. 특히 아르미니우스 주의를 따르는 사람들에게는 로마 가톨릭의 칭의론의 잔재가 많이 남아있습니다. 성도들은 이 점에서 고도의 분별력이 필요합니다.

우리는 복음을 믿어 예수 그리스도의 의를 전가 받아 언제 죽어도 천국에 갈 수 있습니다. 그러나, 혹 의를 받고도 죄를 지으면 어떻게 됩니까?

"하나님은 의롭다 칭함을 받은 사람들의 죄들을 계속적으로 용서하신다. 그리고 비록 그들이 칭의의 상태에서 결코 떨어질 수 없다 할지라도 그들은 그들의 죄 때문에 하나님의 부성적 진노를 살 수도 있다. 그리고 이런 경우에 그들은 스스로 겸손하고, 죄를 고백하며, 용서를 빌고, 믿음과 회개를 새롭게 하기 전에는 대개 회복된 그분의 얼굴의 빛을 볼 수가 없다."(제11장 5항)

우리는 칭의의 상태에서 죄를 지으면, 아버지가 자식에게 진노하시는 부성적인 진노는 받게 되지만 칭의의 상태에서 떨어지는 것은 아닙니다. 구약시대 사람들은 '오실 메시아'를 믿어 의롭게 되는 것이고, 우리는 '오신 메시아'를 믿어 의롭게 되는 것입니다. 눈으로 못 보고 믿는 것은 구약과 신약이 동일합니다.

예수님의 완전한 의를 전가 받아서 우리는 의인이 되었습니다. 이제 우리가 의의 옷을 입은 존재가 되었으므로 의의 옷에 합당한 존재로 살아가시길 바랍니다. ✝

▶정리를 위한 문제

1. 16세기 종교개혁의 로마 가톨릭과 개신교 사이에서 일어난 교리적 분쟁 중 핵심이 되는 것은 바로 ＿＿＿＿＿ 의 교리였다.

2. 마르틴 루터는 1515년에 '죄인이 예수님을 구주로 믿음으로써 하나님이 주시는 의를 받아 의인이 된다'는 진리를 깨닫게 되는데 이를 복음적인 ＿＿＿＿＿ 라고 한다.

3. 하나님이 죄인들에게 '의로운 자'가 되었다고 선언하시는 것을 ＿＿＿＿＿ 라고 한다.

4. 칭의 교리에 있어서 루터와 칼빈은 ＿＿＿＿＿ 칭의를 주장했다.

5. 그리스도의 ＿＿＿＿＿ 은 그리스도가 율법을 완전히 순종하심으로써 죄인들에게 입혀줄 '완전한 의'를 준비하신 것을 말한다.

6. 그리스도의 ＿＿＿＿＿ 은 그리스도가 십자가에서 죽으심으로써 택자들의 죗값을 갚으신 것을 말한다.

7. 로마가톨릭에서 주장하는 칭의의 수단은 ＿＿＿＿＿ 과 ＿＿＿＿＿ 이다.

8. 개신교에서 주장하는 칭의의 수단은 오직 ＿＿＿＿＿ 뿐이다.

9-10.
죄인이 믿음으로 말미암아 얻는 의는 _____ 의가 있고, 하나님이 심판하실 때 의인으로 인정해 주시는 _____ 의가 있다.

답: 1. 이신칭의 2. 돌파구 3. 칭의 4. 법정적인 5. 능동적 순종
6. 수동적 순종 7. 영세, 고해성사 8. 믿음 9-10. 외래적, 법정적

제12장

양자됨에 관하여
OF ADOPTION

● [전문]

1항. 하나님은 의롭다 함을 받은 모든 사람을 독생자 예수 그리스도 안에서 또한 그를 위하여 양자가 되게 하시는 은혜에 참예할 수 있도록 보증하셨다. | 엡 1:5; 갈 4:4, 5 . 이로 인해 그들은 하나님 자녀의 수에 들어가게 되고 하나님 자녀의 자유와 특권을 누리게 되었다 | 요 1:12; 롬 8:17. 그들은 또한 하나님의 이름을 가지게 되고 | 고후 6:18; 계 3:12 양자의 영을 받게 되며 | 롬 8:15 담대히 은혜의 보좌 앞에 나아가 아바 아버지라고 부를 수 있게 되며 | 갈 4:6; 엡 2:18 불쌍히 여기심 | 시 103:13 과 보호 | 잠 14:26와 공급함을 받게 되고 | 벧전 5:7 아버지에게 징계를 받는 것과 같이 하나님께 징계를 받게 된다 | 히 12:6. 그러나 그들은 결코 버림을 받지 않고 | 사 54:8, 9; 애 3:31 구속의 날까지 인치심을 받으며 | 엡 4:30 영원한 구원의 후사들로서 약속을 상속받는다 | 히 1:14; 6:12.

하나님은 종종 어려운 영적 진리에 대해 이 세상의 가족관계를 비유로 설명하십니다. 예를 들면 '구원받았다'는 진리도 '예수 그리스도와 혼인한 신부가 되었다'고 비유적으로 설명하셨습니다. 그만큼 성도와 예수 그리스도의 관계가 친밀한 관계라는 진리를 가르치시는 것입니다. '거듭난다'는 진리도 하나님의 가족의 일원으로 태어난다는 것으로 설명하십니다. 하나님이 아버지가 되시고, 예수 그리스도가 맏형님이 되시는 가족의 일원이 되는 것으로 가르치십니다.

양자됨(Adoption)이란 자연적이고 생물학적인 출생이 아닌 영적인 출생으로 하나님의 자녀가 되는 진리를 가르치시는 개념입니다. '양자됨'이라는 말은 성도들이 하나님의 친자가 아니라 양자 즉, 한 다리 건넌 자녀가 된다는 의미가 아니라, 하나님의 자녀가 아니던 사람이 영적인 출생을 통해서 하나님의 자녀가 된다는 진리를 말씀하는 것입니다.

양자됨은 복음의 가장 중요한 부분 가운데 하나입니다. 성도들은 양자됨의 과정을 통해 하나님의 법적인 자녀가 됩니다.

양자 삼는 제도는 옛날 로마나 헬라 제국에서 일반적으로 통용되던 법적인 개념이었습니다. 자녀가 되되 자연적 출생에 의한 방법이 아니라 법적인 절차를 통해서 자녀가 되는 것을 의미합니다.

신약성서에 양자됨이라는 단어는 다섯 번 등장하고 있습니다. 그러나 로마서 9:4절에 나오는 양자됨이란 하나님과 이스라엘이라는 민족과의 관계에 관한 말씀입니다. 그러므로 이 구절을 제외하고 나머지 네 구절을 살펴보면서 '양자됨'의 참된 의미를 찾아보고자 합니다.

양자됨의 원인 | 엡 1:3-5

"찬송하리로다 하나님 곧 우리 주 예수 그리스도의 아버지께서 그리스도 안에서 하늘에 속한 모든 신령한 복으로 우리에게 복 주시되 곧 창세 전에 그리스도 안에서 우리를 택하사 우리로 사랑 안에서 그 앞에 거룩하고 흠이 없게 하시려고 그 기쁘신 뜻대로 우리를 예정하사 예수 그리스도로 말미암아 자기의 아들들이 되게 하셨으니" | 엡 1:3-5

1. 이 말씀은 성경 가운데 그랜드 캐니언이라고 불립니다. 성도들은 창세전에 예수 그리스도 안에서 '택하심'을 받았으며 성도들을 택하신 분은 우리 주 예수 그리스도의 아버지이신 하나님이십니다. 성부 하나님의 택하심이 원인이 되어 성도들은 하나님의 아들들이 되었습니다.

왜 하나님이 우리를 선택해 주셨는지에 관해선 우리 이해의 범주를 넘어섭니다. 우리가 왜 하나님의 택하심을 받았는지 알지 못하는 이유는 그 원인이 우리 안에 있지 않고 하나님 안에 있기 때문입니다.

2. 그러나 양자 삼는 과정을 보면 이해할 수 있는 면이 있습니다. 자연적인 가족에서 자연적인 출생은 부모가 자녀를 선택하는 것이 가능하지 않습니다. 우리는 하나님이 주시는 대로 자녀를 받게 되지만 양자 삼을 때는 사정이 다릅니다. 선택이 가능합니다. 아이를 양자로 삼을 때는 그 동기가 이기적인 경우가 없습니다. 대부분 사랑으로 양자를 삼게 됩니다. 이처럼 하나님이 우리를 양자 삼으시는 것도 우리를 이용하려는 동기가 아닌 오직 사랑과 은혜가 동기입니다. 사도바울이 하나님의 택하심이 원인이 되어 양자 삼으시는 이 진리를 "찬송하리로다 하나님 곧 우리 주 예수 그리스도의 아버지"라고 시작하며 선포하고 있는 이유입니다.

3. 하나님은 창세후에 우리를 선택하지 않았습니다(Not afterthought). 또한 우리 안에 들어 있는 어떠한 것을 미리 보시고 선택하신 것도 아닙니다(Not

foreknowledge). 오직 사랑이 동기가 되어 우리를 영원 전에 선택하셔서 양자로 삼으신 것입니다. 우리를 양자로 삼으신 이유나 조건이 우리 안에 있는 것이 아니라, 오직 하나님 안에 있는 것입니다.

양자 삼는 비용 | 갈 4:4-7

"때가 차매 하나님이 그 아들을 보내사 여자에게서 나게 하시고 율법 아래 나게 하신 것은 율법 아래 있는 자들을 속량하시고 우리로 아들의 명분을 얻게 하려 하심이라 너희가 아들인 고로 하나님이 그 아들의 영을 우리 마음 가운데 보내사 아바 아버지라 부르게 하셨느니라 그러므로 네가 이 후로는 종이 아니요 아들이니 아들이면 하나님으로 말미암아 유업을 이을 자니라" | 갈 4:4-7

1. 우리를 양자 삼는 데 필요한 비용은 예수 그리스도가 지급하셨습니다(Legal fee for adoption). 예수 그리스도가 우리를 속량하셨다는 말은(Redeem) 돈 주고 사서 해방시켰다는 의미입니다. 양자로 삼는 데는 법적인 비용이 적지 않게 들어가지만 사랑이 동기가 되어 양자로 삼는 부모는 기꺼이 그 대가를 지급하는 것입니다.

그리스도가 우리를 속량하기 위해서는 우선 기업을 무를 수 있는 가까운 친척(고엘)이 되어야 합니다. 예수 그리스도는 인성을 입으시고 여자에게서 나셨습니다. 기업 무를 자 '고엘'은 대가를 지급하여야 노예가 된 친척을 노예 상태에서 해방시킬 수 있게 됩니다. 여기에서 그리스도가 지급해야 할 대가는 두 가지입니다.

2. 율법 아래 나셔서 율법을 완전히 준수하시고, 죄인들에게 나누어줄 완전한 의를 준비하셔야 했습니다. 이것이 예수 그리스도의 '능동적 순종'입니다. 다른 하나는 성부가 택하신 사람들의 죄값을 대신 치르시기 위해서 십자가에서 죽으셔야만 하는 것입니다. 이것이 예수 그리스도의 '수동적 순종'입니다.

두 가지 대가를 치러야 성부가 택하신 사람들을 죄와 마귀에게서 해방시키시고, 하나님의 자녀를 만드실 수가 있었습니다. 그리고 예수 그리스도는 기꺼이 이 대가를 치르심으로써 우리가 율법에서 해방되었고 하나님의 자녀 된 명분을 얻을 수 있게 되었습니다.

하나님 아버지는 성령을 우리 마음속에 보내심으로써 하나님을 아바 아버지라 부를 수 있게 하셨습니다. 예수 그리스도가 대가를 치르심으로 우리가 하나님의 자녀 된 것을 성령께서 주관적으로 확실할 수 있게 하신 것입니다.

양자가 누리는 특권 | 롬 8:14-17

"무릇 하나님의 영으로 인도함을 받는 그들은 곧 하나님의 아들이라 너희는 다시 무서워하는 종의 영을 받지 아니하였고 양자의 영을 받았으므로 아바 아버지라 부르짖느니라 성령이 친히 우리 영으로 더불어 우리가 하나님의 자녀인 것을 증거하시나니 자녀이면 또한 후사 곧 하나님의 후사요 그리스도와 함께한 후사니 우리가 그와 함께 영광을 받기 위하여 고난도 함께 받아야 될 것이니라" | 롬 8:14-17

로마서 8:14-17절은 양자된 사람들이 누릴 수 있는 세 가지 특권을 말씀하고 있습니다. 하나님의 자녀가 되었다는 사실은 단순히 이론에 그치는 것이 아닌, 현세와 내세에 놀라운 특권을 누리는 사람이 되었다는 것을 동시에 의미합니다.

1. 하나님의 자녀 된 사람들은 하나님을 아버지로 접근할 수 있게 되었습니다. 자녀들은 아버지에게 직접 접근하여 자기 문제를 직접 호소할 수 있는 특권이 있습니다. 대통령 집무실이라 할지라도 언제나 들어올 수 있는 사람은 대통령의 자녀들입니다. '아바 아버지'라는 말은 신약성경에 세 번 나오고 있습니다. '아바'는 아람어로 아버지에 대한 존경심과 사랑을 동반해서 부르는 명칭입니다.

2. 하나님의 자녀 된 사람들은 하나님의 모든 재산에 대한 상속권을 갖게 됩니다. 후사(Heir)란 말은 상속자라는 의미입니다. 예수 그리스도와 함께 공동의 상속자(Joint heir)가 됩니다.

3. 성령님이 친히 우리가 하나님의 자녀 된 것의 증인이 되십니다. 옛날 로마나 헬라의 법에 따르면 양자를 삼을 때는 증인이 있어야 했습니다. 성령님께서 우리가 틀림없는 하나님의 자녀가 되었다는 사실에 증인 되어 주시고, 우리가 법적으로 하나님의 상속권을 가진 후사라는 사실을 보증하십니다.

양자됨의 결과 | 롬 8:23

"이뿐 아니라 또한 우리 곧 성령의 처음 익은 열매를 받은 우리까지도 속으로 탄식하여 양자 될 것 곧 우리 몸의 구속을 기다리느니라" | 롬 8:23

1. 양자됨의 궁극적인 결과는 우리 몸의 구속입니다. 예수 그리스도가 부활하신 것처럼 우리도 부활하게 된다는 것입니다. 이것이 양자됨의 완성입니다.

"사랑하는 자들아 우리가 지금은 하나님의 자녀라 장래에 어떻게 될 것은 아직 나타나지 아니하였으나 그가 나타내심이 되면 우리가 그와 같을 줄을 아는 것은 그의 계신 그대로 볼 것을 인함이니 | 요일 3:2" 라고 했습니다. 예수 그리스도가 부활의 첫 열매가 되신 것처럼, 하나님의 자녀들은 부활의 나중 열매가 되어 예수 그리스도의 재림 때에 예수 그리스도와 같은 부활의 몸을 입고 영생하게 됩니다.

양자됨은 영원 전, 창세전에 시작되었습니다. 하나님 아버지께서 우리를 자녀 삼으시려고 영원 전에 선택하셨고, 성자 예수님이 양자됨에 필요한 모든 대가를 지급하셨고, 성령님이 양자됨의 증인이 되셨습니다.

우리는 현재도 하나님의 자녀 된 특권을 누리며 살아가지만, 예수 그리스도

가 재림하시는 그 날에는 양자됨의 완성인 몸의 부활, 몸의 구속을 받게 될 것입니다. ✝

🖍정리를 위한 문제

1. _____ 이란 자연적이고 생물학적인 출생이 아닌 영적인 출생으로 하나님의 자녀가 되는 진리를 가르치는 개념이다.

2. 하나님이 우리로 양자로 삼으신 동기는 하나님의 _____ 과 _____ 에 있다.

3. 양자로 삼는 일에 있어서 필요한 모든 비용은 _____ 께서 지불하셨다.

4. _____ 은 돈을 주고 사서 죄인을 해방시켰다는 뜻이다.

5. '기업 무를 자'라는 의미의 히브리어 _____ 은 노예가 된 친척을 해방시킬 적임자를 뜻한다.

6. 율법의 저주에서 해방된 하나님의 자녀는 성령의 내주로 말미암아 하나님을 _____ 라 부를 수 있게 되었다.

7-9. 양자된 자가 갖는 세 가지 특권은 하나님 아버지께 _____ 할 수 있게 된 것과 하나님의 모든 재산을 _____ 받을 수 있게 된 것과 성령이 하나님의 자녀가 된 것을 _____ 해 주신다는 것이다.

10. 양자됨의 궁극적인 결과는 우리 _____ 의 구속이다.

답: 1. 양자됨 2. 사랑, 은혜 3. 예수 그리스도 4. 속량 5. 고엘
6. 아바 아버지 7. 접근 8. 상속 9. 보증 10. 몸

제13장

성화에 관하여
OF SANCTIFICATION

● [전문]

1항. 유효적으로 부르심을 받고 그들 속에 새 마음과 새 영을 새롭게 지음 받음으로 중생을 입은 사람들은 그리스도의 죽음과 부활의 공로를 통하여 그리스도와 연합하여 그리스도의 말씀과 그들 속에 내주하는 성령으로 말미암아 실질적이고 인격적으로 더욱 성화 되어 간다. | 행 20:32; 롬 6:5-6; 요 17:17; 엡 3:16-19; 살전 5:21-23 . 몸 전체를 지배하던 죄의 권세는 파괴되고 | 롬 6:14 죄에서 나오는 여러 가지 욕심들은 | 갈 5:24 점점 약해져서 죽어가게 된다. 그리고 모든 구속적 은혜 속에서 참되고 거룩한 행실을 실천하기 위하여 점점 소생되고 강건하여 지는데 | 골 1:11; 고후 7:1; 히 12:14 , 거룩한 행실 없이는 아무도 주님을 볼 수 없다.

2항. 이 성화는 전 인격에 영향을 미친다 | 살전 5:23. 그러나 이 세상에 있는 동안에는 불완전하게 이루어진다 | 롬 7:18, 23. 모든 부분에 부패한 잔존물들이 여전히 남아있기 때문에 그로 인해서 계속적이고 조화될 수 없는 전쟁이 일어난다 | 갈

5:17; 벧전 2:11 . 육신의 소욕이 성령을 거스르고 성령의 소욕이 육신을 거스른다.

3항. 이 전쟁 속에서 비록 잔존하고 있는 부패가 잠시 동안은 더 우세하겠지만 | 롬 7:23 그리스도의 성화하는 영으로부터의 계속적인 힘의 보충을 받아서 중생을 입은 부분이 승리하게 된다 | 롬 6:14 . 그러므로 성도들은 은혜 안에서 성장해서 하나님을 두려워하는 가운데 천국의 삶을 좇으면서 동시에 또한 머리이시며 왕이신 그리스도가 자신의 말씀으로 그들에게 주신 명령을 복음 안에서 순종함으로써 온전한 거룩을 이루어가게 된다 | 엡 4:15-16; 고후 3:18; 7:1.

성화(Sanctification)는 성서적인 용어일 뿐만 아니라 신학적으로도 대단히 중요한 개념입니다. 이 신학적인 개념을 이해하는 데는 고도의 정확성이 요구됩니다. 사람들은 일상생활 속에서는 자타에 정확성을 원하면서도 신앙의 문제에 관해서는 그렇게 정확성을 원하지 않습니다. 그만큼 신앙의 문제들에 관해서 비교적 무관심한 경향을 보입니다.

'구원'이라고 말할 때 구원은 여러 가지 측면을 포함하는 포괄적인 개념입니다. 로마서 8장에 나오는 말씀입니다. "또 미리 정하신 그들을 또한 부르시고 부르신 그들을 또한 의롭다 하시고 의롭다 하신 그들을 또한 영화롭게 하셨느니라" | 롬 8:30 이 구절에 나오는 하나님의 예정 혹은 선택, 하나님의 유효적 소명, 칭의, 성화, 영화 이런 개념들은 모두 서로 연결되어 있을 뿐만 아니라, 순서가 뒤바뀔 수도 없고, 끊어질 수도 없는 것이며, 그 개념이 혼동되어서도 안 됩니다.

칭의와 성화의 다섯 가지 차이

먼저 칭의와 성화가 어떻게 구별되는가를 다섯 가지로 생각해 보고자 합니다.

1. 하나님으로부터 의롭다 함을 받는 것은 하나님의 일방적인 은혜입니다. 예수 그리스도의 공로를 전가(Imputation)받아서 의인이 되는 것입니다.

예정이나, 유효적 소명이나, 중생이나, 칭의에 있어 죄인들이 능동적으로 행할 수 있는 것은 아무것도 없습니다. 오로지 하나님의 일방적인 은혜의 역사이며, 죄인들은 전적으로 수동적인 상황입니다. 하나님이 단독으로 행하신다고 해서 Monergism(독력사역)이라고 합니다. 헬라어 모노(홀로)와 에르고(일한다)라는 두 개의 단어가 결합해서 만들어진 용어가 Monergism(독력사역)입니다.

그러나, 성화는 하나님과 구원받은 성도가 함께 협력해서 이루는 일입니다. 구원받은 성도들도 성화에 있어서는 능동적인 입장이 되는 것입니다.

성화는 먼저 삼위일체 하나님이 관여하십니다. 성부 하나님이 우리를 거룩하심에 참여케 하십니다. "저희는 잠시 자기의 뜻대로 우리를 징계하였거니와 오직 하나님은 우리의 유익을 위하여 그의 거룩하심에 참여케 하시느니라" | 히 12:10

성자 예수님이 우리를 깨끗하고 거룩하게 하십니다. "남편들아 아내 사랑하기를 그리스도께서 교회를 사랑하시고 위하여 자신을 주심같이 하라 이는 곧 물로 씻어 말씀으로 깨끗하게 하사 거룩하게 하시고 자기 앞에 영광스러운 교회로 세우사 티나 주름 잡힌 것이나 이런 것들이 없이 거룩하고 흠이 없게 하려 하심이니라" | 엡 5:25-27

성령님도 성도들을 거룩하게 하십니다. "곧 하나님 아버지의 미리 아심을 따라 성령의 거룩하게 하심으로 순종함과 예수 그리스도의 피 뿌림을 얻기 위하여 택하심을 입은 자들에게 편지하노니 은혜와 평강이 너희에게 더욱 많을지어다" | 벧전 1:2

"그러므로 나의 사랑하는 자들아 너희가 나 있을 때뿐 아니라 더욱 지금 나 없을 때에도 항상 복종하여 두렵고 떨림으로 너희 구원을 이루라 너희 안에서 행하시는 이는 하나님이시니 자기의 기쁘신 뜻을 위하여 너희로 소원을 두고 행하게 하시나니" | 빌 2:12-13

"구원을 이루라"는 헬라어 ἐργάζομαι(에르가조마이)는 이미 받은 구원을 잘 가꾸어 나아가라는 의미입니다. 성도는 자신의 성화에 능동적인 참여를 해야 합니다. 히브리서 12:14절에도 "모든 사람으로 더불어 화평함과 거룩함을 좇으라 이것이 없이는 아무도 주를 보지 못하리라"고 했습니다. 성도들은 거룩 즉 성화를 추구해야 한다는 말씀입니다.

그러므로 성화는 영어로 Synergism이 됩니다. 헬라어 순(함께), 에르고(일하다)라는 두 가지 단어가 합쳐져서 만들어진 용어가 Synergism(합력사역)입니다.

2. 칭의는 죄의 결과로서 죄책(Guilt of sin)을 제거해 주시는 하나님의 은혜 역사입니다.

그러므로 "의롭다함"을 받은 사람은 죄에 대한 형벌을 면제받게 되는 것입니다. 그러나 성화는 죄의 영향력 혹은 죄의 부패성을 제거하는 역사입니다(Pollution or power of sin).

3. 칭의는 하나님의 법적인 선언으로 죄인의 내부에서 일어나는 일이 아니라, 죄인의 외부에서 일어나는 일(Outside legal act)입니다. 그러나 성화는 도덕적인 변화이고, 죄인의 안에서 일어나는 내적인 역사(Inside moral act)입니다.

칭의로 인해 하나님은 우리로 법적으로 의로운 존재가 되었다고 인정해 주시지만 칭의 그 자체가 우리를 내적으로 도덕적인 존재가 되게 하는 것은 아닙니다. 그러나 칭의를 시작점으로써 성도는 하나님과 성도의 합력으로 내적인 도덕적 변화를 경험하게 됩니다. 칭의의 은혜를 받은 사람은 반드시 성화의 과정으로 진행하게 되는 것입니다. 그리고 이 연결고리는 끊어질 수 없습니다.

4. 칭의는 예수 그리스도의 의가 죄인들에게 전가(Imputation)됨으로 받는 법적인 은혜이지만, 성화는 칭의 이후에 성령의 능력으로서 하나님이 성도들을 실질적으로 의롭게 만들어 주시는 의의 분여(Impartation)로 받는 은혜입니다. 전가는 법적인 개념이고, 분여는 실질적인 개념입니다.

5. 칭의는 하나님의 일회적인 선언이요, 되풀이될 필요가 없지만(One time act), 성화는 평생에 계속되는 점진적인 일입니다(On-going Progress).

이처럼 칭의와 성화를 혼동하는 것은 큰 신학적인 오류이고, 신앙적인 혼돈을 가져오게 됩니다. 로마 가톨릭의 신학은 이 문제에 관해서 크게 혼돈되었습니다.

성화의 두 측면

성화는 두 가지 방향성을 갖습니다. 죄로부터(From) 벗어나서, 하나님께로(to) 헌신 되는 것입니다. '거룩'은 히브리어 단어 קדש(카다쉬)나 헬라어 단어 ἁγιασμός(하기아모스)는 모두 죄악된 행습으로부터 분리(Separation)되어, 하나님을 섬기기 위해 자신을 구별하여 헌신(Consecration)하는 두 가지 개념을 포함하는 것입니다.

1. 성화의 소극적인 측면은 죄를 죽이고 죄와의 싸움에서 이기는 것입니다. '죄 죽이기(Mortification)'입니다.

사도바울은 성화의 과정에서 죄 죽이기를 대단히 중요한 요소로서 강조했습니다. "그러므로 형제들아 우리가 빚진 자로되 육신에 져서 육신대로 살 것이 아니니라 너희가 육신대로 살면 반드시 죽을 것이로되 영으로써 몸의 행실을 죽이면 살리니" | 롬 8:12-13 성도가 성령의 도우심으로 안에 있는 죄성을 죽여야 즉 힘을 못 쓰게 만들어야 성화가 이루어진다는 말씀입니다.

사도 베드로도 죄 죽이기는 나그네 인생길에 승리하는데 꼭 필요한 요소라고 언급하였습니다. "사랑하는 자들아 나그네와 행인 같은 너희를 권하노니 영혼을

거슬려 싸우는 육체의 정욕을 제어하라"| 벧전 2:11

2. 성화의 적극적인 측면은 성화의 목표입니다. 성도들은 어디까지 성화 되어야 하는가? 성화의 목표는 성도들이 예수 그리스도의 형상을 닮는 데에 이릅니다. 하나님의 일에 헌신 되는 것이나 도덕적으로 정결한 것이나 모두 예수 그리스도의 형상을 닮는 것이 목표입니다. 하나님의 예정과 유효적 소명과 칭의는 모두 아들의 형상을 본받도록 하는 '성화'를 목적으로 합니다.

"하나님이 미리 아신 자들로 또한 그 아들의 형상을 본받게 하려고 미리 정하셨으니 이는 그로 많은 형제 중에서 맏아들이 되게 하려 하심이니라"| 롬 8:29

"이를 위하여 너희가 부르심을 입었으니 그리스도도 너희를 위하여 고난을 받으사 너희에게 본을 끼쳐 그 자취를 따라오게 하려 하셨느니라"| 벧전 2:21

"내가 그리스도를 본받는 자 된 것 같이 너희는 나를 본받는 자 되라"| 고전 11:1

칭의와 성화의 또 다른 차이가 있다면 칭의는 모든 성도가 하나님으로부터 받은 같은 은혜이지만, 성화는 성도들에 따라서 성화의 정도에 차이가 있다는 점입니다. 우리 각자는 모두 '하나님 앞에 부분적으로 성화된 존재들'(Partially sanctified)인데 그 부분의 정도는 성도 마다 다릅니다.

성화에 관한 이단적인 사상들

1. 성화가 누구의 일이냐? 하는 문제에 관해 두 가지 양 극단적인 오류가 있습니다. 하나는 자력실천주의(Activism)입니다. 성령의 도우심 없이도 스스로의 실천과 능력으로써 성화를 이룰 수 있다는 사상입니다. 스스로 도를 닦아서 해탈이나 득도의 경지에 이르겠다는 사상들이 여기 해당합니다.

다른 극단은 정적주의(Quietism) 입니다. 17세기 후반 스페인의 신부였던 몰리

노스의 사상이었고, 프랑스의 마담 기용이 이 사상을 널리 보급했습니다. 퀘이커도 이 사상과 유사합니다. 그리스도인이 성화와 완전에 이르는 길은 자신의 의지와 노력을 완전히 포기하고 명상이라는 내면적 방법으로 하나님만이 행동하시게 한다는 사상입니다. 이런 사상은 21세기에도 신사도운동의 관상기도에 나타나고 있습니다. 이 두 가지 극단은 성화가 '하나님과 인간의 협력사역'이라는 진리를 무시한 이단적 사상입니다.

2. 성화에 하나님의 도덕법이 어떤 역할을 하느냐 하는 문제에 관해서도 양 극단적인 오류가 있습니다. 하나는 율법주의(Legalism)입니다. "이것을 행하라, 저것을 행하지 마라"하는 율례를 인위적으로 만들어 사람을 속박하는 사상입니다. 하나님의 거룩한 도덕법을 존중하는 것이 아니라 man-made law(인간이 만들어낸 규율)에 사람을 존중하는 사상입니다.

성도는 율법 아래 있는 존재가 아닙니다. 그러나 내주하시는 성령의 능력으로 말미암아 하나님의 거룩한 도덕법을 사랑하고 자발적으로 순종하는 것입니다. 인간이 만든 규율에 억압된 존재가 아닙니다.

다른 극단은 율법폐기론(Antinomianism)입니다. 성도의 성화에는 하나님의 거룩한 도덕법이 아무런 상관이 없다는 사상입니다. 이들은 구약의 율법이 폐지되었다고 말하며 십계명을 무시합니다.

이 두 가지 사상은 모두 극단적인 사상입니다. 성도는 율법의 정죄로부터 자유로움을 얻은 존재이지만, 예수 그리스도가 하나님의 도덕법을 존중하고 사랑했듯이 성도들도 하나님의 거룩한 도덕법을 사랑하고 존중해야 합니다.

3. 신자의 생애 중에 완전한 성화가 가능한가에 관한 문제에 대해서도 오류가 발생합니다. 일반적으로 신자의 생애 중에 완전한 성화가 가능하다고 답하는 사람들은 아르미니우스주의자들입니다. 그 근거로 마태복음 5:48절에 "그러므로 하늘에 계신 너희 아버지의 온전하심과 같이 너희도 온전하라"고 말씀을 제시합

니다.

특히 20세기의 오순절주의자들 가운데는 소위 이차적인 축복(second blessing)이라는 개념으로 성도는 기도 중에 성령의 능력을 받아서 일순간에 갑자기 완전한 성화에 이를 수 있다고 주장하는 사람들이 있었습니다.

그러나, 성화는 평생에 점진적으로 이루어지는 일이고, 더구나 이차적인 축복을 받았다는 사람들의 부도덕함으로 인해서 교회에 끼친 해악은 적지 않다는 점을 볼 때 이런 형태의 완전주의(Perfectionism)는 이단에 가까운 사상입니다.

대부분의 개혁주의자들은 하나님처럼 온전해지는 것이 성화의 목표라는 사실을 인정할지라도 이생에서는 달성될 수 없는 목표라고 생각하는 것입니다. 즉 육체를 벗어나서 영화(Glorification)상태에서 비로소 달성될 것으로 보는 것입니다.

성도들은 예수 그리스도와 연합된 존재들입니다. 그러므로 계속해서 죄에 빠져 사는 것은 가능하지 않습니다. 연합되신 예수님이 허락지 않으시기 때문입니다. 그러므로 점진적으로 성화된 삶을 살 수밖에 없습니다. 예수 그리스도와의 연합(Union with Christ)이 성화의 원천입니다. 소극적으로 죄를 죽이고, 적극적으로 예수님의 형상을 닮아 성화에 진보를 보여야 합니다. ✝

정리를 위한 문제

1. _____는 성서적인 용어일 뿐만 아니라 신학적으로도 대단히 중요한 개념이다.

2. 칭의와 성화는 다섯 가지 차이가 있는데, 첫 번째는 칭의가 하나님의

_____ 사역인 반면, 성화는 하나님과 인간의 _____ 사역이라는 차이다.

3. 두 번째는 칭의가 _____ 을 제거해 주시는 하나님의 역사인 반면, 성화는 죄의 _____ 혹은 죄의 _____ 을 제거하는 역사이다.

4. 세 번째는 칭의가 죄인의 _____ 에서 일어나는 일인 반면, 성화는 _____ 에서 일어나는 일이다.

5. 네 번째는 칭의가 하나님의 의의 _____ 로 받는 법적인 은혜인 반면, 성화는 하나님의 의가 _____ 됨으로 받는 은혜이다.

6. 다섯 번째는 칭의가 다시 되풀이 할 필요가 없는 _____ 적인 선언인 반면, 성화는 _____ 인 사역이다.

7. 성화의 소극적인 측면은 _____ 다.

8. 성화의 적극적인 측면은 성화의 _____ 다.

9. 성령 하나님의 도우심이 없이도 자기 스스로의 실천과 능력으로 성화를 이룰 수 있다는 사상을 _____ 이라고 한다.

10. 성도가 성화의 삶을 살아가는데 있어서 하나님의 거룩한 도덕법이 무용지물과 같다고 주장하는 사상을 _____ 이라고 한다.

답: 1. 성화 2. 독력, 협력 3. 죄책, 영향력, 부패성 4. 외부, 내부 5. 전가, 분여
6. 일회, 점진적 7. 죄 죽이기 8. 목표 9. 자력실천주 10. 율법폐기론

제14장

구원받는 믿음에 관하여
OF SAVING FAITH

[전문]

1항. 택함을 받은 자들로 하여금 그들의 영혼이 구원에 이를 수 있도록 하는 믿음의 은혜는 택자들의 마음속에서 일하시는 그리스도의 영의 역사이다 | 고후 4:13; 엡 2:8. 그것은 일반적으로 말씀의 사역을 통해서 일어나며 | 롬 10:14, 17 침례와 주의 만찬의 집행과 기도와 기타 하나님께서 정하신 수단에 의해 증가되고 강화된다 | 눅 17:5; 벧전 2:2; 행 20:32.

2항. 이 믿음으로써 그리스도인은 하나님 자신의 권위에 근거하여 성경 안에 계시된 것은 무엇이든지 참된 것으로 믿게 된다 | 행 24:14. 그리고 또한 그리스도인은 성경의 계시에 대해서 세상에 있는 다른 어떤 책이나 만물에 나타난 일반계시 | 시 19:7-10; 시 119:72 보다 우월한 탁월성을 인식하게 된다. 왜냐하면, 성경은 하나님의 영광을 그의 속성들로, 그리스도의 탁월성을 그의 본성과 사역으로, 성령의 능력과 충만함을 그의 역사와 활동으로 나타내어, 그리스도인들로 하여금 자기

영혼을 그렇게 믿어지게 된 진리에│딤후 1:12 의탁할 수 있게 하기 때문이다. 그리스도인들은 또한 각 구절에 포함된 내용에 따라서 각각 다른 모양으로 반응하게 된다. 그리스도인은 때로는 계명에 대하여는 순종하고,│요 15:14 , 경고에 대해서는 두려워하며│사 66:2, 때로는 현세와│히 11:13 내세를 위한 하나님의 약속들은 붙잡는다. 그러나 구원에 이르게 하는 믿음의 주된 역할은 그리스도인으로 하여금 은혜의 언약으로 말미암아 칭의와 성화와 영생을 얻기 위해 오직 그리스도만을 영접하고 받아들이고 의지하여│요 1:12; 행 16:31; 갈 2:20; 행 15:11 그와 직접적인 관계를 갖게 하는 것이다.

3항. 사람에 따라서 이 믿음은 정도나 강약의 차이가 있을 수도 있다.│히 5:13, 14; 마 6:30; 롬 4:19-20, 그럼에도 불구하고 구원에 이르는 믿음은 하나님이 주시는 다른 구원의 은혜의 경우와 마찬가지로 일시적인 믿음이나 일반계시에서만 오는 일반적인 믿음과는│벧후 1:1 그 종류와 본성에서 전혀 다른 것이다. 그러므로 비록 공격을 당해 약해지기도 하지만, 구원받는 믿음은 마침내는 승리하며│엡 6:16; 요일 5:4,5, 여러 가지 모양으로 자라나서 우리의 믿음의 주관자이시오, 완성자이신 그리스도를 통해 완전한 확신을 얻는 데까지 이른다.│히 6:11-12; 골 2:2; 히 12:2 .

1689년 제 2차 런던 침례교 신앙고백서 〈제14장〉은 구원받은 믿음(Saving faith)을 다루고 있고, 〈제15장〉은 구원에 이르는 회개(Saving Repentance)를 다루고 있습니다. 믿음과 회개를 한마디로 회심(Conversion)이라고 부릅니다. 죄로부터 돌이켜서 하나님께로 향하는 삶의 방향전환을 의미합니다. 죄로부터 진실로 돌이키는 것을 구원에 이르는 생명 얻는 회개라 하고, 하나님께로 진실로 향하는 것을 구원받는 믿음이라고 합니다. 이 두 가지는 동시에 일어나며, 동전의 앞 뒤와 같이 뗄 수 없기 때문에 회심이라는 한 용어로 표현하기도 합니다.

웨스트민스터 소요리문답 제86문은 "예수 그리스도를 믿는 믿음이란 무엇인가?" 즉 구원받는 믿음에 대한 질문입니다. 이에 대해 "예수 그리스도를 믿는 믿음이란 구원의 은혜인데, 우리가 이로써 구원받기 위하여 복음이 전하는 예수 그리스도를 영접하고 그분만을 의지하는 것입니다"라고 답하고 있습니다.

구원에 이르지 못하는 믿음

믿음을 그저 믿음이라 말하지 않고 '구원받는 믿음'(Saving faith)이라 하는 이유가 있습니다. 구원에 이르지 못하는 믿음도 있기 때문입니다.

귀신적인 믿음으로는 구원을 받을 수 없습니다.

"네가 하나님은 한 분이신 줄을 믿느냐 잘하는도다 귀신들도 믿고 떠느니라 아아 허탄한 사람아 행함이 없는 믿음이 헛것인 줄 알고자 하느냐"| 약 2:19-20 귀신도 하나님을 알고 있습니다. 그러나 머리로는 정통신앙을 알고 있어도 예수 그리스도와 아무런 인격적 관계가 없는 믿음입니다. 예수 그리스도를 구주로 영접하지도 않고 의지하지도 않는 이 믿음은 헛것입니다.

일시적인 믿음으로는 구원받을 수 없습니다.

"돌밭에 뿌리웠다는 것은 말씀을 듣고 즉시 기쁨으로 받되 그 속에 뿌리가 없어 잠시 견디다가 말씀을 인하여 환난이나 핍박이 일어나는 때에는 곧 넘어지는 자요 가시떨기에 뿌리웠다는 것은 말씀을 들으나 세상의 염려와 재리의 유혹에 말씀이 막혀 결실치 못하는 자요"| 마 13:20-22 일시적으로는 믿는 듯하다가 믿음을 떠나는 것은 구원받는 믿음이 아니라는 말씀입니다.

성경대로 믿지 않는 믿음으로는 구원받을 수 없습니다.

"형제들아 내가 너희에게 전한 복음을 너희로 알게 하노니 이는 너희가 받은 것이요 또 그 가운데 선 것이라 너희가 만일 나의 전한 그 말을 굳게 지키고 헛되이 믿지 아니하였으면 이로 말미암아 구원을 얻으리라 내가 받은 것을 먼저 너희에게 전하였노니 이는 성경대로 그리스도께서 우리 죄를 위하여 죽으시고 장사지낸 바 되었다가 성경대로 사흘 만에 다시 살아나사" | 고전 15:1-4

성경대로 믿지 않는 믿음은 헛된 믿음입니다. 예수 그리스도의 대속적인 죽으심을 믿지 않는다든지, 부활을 믿지 않는다든지, 예수 그리스도의 신성을 믿지 않는다든지 하는 믿음은 헛된 믿음이고, 비성경적인 믿음입니다.

그러나 사도행전 14:9절에 나오는 루스드라의 앉은뱅이는 구원에 이르는 구원받을 만한 믿음을 가지고 있었습니다.

구원받는 믿음에 대한 이해의 차이

1. 종교개혁기에 일어난 가장 큰 질문은, 구원받을 만한 믿음이 무엇인가에 대한 질문이었습니다. 루터는 이신득의 즉 오직 믿음으로만 죄인들은 의인이 될 수 있다는 진리가 교회가 일어서느냐 넘어지느냐 하는 관건이 된다고 말했습니다. 루터는 믿음이란 죄인이 의인이 되는 도구적인 원인이라고 했습니다. 의롭다 함을 얻은 근거는 예수 그리스도의 속죄이고, 의롭다 함을 얻는 수단이 '믿음'이라는 것입니다.

2. 로마가톨릭은 행위로 의를 얻는 '이행득의'를 주장한다고 생각하지만, 사실은 로마가톨릭도 믿음을 강조합니다. 그러나 단지 믿음이란 죄인이 그리스도로부터 최초의 의(Initial righteousness)를 받는 수단이라고 말하는 것입니다. 죄인들이 예수 그리스도를 구주로 믿는 순간 예수 그리스도의 의를 주입(Infusion)받게

된다는 것입니다. 그러나 이 '최초의 의'는 중죄(Mortal sins)를 지으면 잃어버리게 되고, 고해성사를 통해서 받는 보속행위(Satisfaction)를 수행함으로써 소위 재량공로(Congruous Merit)를 세움으로써 다시 '최초의 의'를 회복하게 된다는 것입니다.

그러므로, 로마가톨릭은 믿음으로 최초의 의를 얻지만, 선행으로써 그 의를 지킬 수 있다는 교리구조로 되어 있습니다. 구원은 믿음과 선행으로 받게 된다 이 행득의원리가 되는 것입니다.

3. 개신교는 죄인이 의인이 되는 유일한 수단은 오직 '성경대로' 예수 그리스도를 구주로 믿는 믿음뿐이며, 참된 믿음은 예수 그리스도의 완전한 의로 전가(Imputation)받아서 죄인들은 하나님 앞에 법적으로 100% 완전한 의인으로 간주되는 것이며, 이 의는 결코 상실될 수 없다고 믿습니다.

참된 믿음으로 의롭다 함을 얻은 사람은 그 순간부터 성화 작업이 시작되고, 성화는 하나님과 인간의 협력사역입니다. 그러므로 참된 믿음 구원받는 믿음을 가진 사람은 죽은 믿음이 아니라 살아있는 믿음(Fides viva)이므로, 필연적으로 선한 행실의 열매를 성화 과정에 따라서 맺게 됩니다. 선행은 구원의 결과이지, 믿음처럼 구원의 수단이 될 수 없습니다.

4. 한편 소위 율법폐기론자(Antinomianism)들은 믿음으로 구원받는 것으로 충분하고, 성화 과정에서 하나님의 도덕법은 아무런 구속력을 갖지 않는다는 사상을 갖고 있습니다. 선행이라는 열매를 맺지 않아도 상관없다는 사상입니다. 율법폐기론자들은 루터교 신학자들인 루터나 멜랑히톤과 논쟁을 벌였으나, 율법폐기론은 그들로부터 이단적인 사상으로 취급 당했습니다.

구원받는 믿음의 3대 요소

구원받는 믿음(Saving faith)을 구성하는 요소에 관한 질문에 대해 종교개혁가들은 세 가지 요소를 강조했습니다.

먼저 지적인 측면입니다. 라틴어로 Notitia, 영어로 Knowledge라고 하는 지적인 측면은 예수 그리스도를 믿는다고 말하기만 하면 그 내용이 무엇이든지 상관이 없다는 생각입니다.

구원받는 믿음은 '성경대로' 예수 그리스도의 인격과 사역에 대하여 제대로 '알고' 믿는 것입니다. 예수 그리스도가 신성을 가지신 하나님의 아들이시며, 인성을 입고 오셨다는 사실, 신성과 인성을 한 몸에 지니신 구주라는 사실, 예수 그리스도의 죽으심은 죄인들을 대신한 대속적인 죽으심(Vicarious death)이라는 사실, 장사 지내셨고, 3일 만에 부활하시고, 승천하셔서 하나님 보좌 우편에 앉아 계시다는 사실, 그리고 때가 되면 재림하신다는 사실, 예수 그리스도를 믿는 자는 사죄, 칭의, 화친을 얻는다는 사실을 알고 믿는 것입니다. 기독교는 무지나 미신의 종교가 아닙니다.

또한 진리에 대한 지적인 동의입니다. 라틴어로 Assensus라 하고 영어로 Assent라고하는데, 예를 들어 "나는 세종대왕이 한글을 만들었다고 믿는다"는 것이 Assensus입니다. "역사책에 보면 세종대왕이 한글을 만들었다"고 기록되어 있습니다. 이렇게 말하는 것은 Assensus가 없는 것입니다. 내가 그 사실에 동의하고 믿는 것이 Assensus입니다.

많은 사람이 이 부분에서 걸려 넘어집니다. 성경은 예수님이 동정녀에서 태어나셨다고 말하지만, "나는 그것에 동의하지 않습니다. 믿어지지 않습니다." 이렇게 말하는 사람은 진리에 대한 지적인 동의가 없는 사람입니다. 이것으로는 구원받는 믿음이 될 수 없습니다. 예수님이 부활하셨다는 얘기를 알기는 알아도 믿을 수 없다고 말하는 사람도 Assensus가 없는 사람입니다. 성경에 기록된 기적을 믿을 수 없다고 말하는 사람도 Assensus가 없는 사람입니다.

세 번째로 성경에 대한 '실질적이고 개인적인 신뢰'가 구원받는 믿음의 요소입니다. 라틴어로 Fiducia라 하고 영어로는 Trust라고 번역하는 '실질적이고 개인적인 신뢰'가 있어야 합니다. 귀신들도 하나님이 한 분이신 줄 믿고 동의하고 떨지만, 개인적으로 신뢰하거나 의지하지는 않습니다. Fiducia가 없기 때문입니다.

이처럼 예수 그리스도를 개인적으로 신뢰하지 않는 이유는 예수 그리스도를 사랑하지 않기 때문입니다. 그러므로 Fiducia는 Trust 뿐만 아니라, Affection 즉 신뢰와 사랑을 동반하는 것입니다. 예수 그리스도를 사랑하는 사람들만이 예수 그리스도를 구주로 영접하고 예수 그리스도와 연합되어 살게 되는 것입니다.

구원받는 믿음은 누구에게 주시는가

"이방인들이 듣고 기뻐하여 하나님의 말씀을 찬송하며 영생을 주시기로 작정된 자는 다 믿더라" | 행 13:48 신앙고백서 14장 1항에도 "택함을 받은 자들로 하여금 그들의 영혼이 구원에 이를 수 있도록 하는 믿음의 은혜는 택자들의 마음속에서 일하시는 그리스도의 영의 역사이다"라고 선언하고 있습니다.

구원에 이르게 하는 믿음의 대상은 성부 하나님이 택하신 자들입니다. 하나님이 영생을 주시기로 작정된 자들입니다. 구원에 이르게 하는 믿음은 '성령의 역사'와 '말씀의 사역'을 통해서 얻게 되며 침례와 주의만찬과 같은 성례전이나 말씀 연구, 기도, 예배 활동을 통해서 강화됩니다.

믿음에 강약이나 정도 차이는 있을 수 있어도 구원을 얻는 결과를 얻는 것에는 다르지 않습니다. 특별 계시 없이 일반 계시를 보고 아는 일반적인 믿음 혹은 일시적인 믿음 헛된 믿음과는 종류와 본질에서 완전히 다르며, 이 믿음은 사단이 뺏어갈 수 없고, 궁극적으로 승리하는 넉넉히 이기는 믿음입니다. 이 믿음이 더욱 강화되어야 합니다. ✝

📝 정리를 위한 문제

1. 죄로부터 진실로 돌이키는 것을 생명 얻는 _____ 라 하고, 하나님께로 진실로 향하는 것은 구원받는 _____ 이다. 이 두 가지는 동시에 일어나며, 동전의 앞 뒤와 같이 뗄 수 없기 때문에 _____ 이라는 한 용어로 표현하기도 한다.

2. 성경대로 믿지 않는 믿음은 헛된 믿음입니다.
예수 그리스도의 _____ 을 믿지 않는다든지, 부활을 믿지 않는다든지, 예수 그리스도의 _____ 을 믿지 않는다든지 하는 믿음은 헛된 믿음입니다.

3. 참된 믿음 구원받는 믿음은 죽은 믿음이 아니라 살아있는 믿음이므로 _____ 를 성화 과정에 따라서 맺게 된다.

4. 구원받는 믿음을 구성하는 요소 중 지적인 측면, 구원받는 믿음은 _____ 예수 그리스도의 인격과 사역에 대하여 제대로 _____ 믿는 것이다.

5. 구원받는 믿음을 구성하는 요소 중 진리에 대한 지적인 동의는, 기적과 같은 예수 그리스도의 _____ 에 대한 사실을 믿고 동의하는 것이다.

6. 구원받는 믿음을 구성하는 요소는 성경에 대한 실질적이고 개인적인 신뢰이다. 예수 그리스도를 _____ 하지 않기 때문에 성경을 신뢰하지 않는다.

7. 구원에 이르게 하는 믿음은 _____ 와 _____ 을 통해서 얻게 된다.

8. 침례와 주의만찬과 같은 성례전이나 ＿＿＿＿＿＿, ＿＿＿＿＿＿, ＿＿＿＿＿＿ 활동을 통해 강화된다.

9. 구원받는 믿음은 ＿＿＿＿＿＿이 빼앗아 갈수 없고 궁극적으로 넉넉히 이기는 믿음이다.

답: 1. 회개, 믿음, 회심 2. 대속적인 죽으심, 신성 3. 선한 행실의 열매 4. 성경대로, 알고 5. 사역 6. 사랑 7. 성령의 역사, 말씀의 사역 8. 말씀연구, 기도, 예배 9. 사단

제15장

생명 얻는 회개에 관하여
OF REPENTANCE UNTO LIFE AND SALVATION

[전문]

1항. 성숙한 연령에 도달하여 회심하게 된 택자들도 그 이전에는 자연상태 속에서 살며 | 딛 3:2-5 , 여러 가지 정욕과 쾌락을 좇게 되지만, 하나님은 유효적 소명으로 그들을 부르셔서 생명에 이르는 회개를 주신다 | 대하 33:10-20; 행 9:1-19; 행 16:29-30 .

2항. 의만 행하고 죄를 전혀 짓지 아니하는 사람은 아무도 없다 | 시 130:3, 시 143:2, 잠 20:9, 전 7:20 . 최고 훌륭한 인간이라 할지라도 그들 안에 내주하는 부패성의 능력과 속임수로 말미암아, 또한 유혹의 위세에 눌려 큰 죄와 자극에 떨어질 수 있다 | 삼하 1:1-27; 눅 22:54-62 . 하나님은 은혜언약을 따라서 그렇게 죄를 짓고 유혹에 넘어진 신자들에게 자비를 베푸심으로 구원에 이르는 회개를 통해서 새롭게 하신다 | 렘 32:37-41; 요일 1:9.

3항. 이러한 구원에 이르는 회개는 복음적인 은혜이다 | 행 5:31; 행 11:18; 딤후 2:25 . 성령으로 말미암아 자기 죄의 많은 사악함을 깨닫고 | 시 51:1-6; 시 130:1-3; 눅 15:17-

20; 행 2:37-38. 그리스도를 믿는 믿음으로 자신을 겸손케 하며 경건한 슬픔과 함께 죄를 혐오하고 죄짓는 자신을 미워하여 | 시 130:4; 마 27:3-5, 용서받기를 기도하며, 은혜로 강하여지기를 기도하게 된다 | 겔 16:60-63; 겔 36:31-32; 슥 12:10; 행 15:19; 20:21; 26:20; 고후 7:10-11; 살전 1:9. 그럼으로써 성령의 공급하시는 힘으로 말미암아 하나님 앞에서 바로 행하여 범사에 하나님을 기쁘시게 하려는 목적을 가지고 노력하며 살게 된다 | 잠 28:13; 겔 36:25-27; 18:30-31; 시 119:59; 시 104:33-35; 128; 마 3:8; 눅 3:8; 행 26:20; 살전 1:9.

4항. 회개는 사망의 몸을 가지고 살아가는 일평생 몸의 행위로 말미암아 지속하여야 할 일이다 | 겔 16:60; 마 5:4; 욜 1:9. 누구든지 특별히 자신이 알고 있는 자신의 죄들을 회개해야 할 의무가 있다 | 눅 19:8; 딤전 1:13 15.

5항. 하나님께서는 이렇게 은혜언약 안에서 그리스도를 통하여 구원에 이르도록 신자를 보존하시는 장치를 마련해 두셨다. 아무리 작은 죄라도 정죄를 받기에 부족한 죄는 없는 것이다 | 시 130:3; 143:2; 롬 6:23, 동시에 아무리 큰 죄라도 그것을 참으로 회개하는 자에게는 정죄를 가져오지 못한다. 그러므로 회개의 필요성은 끊임없이 설교를 통해서 전파되어야 한다 | 사 1:16-18; 사 55:7; 행 2:36-38.

오순절 날 사도 베드로 설교의 마지막 부분은 사도행전 2:36-39절입니다. 설교의 결론 부분이며 적용 부분이라고 할 수 있습니다.

"그런즉 이스라엘 온 집이 정녕 알지니 너희가 십자가에 못 박은 이 예수를 하나님이 주와 그리스도가 되게 하셨느니라 하니라" | 행 2:36 단지 예수님을 십자가

에 못 박은 현장에 있던 사람들에게만 말씀한 것이 아닙니다. 이스라엘 온 집, 예수님을 배척한 모든 사람에게 말씀하는 것입니다.

"저희가 이 말을 듣고 마음에 찔려 베드로와 다른 사도들에게 물어 가로되 형제들아 우리가 어찌할꼬 하거늘 베드로가 가로되 너희가 회개하여 각각 예수 그리스도의 이름으로 침례를 받고 죄 사함을 얻으라 그리하면 성령을 선물로 받으리니 이 약속은 너희와 너희 자녀와 모든 먼 데 사람 곧 주 우리 하나님이 얼마든지 부르시는 자들에게 하신 것이라 하고" | 행 2:37-39

베드로는 오순절 설교를 들은 사람들에게 처음으로 권면한 말씀이 "너희가 회개하라"는 것입니다. 침례 요한도 "나는 너희로 회개케 하기 위하여 물로 침례를 주거니와" | 마 3:11, 예수님의 공생애 첫 메시지도 "회개하라 천국이 가까웠느니라" | 마 4:17는 말씀이었습니다.

그렇다면 과연 성서적인 회개는 무엇일까요? 다시 말해 생명에 이르는 회개는 무엇일까요? 또한 우리는 생명에 이르는 회개를 하였을까요? 이것이 신앙고백서 〈제15장〉을 묵상하면서 다루고자 하는 말씀입니다.

웨스트민스터 신앙고백서 소요리문답 87문은 "생명에 이르는 회개란 무엇인가?"에 대해 묻고 있습니다. 답은 "생명에 이르게 하는 회개는 구원을 얻게 하는 은혜입니다. 그것으로 말미암아 죄인이 죄에 대한 참된 의식을 가지고 그리스도 안에서 베푸신 하나님의 자비로 이해하는 가운데 자신의 죄를 슬퍼하고 미워하며 죄에서 돌이켜 하나님을 향하여 새로운 복종을 최고의 목적으로 삼고 그것을 위하여 노력하는 것이다"라고 했습니다.

생명에 이르는 회개는 회개하는 것처럼 보여도 구원에 이르지 못하는 회개의 종류도 있다는 말입니다. 스스로의 결심으로 도덕적인 변화를 시도한다든가, 아니면 저지른 죄에 대한 결과가 무서워서 후회한다든가 하는 것은 생명에 이르는 회개라고 할 수 없습니다. 가룟 유다는 마태복음 27장에서 예수님을 판 것에 대해 회개하는 것처럼 보입니다.

"때에 예수를 판 유다가 그의 정죄 됨을 보고 스스로 뉘우쳐 그 은 삼십을 대제사장들과 장로들에게 도로 갖다 주며 가로되 내가 무죄한 피를 팔고 죄를 범하였도다 하니 저희가 가로되 그것이 우리에게 무슨 상관이 있느냐 네가 당하라 하거늘" | 마 27:3-4 그는 결국 은을 성소에 던져놓고 물러가서 스스로 목매어 죽었습니다. 스스로 뉘우쳐도 가룟 유다의 뉘우침은 생명에 이르는 회개가 아니었습니다. 이 세상의 재판 받는 현장에는 자신의 잘못을 후회하는 사람들이 많아도, 그들이 생명 얻는 회개를 한 것은 아닙니다. 생명 얻는 회개에 관해 다섯 가지로 나누어 생각하고자 합니다.

생명 얻는 회개의 원천(Source)

신앙고백서 〈제15장〉 3항에 "구원에 이르는 회개는 복음적인 은혜(Evangelical grace)이다" | 행 5:31; 11:18; 딤후 2:25라고 했습니다. 복음적인 은혜라는 말은 하나님이 은혜로 주신 선물이라는 말씀입니다. 인간의 업적이나 공로가 될 수 없고, 생명 얻는 회개의 원천은 하나님이십니다.

1. 믿음과 회개가 인간의 공로로서 원인이 되어 거듭나는 것이 아니라, 하나님이 단독적인 은혜로써 죄인을 거듭나게 하시면 영적으로 죽은 죄인들이 생명을 얻어서 예수 그리스도를 구주로 믿는 '구원받는 믿음'과 '생명에 이르는 회개'를 할 수 있게 됩니다. 그러나 구원받는 믿음도 하나님 은혜의 선물이요, 생명에 이르는 회개도 하나님의 은혜의 선물입니다.

"너희가 나무에 달아 죽인 예수를 우리 조상의 하나님이 살리시고 이스라엘로 회개케 하사 죄 사함을 얻게 하시려고 그를 오른손으로 높이사 임금과 구주를 삼으셨느니라" | 행 5:30-31 "하나님이 이스라엘로 회개케 하신다"라고 했으니 회개

의 원천은 하나님이십니다.

사도 베드로가 이방인 고넬료 가정의 구원에 대해서 유대에 있는 사도와 형제들에게 보고하자 이렇게 말합니다. "저희가 이 말을 듣고 잠잠하여 하나님께 영광을 돌려 가로되 그러면 하나님께서 이방인에게도 생명 얻는 회개를 주셨도다 하니라" | 행 11:18 생명 얻는 회개를 주신 분이 하나님이십니다.

디모데후서 2:25절도 "거역하는 자를 온유함으로 징계할지니 혹 하나님이 저희에게 회개함을 주사 진리를 알게 하실까 하며"라고 기록되었습니다. 회개함을 주시는 분은 하나님이십니다.

2. 그렇다면 하나님은 누구에게 생명 얻는 회개를 주실까요? 신앙고백서 〈제15장〉 1항에 "성숙한 연령에 도달하여 회심하게 된 택자들도 그 이전에는 자연상태 속에서 살며 | 딛 3:2-5 , 여러 가지 정욕과 쾌락을 좇게 되지만, 하나님은 유효적 소명으로 그들을 부르셔서 생명에 이르는 회개를 주신다" | 대하 33:10-20, 행 9:1-19; 16:29-30 라고 했습니다.

하나님은 택하신 자들에게 생명 얻는 회개를 주십니다. 성숙한 연령에 도달하여 회심하게 된다는 말은 반드시 성인이 되어야 한다는 말은 아닙니다. 최소한의 죄의식을 가질 수 있는 연령을 의미합니다. 죄의식도 없는 유아들은 회개할 수 없다는 의미입니다.

생명 얻는 회개의 두 가지 요소(Elements)

생명 얻는 회개가 되려면 두 가지 요소가 있어야 합니다. 하나는 자기 자신이 어떤 존재인가를 진실로 알아야 하고, 다른 하나는 누구를 향하여 회개해야 하는지를 알아야 합니다.

1. 생명 얻는 회개를 하는 사람은 자기 자신이 죄인이라는 참된 의식을 갖게 됩

니다. 신앙고백서 〈제15장〉 3항 중반에 "성령으로 말미암아 자기 죄의 많은 사악함을 깨닫고"라고 했습니다.

나는 태어날 때부터 죄성(Sinful nature)을 가지고 태어났다는 것을 인정하게 됩니다. 다윗은 "내가 죄악 중에 출생하였음이여 모친이 죄 중에 나를 잉태하였나이다" | 시 51:5 라고 고백했습니다.

나의 죄는 거룩하신 하나님의 진노를 초래할 수밖에 없다는 것을 깨닫게 됩니다. "그 아들에게 입맞추라 그렇지 아니하면 진노하심으로 너희가 길에서 망하리니 그 진노가 급하심이라" | 시 2:12 실로암 망대가 무너져 죽은 열여덟 사람에 대해서 말씀하신 예수님은 예루살렘 사람들에게 이렇게 말씀하셨습니다. "너희에게 이르노니 아니라 너희도 만일 회개치 아니하면 다 이와 같이 망하리라" | 눅 13:5

나는 스스로의 힘으로 죄악을 벗어날 수 없다는 것을 인정하게 됩니다. "구스인이 그 피부를, 표범이 그 반점을 변할 수 있느뇨 할 수 있을진대 악에 익숙한 너희도 선을 행할 수 있으리라" | 렘 13:23

나의 사상과 행동은 하나님 보시기에 선한 것은 아무것도 없다는 것을 깨닫는 것입니다. "여호와께서 사람의 죄악이 세상에 관영함과 그 마음의 생각의 모든 계획이 항상 악할 뿐임을 보시고" | 창 6:5 "다 치우쳐 한가지로 무익하게 되고 선을 행하는 자는 없나니 하나도 없도다" | 롬 3:12 이러한 성경의 말씀들이 회개의 기초가 되는 것입니다.

2. 생명 얻는 회개를 하는 사람은 죄를 단순히 뉘우치는 것이 아니라 하나님을 향해 자신의 죄를 뉘우치는 것입니다. "유대인과 헬라인들에게 하나님께 대한 회개와 우리 주 예수 그리스도께 대한 믿음을 증거한 것이라" | 행 20:21 예수 그리스도를 믿고 의지하는 자에게 죄용서를 주신다는 믿음을 가지고 하나님을 향한 회개가 생명을 얻는 회개입니다.

생명 얻는 회개에 포함되는 사람의 행동(Action)

생명 얻는 회개를 하는 사람은 세 가지 행동을 보입니다. 죄를 슬퍼하고, 죄를 미워하고, 죄에서 돌이키게 되는 것입니다.

1. 생명 얻는 회개를 하는 사람은, 죄를 슬퍼하게 됩니다(Grief of sin). "그때에 너희가 너희 악한 길과 너희 불선한 행위를 기억하고 너희 모든 죄악과 가증한 일을 인하여 스스로 밉게 보리라"|겔 36:31 "그 소문이 니느웨 왕에게 들리매 왕이 보좌에서 일어나 조복을 벗고 굵은 베를 입고 재에 앉으니라"|욘 3:6 굵은 베를 입고 재에 앉은 것은 죄를 슬퍼하는 마음의 표현입니다.

2. 죄를 미워하게 됩니다(Hatred for sin). "여호와를 사랑하는 너희여 악을 미워하라 저가 그 성도의 영혼을 보전하사 악인의 손에서 건지시느니라"|시 97:10 생명 얻는 성도는 하나님이 악을 미워하시기 때문에 악을 미워하게 되는 것입니다.

3. 악으로부터 돌이킵니다(Turn). 방향을 전환하는 것입니다. 악으로부터 돌이키는 대표적인 말씀이 구약의 요엘서에 있습니다. "여호와의 말씀에 너희는 이제라도 금식하며 울며 애통하고 마음을 다하여 내게로 돌아오라 하셨나니"|욜 2:12 '돌아오라'는 히브리어 동사는 유명한 שוב(슈브)입니다.

신약의 대표적인 말씀은 고린도후서입니다. "하나님의 뜻대로 하는 근심은 후회할 것이 없는 구원에 이르게 하는 회개를 이루는 것이요 세상 근심은 사망을 이루는 것이니라"|고후 7:10 회개란 헬라어로 μετανοέω(메타노에오)인데, 이것 역시 방향을 돌린다는 것을 의미합니다.

죄로부터 돌이키면 하나님께로 돌아가야 합니다. 세상근심이 사망에 이르게 된다는 말은 세상 근심은 죄로부터 후회하고 돌이켜도 하나님께로 돌아가지 아니하기 때문입니다. 귀신이 나간 마음을 하나님으로 채우지 아니하면 나간 귀신이 죄보다 더 악한 귀신 일곱을 데리고 들어가서 그 사람의 나중 형편이 전보다

더 심하게 된다고 말씀합니다 | 눅 11:25-26.

생명 얻는 회개의 증거(Evidences)

생명 얻는 회개의 증거는 "하나님을 향하여 새로운 복종을 최고의 목적으로 삼고 그것을 위하여 노력하는 것"이라고 했습니다. 생명 얻는 회개를 한 사람은 삶의 분명한 목적을 갖게 됩니다. "하나님을 향하여 복종하며 살려고 하는 목적과 하나님을 향하여 범사에 기쁘시게 하려는 확고한 결단"을 보이는 것입니다.

신앙고백서가 구별하는 두 종류의 회개

필라델피아 고백서를 작성한 선조들은 조심스럽게 회개를 두 종류로 구별하고 있습니다.

생명에 이르는 회개(Repentance unto life)는 일생에 단 한번 일어나는 구원받는 회개로 신자의 삶이 시작됩니다.

구원에 이르는 회개(Repentance unto salvation)라고 명명한 회개는 오히려 '구원받은 상태 안에서의 회개'라고 부르는 것이 더 정확합니다. 참된 신자라도 내주하는 죄성과 유혹의 세력으로 말미암아 큰 죄에 빠질 수도 있기 때문에 회개가 필요합니다.

다윗과 베드로 같은 경우입니다. 이들은 하나님의 택자로서 이미 구원받아 구원을 상실할 수 없는 은혜언약 안에 들어 있기 때문에 성령께서 회개의 은혜를 주셔서 죄악을 이기고 새롭게 됩니다. 이런 회개는 일평생 계속되어야 합니다. 생명에 이르는 회개는 온몸을 목욕한 자가 되는 것이고, 구원받은 상태 안에서의 회개는 매일 더러워지는 발을 씻는 것입니다. 매일 더러워지는 발을 씻지 않으면 주님과

밀접한 교제관계 속에서 살 수 없는 것입니다 | 요 13:10.

'오직 믿음만이 구원의 조건'이라는 말에는 부족한 면이 많이 있습니다. 믿음과 회개는 뗄 수 없기 때문입니다. 그러므로 설교자는 회개의 필요성을 계속해서 설교하고 가르쳐야 합니다. 회개는 불신자가 생명을 얻기에도 필요하고, 성도가 된 이후 하나님과 교제를 회복하기에도 반드시 필요합니다. ✝

▶정리를 위한 문제

1. 구원에 이르는 회개는 _____ 은혜다.

2. 생명을 얻게 하는 회개의 원천은 인간의 업적이나 _____ 가 아니라 바로 _____ 이시다.

3. 하나님의 단독적인 은혜로 죄인은 거듭나게 하시면 예수 그리스도를 구주로 믿는 구원받는 _____ 과 생명에 이르는 _____ 를 할 수 있게 된다.

4. 하나님은 _____ 으로 택한 자들을 부르셔서 _____ 에 이르는 회개를 주신다.

5. 생명 얻는 회개를 하는 사람은 _____ 를 단순히 뉘우치는 것이 아니라 _____ 을 향해 뉘우치는 것이다.

6. 생명 얻는 회개를 하는 사람은 세 가지 행동을 하게 된다. 죄를 슬퍼하고, 죄를 _____ 죄에서 _____ 되는 것이다.

7. 생명 얻는 회개의 증거는 하나님을 향하여 _____ 을 최고의

목적으로 삼고 그것을 위해 _____ 하는 것이다.

8. 생명에 이르는 회개는 구원받은 _____ 의 삶이 시작된다. 이러한 회개는 일생에 _____ 경험하게 된다.

9. 구원에 이르는 회개는 구원받은 _____ 안에서의 회개라고 부르는 것이 낫다.

10. 생명에 이르는 회개는 온몸을 _____ 한 자가 되는 것이고, 구원받은 상태 안에서의 회개는 매일 더러워지는 _____ 을 씻는 것이다.

답: 1. 복음적인 2. 공로, 하나님 3. 믿음, 회개 4. 유효적 소명, 생명 5. 죄, 하나님 6. 미워하고, 돌이키게 7. 복종, 노력 8. 신자, 단 한번 9. 상태 10. 목욕, 발

제16장

선행에 관하여
OF GOOD WORKS

[전문]

1항. 선행은 하나님께서 거룩한 말씀 가운데 명령하신 것이다 | 미 6:8; 롬 12:2; 히 13:21; 골 2:3; 딤후 3:16-17. 말씀의 근거가 있는 것이므로 인간이 맹목적 열심으로 고안해 낸 것도 아니고, 선한 의도를 가장해서 행하는 것도 아니다 | 마 15:9; 사 29:13; 벧전 1:18; 롬 10:2; 요 16:2; 삼상 15:21-23; 고전 7:23; 갈 5:1; 골 2:8; 2:16-23.

2항. 하나님의 계명에 순종함으로써 이루어지는 선행은 참되고 살아있는 믿음의 열매이며 증거이다 | 약 2:18, 22; 갈 5:6; 딤전 1:5. 그리고 신자들은 그 선행을 통하여 자기들의 감사를 나타내고 | 시 116:12-14; 벧전 2:9, 12; 눅 7:36-50; 마 26:1-11, 확신을 강화하며 | 요일 2:3, 5; 요일 3:18-19; 벧후 1:5-11, 형제의 신앙을 북돋아 주고 | 고후 9:2; 마 5:16, 복음에 대한 존경심을 나타내며 | 마 5:16; 딛 2:5; 9-12; 벧전 2:12, 반대자들의 입을 막고 | 벧전 2:12, 15; 딛 2:5; 딤전 6:1, 하나님을 영화롭게 한다. 그들은 하나님의 작품이며, 예수 그리스도 안에서 하나님을 영화롭게 하도록 지으신 바 되었으며 | 엡

2:10; 빌 1:11; 딤전 6:1; 벧전 2:12; 마 5:16 , 거룩에 이르는 열매를 맺음으로 결국에는 영생을 얻게 되는 것이다 | 롬 6:22; 마 7:13-14; 21-23 .

3항. 신자들이 선행할 수 있는 능력은 결코 그들 자신에서 나온 것이 아니고, 전적으로 그리스도의 영으로부터 나온 것이다. 또한, 선을 행하려면 이미 받은 은혜 외에 하나님이 기뻐하시는 것들을 소원하고, 또 수행할 수 있도록 그들 안에서 역사하시는 동일한 성령의 실제적인 감화가 필요하다. | 겔 36:26-27; 요 15:4-6; 고후 3:5; 빌 2:12-13; 엡 2:10. 그렇다고 해서 성령의 특별한 역사가 없이는 무슨 의무라도 수행할 필요가 없는 것처럼 생각하여 태만에 빠져서는 안 된다. 오히려 그들 안에 있는 하나님의 은사를 일으키도록 노력해야 할 것이다 | 롬 8:14; 요 3:8; 빌 2:12-13; 벧후 1:10; 히 6:16; 딤후 1:6; 유 1:20-21 .

4항. 순종을 통하여 이생에서 가능한 가장 높은 정도의 선행에 도달할 수 있는 사람이라 할지라도, 잉여공덕을 세운다든가 하나님의 요구하시는 수준 이상으로 행할 수 있는 것은 아니다. 그들은 마땅히 해야 할 수준의 의무를 행하기에도 훨씬 모자란 존재들이다 | 왕상 8:46; 대하 6:36; 시 130:3; 143:2; 잠 20:9; 전 7:20; 롬3:9, 23; 7:14; 갈 5:17; 요일 1:6-10; 눅 17:10 .

5항. 우리가 최선의 선행을 한다 하더라도 그 공덕으로 죄의 용서나, 하나님의 손에 있는 영생을 얻을 수 없다. 그 이유는 우리가 행한 선행과 장차 올 영광은 비교할 수 없는 큰 불균형이 있고 | 롬 8:18, 사람과 하나님 사이에는 무한한 거리가 있기 때문이다. 인간은 전에 지은 죄악의 빚 때문에 선한 행실로써 하나님께 유익이나 만족을 드릴 수 없다. 가령 우리가 할 수 있는 모든 일을 다 했다고 하더라도 그것은 우리의 마땅한 의무를 행한 것뿐이요, 무익한 종에 지나지 않는다 | 욥 22:3; 35:7; 눅 17:10; 롬 4:2-3. 왜냐하면, 그것이 선한 행동이라면 성령으로 말미암아 나온 것이기 때문이다 | 갈 5:22-23 . 선한 행위라 하더라도 인간의 많은 약점과

불완전성이 혼합되어 더럽혀지기 때문에, 하나님 심판의 엄위하심으로 견뎌낼 수 없는 것이다 | 왕상 8:46; 대하 6:36; 시 130:3; 143:2; 잠 20:9; 전 7:20; 롬 3:9, 23; 7:14; 갈 5:17; 요일 1:6-10.

6항. 하나님께서 그리스도를 통해서 신자들을 받아들이셨으므로 그들의 선행도 역시 그리스도 안에서 용납된다 | 출 28:38; 엡 1:6-7; 벧전 2:5 . 그러나 그들이 이 세상에서 하나님 앞에 전적으로 흠이 없거나, 비난을 받을 것이 없다는 뜻이 아니라 | 왕상 8:46; 대하 6:36; 시 130:3; 143:2; 잠 20:9; 전 7:20; 롬 3:9, 하나님께서 그의 아들 안에서 그들을 보시기 때문에 그들의 행동에 여러 가지 약점과 불완전함이 있으나, 저희의 성실하신 것을 용납하고 상주시기를 기뻐하셨다 | 히 6:10; 마 25:21, 23 .

7항. 중생하지 못한 사람들이 행한 일은 가령 그것이 하나님의 명령을 따라 행한 일이며, 그들 자신에게뿐만 아니라, 다른 사람에게도 좋은 일이라 할지라도 | 왕상 21:27-29; 왕하 10:30-31; 롬 2:14; 빌 1:15-18 , 믿음으로서 정결케 된 마음에서 나온 일도 아니며 | 창 4:5; 히 11:4-6; 딤전 1:5; 롬 14:23; 갈 5:6 , 말씀에 따라서 바른 방법으로 행해진 것도 아니다(고전 13:3; 사 1:12). 더구나 하나님께 영광을 돌리겠다는 올바른 목적으로 행한 것도 아니다 | 마 6:2, 5-6; 고전 10:31 . 그러므로 그러한 행위들은 죄된 것이며, 하나님을 기쁘시게 할 수도 없고 또한 하나님의 은혜를 받을 자격자로 만드는 것도 아니다 | 롬 9:16; 딛 1:15, 3:5 . 그러나 불신자라도 선행을 무시하는 것은 한층 더 죄 된 것이며, 하나님을 기쁘시게 하지 못하는 것이다 | 왕상 21:27-29; 왕하 10:30-31; 시 14:4; 시 36:3.

선행에 관하여_219

독일 개혁교회의 교리문답서 하이델베르크 요리문답 (Heidelberger Katechismus)은 종교개혁의 제2세대에 속한 신학자 울시너스(Zacharius Ursinus)와 올레비아누스 (Caspar Olevianus)를 중심으로 작성한 문답의 형태로 된 신앙고백서로 1563년 독일어로 출간되었습니다.

하이델베르크 요리문답은 웨스트민스터 소요리문답(Westminster Shorter Catechism)과 함께 가장 뛰어난 요리문답으로 인정받고 있습니다. 하이델베르크 요리문답이 선행에 관해 가장 잘 정리를 해놓았는데 그 내용을 먼저 보는 것이 도움이 됩니다.

제88문 질문: 사람의 진정한 회개가 무엇입니까?
  답: 옛사람은 죽고 새사람으로 사는 것입니다.
제89문 질문: 옛사람이 죽는다는 것은 무엇입니까?
  답: 하나님을 진노케 한 우리의 죄를 마음으로 슬퍼하고, 더욱 더 미워하고, 피하는 것입니다.
제90문 질문: 새사람으로 사는 것은 무엇입니까?
  답: 그리스도로 말미암아 하나님 안에서 마음으로 즐거워하고 하나님의 뜻을 따라 모든 선을 행하며 사는 것을 사랑하고 기뻐하는 것입니다.
제91문 질문: 그렇다면 선행이란 무엇입니까?
  답: 참된 믿음으로, 하나님의 율법을 따라서, 그리고 그의 영광을 위하여 행한 것만을 선행이라 하며, 우리 자신의 생각이나, 사람의 계명을 근거한 것은 선행이 아닙니다.

선행(Good works)에 대한 성서적인 개념은 무엇인가

이 문제에 관해 하이델베르크 요리문답 91문이 가장 정확한 대답을 줍니다. 이 문답에 의하면 성서적인 선행의 개념 세 가지 요건을 모두 충족해야 선행이 된다는 것입니다.

1. '참된 믿음'으로 행한 것을 선행이라 할 수 있다.

선행의 원천(Source) 혹은 뿌리(Root)는 참된 믿음인 구원에 이르는 믿음입니다. "믿음이 없이는 기쁘시게 못하나니 하나님께 나아가는 자는 반드시 그가 계신 것과 또한 그가 자기를 찾는 자들에게 상 주시는 이심을 믿어야 할지니라" | 히 11:6 "의심하고 먹는 자는 정죄되었나니 이는 믿음으로 좇아 하지 아니한 연고라 믿음으로 좇아 하지 아니하는 모든 것이 죄니라" | 롬 14:23 그러므로 믿음이 없는 사람은 원천적으로 성서적인 선행을 행할 수 없는 것입니다.

2. '하나님의 율법'을 따라 행한 것이라야 선행이라 할 수 있다.

선행의 기준(Standard) 혹은 선행의 규율(Rule)을 말합니다. 아무리 믿음으로 행했다고 해도 하나님의 거룩한 법에 어긋나는 것은 선행이 아닙니다. "하나님을 사랑하는 것은 이것이니 우리가 그의 계명들을 지키는 것이라 그의 계명들은 무거운 것이 아니로다" | 요일 5:3 하나님을 사랑하고 이웃을 사랑하라는 하나님의 계명대로 행한 것만이 선행입니다.

3. '하나님의 영광을 위해서' 행한 것만이 선행이라 할 수 있다.

선행이 될 수 있는 동기(Motivation)에 관한 것을 말합니다. "그런즉 너희가 먹든지 마시든지 무엇을 하든지 다 하나님의 영광을 위하여 하라" | 고전 10:31 선행의 동기가 하나님의 영광을 위한 것이 되어야 선행으로 인정받게 됩니다.

그러므로 거듭나지 못한 사람은 결코 이 세 가지 요건을 충족시킬 수 없고, 결코 단 한 가지의 선행도 행할 수 없습니다. 로마서 1장은 이방인들이 선을 행할

수 없고, 2장은 유대인들도 선을 행할 수 없는 존재임을 선포합니다. "다 치우쳐 한가지로 무익하게 되고 선을 행하는 자는 없나니 하나도 없도다" | 롬 3:12

선행은 왜 필요한가

성경은 선행이 필요하고 중요한 이유를 다섯 가지로 설명하고 있습니다.

1. 선행은 하나님께 영광을 돌리는 일이기 때문입니다. 인간의 존재목적이 하나님께 영광을 돌리기 위한 것인데, 선행을 하지 않으면 존재 목적이 실현되지 않게 됩니다. 선행을 행하지 않으면 인간의 존재목적이 실현되지 않는 것입니다. "너희가 과실을 많이 맺으면 내 아버지께서 영광을 받으실 것이요" | 요 15:8

2. 선행은 이웃에게 유익을 주고 그로 말미암아 이웃사람들이 하나님께 영광을 돌리도록 하는 데 목적이 있습니다. "이같이 너희 빛을 사람 앞에 비취게 하여 저희로 너희 착한 행실을 보고 하늘에 계신 너희 아버지께 영광을 돌리게 하라" | 마 5:16

3. 선행은 성도들의 믿음의 확신을 강화하기 때문입니다. "그러므로 형제들아 더욱 힘써 너희 부르심과 택하심을 굳게 하라 너희가 이것을 행한즉 언제든지 실족지 아니하리라" | 벧후 1:10

4. 죄인이 하나님으로부터 의롭다 하심을 받은 것이 분명하다는 것을 선행이 증거하기 때문입니다(Evidence of justification). 선행이 죄인을 의롭게 하지는 못하지만, 예수 그리스도의 의로 전가 받아서 반드시 맺는 열매입니다. "네가 보거니와 믿음이 그의 행함과 함께 일하고 행함으로 믿음이 온전케 되었느니라" | 약 2:22, "영혼 없는 몸이 죽은 것 같이 행함이 없는 믿음은 죽은 것이니라" | 약 2:26

5. 선행은 하나님이 주신 구원의 은혜에 감사하는 마음을 표현하는 것입니다 (Impression of gratitude). "이러므로 그의 열매로 그들을 알리라" | 마 7:20 선행이라

는 열매를 맺는 사람은 그 마음속에 하나님의 은혜에 감사하는 마음이 있다는 증거입니다.

선행은 죄인들이 의롭다함을 얻는데 기여하는가

하이델베르크 요리문답 62문부터 64문까지 선행에 관한 세가지 질문을 다루고 있습니다.

1. 먼저 62문입니다. "우리의 선행은 왜 하나님 앞에서 의가 될 수 없으며, 부분적으로라도 기여할 수 없습니까?" 이에 관한 답은 "하나님의 심판대 앞에 설 수 있는 의는 절대적으로 완전해야 하며, 모든 면에서 하나님의 율법에 일치해야 합니다. 그러나 우리가 이 세상에서 행한 최고의 행위라도 모두 불완전하며, 죄로 오염되어 있습니다"입니다.

인간의 선행은 하나님 앞에 의롭다 함을 얻는데 전체적으로 기여하는 것도 불가능하고, 부분적으로 기여하는 것도 불가능 하다는 것입니다.

2. 전체적으로 인간의 선행만으로도 의를 얻어서 천국에 들어갈 수 있다는 사상은 4세기 말 5세기초 영국 수도승이었던 펠라기우스의 사상에서 출발했습니다. 그는 어거스틴과 논쟁을 했는데, 어거스틴은 "하나님의 은혜로 인해서 구원받은 사람만이 참된 선행을 행할 수 있다"는 성서적인 사상이었습니다.

그러나 펠라기우스는 어거스틴에 반대하여 "인간은 자유의지를 가진 존재로 스스로 선행을 할 수 있고, 스스로의 선행으로 하나님 앞에 의인이 될 수 있다"고 말한 것입니다.

431년 에베소 종교회의에서 펠라기우스의 사상은 이단으로 정죄되었습니다. 그럼에도 불구하고 거듭나지 못한 절대 다수의 사람들은 펠라기우스와 동일한 사상을 주장합니다. 착하게 산 사람은 천국에 갈 수 있다는 생각은 펠라기우스주의 사상입니다.

3. 반면에 인간의 선행이 '부분적으로' 하나님 앞에 의를 얻는데 공헌하거나 기여할 수 있다는 사상은 세미 펠라기우스(Semi-Pelagius)주의 라고 부릅니다. 세미 펠라기우스주의는 고전적인 로마가톨릭의 사상으로 하나님의 은혜와 인간의 선행이 합쳐져 하나님 앞에 의인이 될 수 있다는 사상입니다. 신인협력설(Synergism)이라고도 부릅니다. 하나님의 은혜와 인간의 선행이 혼합되어 구원에 기여한다는 것입니다.

그러나 성경은 이런 형태의 혼합잡종교리를 철저히 배격하고 있습니다. "너희가 그 은혜를 인하여 믿음으로 말미암아 구원을 얻었나니 이것이 너희에게서 난 것이 아니요 하나님의 선물이라 행위에서 난 것이 아니니 이는 누구든지 자랑치 못하게 함이니라"| 엡 2:8-9 개신교 개혁주의의 모든 신앙고백서나 요리문답은 예외 없이 펠라기우스주의나 세미 펠라기우스주의를 철저히 배격합니다.

4. 하나님 앞에 설 수 있는 의는 첫째, '절대로 완전한 의'라야 하고, '모든 면에서 하나님의 율법에 일치'해야 합니다. 그러나 인간은 이 세상에서 행한 최고의 행위라 할지라도 모두 불완전하며 죄로 오염되어 있습니다. 구약 성경도 인간의 선행은 단 0.001%라도 하나님 앞에 의를 얻는데 공헌할 수 없다는 것을 선언합니다. "대저 우리는 다 부정한 자 같아서 우리의 의는 다 더러운 옷 같으며"| 사 64:6 신약성서도 마찬가지 입니다. "그러므로 사람이 의롭다 하심을 얻는 것은 율법의 행위에 있지 않고 믿음으로 되는 줄 우리가 인정하노라"| 롬 3:28

5. 그렇다면 인간은 어디서 절대적인 완전한 의를 얻을 수 있으며 모든 면에서 하나님의 율법에 일치한 의를 얻을 수 있을까요? 절대적으로 중요한 질문입니다. 마르틴 루터(Martin Luther)는 이런 완전한 의는 밖에서 올 수 밖에 없다고 말했습니다. '외래적인 의'(alien righteousness)가 필요하다고 말한 것입니다. 예수 그리스도가 율법을 완전히 순종하시며 마련하신 의는 예수 그리스도를 믿는 자에게 전

가되어, '전가된 의'로서 죄인은 의인이 되는 것입니다. 이것이 복음입니다.

　물론 불신자들이 사회적으로 도덕적으로 인간의 수평적인 관계에서 인정되는 선을 행할 능력이 없다는 말은 아닙니다. 시민적인 선, 상대적인 선으로는 하나님 앞에 의를 얻을 수 없다는 것입니다.

우리의 선행에 대해 하나님이 상급을 주시는 이유는 무엇인가

1. 하이델베르크 요리문답 63문은 "하나님께서 우리의 선행에 대해서 이 세상과 오는 세상에서 상 주시겠다고 약속하시는데, 그래도 우리의 선행은 아무 공로가 없다고 할 수 있습니까?" 그 답은 "하나님의 상급은 공로를 얻는 것이 아니고 은혜로 주시는 선물입니다."

　신구약 성서에는 성도의 선행에 상급이 따른다는 약속이 적지 않게 제시되어 있습니다. "자기를 찾는 자들에게 상 주시는 이심을 믿어야 할지니라"|히 11:6

　"또 주의 종이 이로 경계를 받고 이를 지킴으로 상이 크니이다"|시 19:11

　"기뻐하고 즐거워하라 하늘에서 너희의 상이 큼이라"|마 5:12

　"인자가 아버지의 영광으로 그 천사들과 함께 오리니 그 때에 각 사람의 행한 대로 갚으리라"|마 16:27

　2. 따라서 하나님이 인간의 선행을 공로로 인정해 주시는 것이 아닌가 하는 질문을 가질 수 있습니다. 이런 말씀들은 두 가지 중요한 진리를 담고 있습니다.

　첫째, 성도의 선행에 대해 상급을 주시는 것도 하나님의 은혜라는 진리입니다. 성도의 선행이라 해도 인간의 약점과 불완전성이 내재되어 있고, 인간의 선행을 근거로 상급을 달라고 권리처럼 요구할 수 있는 것도 아닙니다. 약간의 선행에 대해 비교할 수 없을 만큼 큰 상급을 주시는 것은 전적인 하나님의 은혜입니다. 인간의 공로에 대한 하나님의 의무적인 보답이 아닌 것입니다. 하나님이 우리에게 의무를 지고 계신 것이 아니라, 우리가 하나님께 의무를 지고 있는 우리는 빚진 자입니다.

둘째, 우리의 선행은 하나님이 우리에게 행하신 엄청난 은혜에 보답하기 위한 감사의 마음에서 나오는 것이지 어떤 권리로서 보상을 요구하기 위한 것이 아니라는 진리입니다. "나는 포도나무요 너희는 가지니 저가 내 안에, 내가 저 안에 있으면 이 사람은 과실을 많이 맺나니 나를 떠나서는 너희가 아무 것도 할 수 없음이라"(요 15:5) 포도나무 가지가 열매를 맺었다고 해서 모든 것을 공급해준 포도나무 줄기를 향해 보상금을 요구한다면 매우 우스꽝스러운 일이 될 것입니다.

3. 그렇다면 성도가 하나님의 상급을 바라고 선행을 하는 것은 나쁜 동기일까요? 아닙니다. 모세도 하늘의 상을 바라고 자기 백성과 함께 고난 받았다고 했습니다. 그러나 선행을 하는 첫 번째 동기는 하나님께 영광 돌리려는 것이 되어야 합니다. 하나님의 상급을 바라는 것은 그 다음 동기가 되어야 합니다.

4. 로마 가톨릭은 인간은 하나님이 요구하시는 수준 이상의 선행을 행할 수 있다고 가르칩니다. 잉여선행(Extraordinary merit)등이 모여 공적의 보고(Treasury of merit)로 이루고, 면죄부를 돈으로 사서 공적의 보고에서 남의 선행을 대출받아서 천국 행을 도울 수 있다는 사상은 진실로 이교적인 생각입니다.

이 교리는 선행에 무관심하게 만들지는 않는가

1. 이 질문에 대해서 하이델베르크 요리문답 64문은 "아닙니다. 참된 믿음으로 그리스도에게 접붙여진 사람들이 감사의 열매를 맺지 않는 것은 불가능합니다"라고 대답했습니다. 포도나무줄기에 붙어있는 포도나무 가지가 열매를 맺지 않을 수가 없는 것입니다. "우리는 그의 만드신 바라 그리스도 예수 안에서 선한 일을 위하여 지으심을 받은 자니 이 일은 하나님이 전에 예비하사 우리로 그 가운데서

행하게 하려 하심이니라" | 엡 2:10

  2. '구원에 이르는 믿음'과 '생명 얻는 회개'가 사람으로 하여금 선행의 열매를 맺게 합니다. 그러므로 개신교 개혁주의의 모든 신앙고백서는 율법폐기론(antinomianism)을 배척하는 것입니다. 구원은 받아 놓았으니 마음대로 살아도 된다는 사상은 진리가 아니라 진리를 왜곡한 이단 사상입니다.

  인류는 모두 네 종류의 인간 중 하나에 속합니다. 구원도 못 받고 선행도 안 하는 악한 사람, 구원은 못 받았는데 선하게 살려는 안타까운 사람, 구원은 받았는데 선행의 열매로 맺지 못하는 죽은 믿음을 가진 사람, 마지막으로 구원받고 그 결과를 선행의 열매로 맺는 사람입니다. 구원을 받은 사람은 그 증거를 선행의 열매로 보여야 합니다. ✝

정리를 위한 문제

1. 신자들이 선행할 수 있는 능력은 전적으로 _____ 으로부터 나온다.

2. 선행의 원천은 _____ 믿음, _____ 에 이르는 믿음이다.

3. 선행은 하나님의 _____ 을 따라서 행하는 것이라야 선행이라고 할 수 있다. 아무리 믿음으로 행했다고 해도 하나님의 거룩한 _____ 에 어긋나는 것은 선행이 아니다.

4. 선행은 그 동기가 하나님의 _____ 을 위해 행한 것만이 선행이라 할 수 있다.

5. "이같이 너희 빛을 사람 앞에 비취게 하여 저희로 너희 _____ 을 보고 하늘에 계신 너희 아버지께 _____ 을 돌리게 하라" | 마 5:16

6. 선행은 성도들의 믿음의 확신을 _____ 하고 죄인이 하나님께 의롭다 하심을 받은 것이 분명하다는 것을 _____ 하는 것이다.

7. 하나님의 심판대 앞에 설 수 있는 의는 절대적으로 _____ 해야 하며, 모든 면에서 하나님의 율법에 _____ 해야 한다.

8. 완전한 _____ 를 얻기 위하여 모든 면에서 하나님의 율법과 일치하기 위해서는 율법을 100%순종하시고 마련하신 예수 그리스도의 _____ 밖에는 죄인이 의인이 될 수 없다.

9. 성도의 선행에 상급을 주시는 것도 하나님의 _____ 이지 선행이 상급의 _____ 가 되어서는 안 된다.

10. 하나님의 계명에 순종함으로서 이루어지는 선행은 참되고 살아있는 믿음의 _____ 이며 _____ 가 된다.

답: 1. 그리스도의 영 2. 참된, 구원 3. 율법, 법 4. 영광 5. 착한 행실, 영광
6. 강화, 일치 7. 완전, 일치 8. 의, 전가된 의 9. 은혜, 근거 10. 열매, 증거

제17장

성도의 견인에 관하여
OF THE PERSEVERANCE OF THE SAINTS

[전문]

1항. 하나님께서 자기의 사랑하시는 자 안에서 받아들이시고 유효적 소명으로 부르시고, 또 한 성령으로 거룩하게 하시고, 고귀한 택자의 믿음을 수여하신 사람들은 은혜의 상태에서 전적으로 또는 궁극적으로 떨어져 타락할 수 없다. 그들은 끝까지 은혜의 상태를 유지하여, 영원한 구원을 받을 것이 확실하다. 왜냐하면 하나님의 은사와 부르심은 후회하심이 없기 때문이다. 하나님은 부르신 사람들 안에 믿음과, 회개와, 사랑과, 기쁨과, 소망과 성령의 모든 은혜들을 불러일으키시고 양육하시는 일을 무궁토록 행하고 계신다 | 요 10:28-29; 빌 1:6; 딤후 2:19; 벧후 1:5-10; 요일 2:19. 비록 많은 폭풍우와 창수가 일어나 그들을 소멸코자 할지라도, 그것들은 그들의 믿음으로 견고하게 서 있는 기초와 반석으로부터 그들을 결코 분리시킬 수가 없다. 그럼에도 불구하고, 잠시의 불신앙과 사단의 유혹으로 말미암아, 하나님의 가시적인 빛과 사랑이 잠시 동안 가리어서 그들을 어둡게 할 수는 있다

| 시 89:31-32; 고전 11:32; 딤후 4:7 . 그러나 하나님은 여전히 동일하시며, 그들은 하나님의 능력으로 구원에 이르도록 보존될 것을 확신할 수 있다. 그럼으로 하나님이 값을 치르고 사신 소유물로서 하나님의 손바닥에 새겨진 존재요, 그들의 이름이 영원 전부터 하나님의 생명책에 기록된 존재임을 확신하고 즐거워할 수 있다 | 시 102:27; 말 3:6; 엡 1:14; 벧전 1:5; 계 13:8.

2항. 성도의 견인은 그들 자신의 자유의지에 의한 것이 아니라 | 빌 2:12-13; 롬 9:16; 요 6:37, 44, 하나님 아버지의 자유롭고 변하지 않는 사랑에서 흘러나오는 선택 작정의 불변성으로 말미암은 것이며 | 마 24:22, 24, 31; 롬 8:30; 9:11,16; 11:2, 29; 엡 1:5-11, 또한 예수 그리스도의 공로와 중보기도의 효력 그리고 그들이 예수 그리스도와 연합된 존재라는 점 | 엡 1:4; 롬5:9-10; 8:31-34; 고후 5:14; 롬 8:35-38; 고전 1:8-9; 요 14:19; 10:28-29, 하나님의 맹세 | 히 6:16-20, 성령이 그들 안에 내주하심, 그들 속에 내재하시는 하나님의 씨 | 요일 2:19-20, 27; 3:9; 5:14, 18; 고후 1:22; 엡 1:13; 4:30; 고후 1:22; 5:5; 엡 1:14 와, 은혜언약의 본질로 말미암은 것이다 | 렘 31:33-34; 32:40; 히 10:11-18; 13:20-21 . 이와 같은 모든 이유로 말미암아 성도의 견인교리의 확실성과 무오성이 나타난다.

3항. 그러나 그들은 사단과 이세상의 유혹과 그들 안에 남아 있는 부패성에 지배당함과, 그들을 보호해 주는 방편을 게을리 함으로써 무서운 죄에 빠지기도 하며, 얼마 동안 그 죄를 지속하기도 한다 | 마 26:70, 72, 74 . 그럼으로써 그들은 하나님의 노하심을 사고, 성령으로 하여금 탄식하게 하고 | 시 38:1-8; 사 54:5-9; 엡 4:30; 살전 5:14, 그들의 받은 은혜와 위로 중에서 어느 부분을 빼앗기게 되기도 하며 | 시 51:10-12, 그들의 마음이 강퍅해 지고, 양심은 상처를 입고 | 시 32:3-4; 73:21-22, 다른 사람들을 해치고 욕되게 하여 | 삼하 12:14; 고전 8:9-13; 롬 14:13-18; 딤전 6:1-2; 딛 2:5 , 그들 자신에게 일시적인 심판을 초래하기도 한다 | 삼하 12:14 이하; 창 19:30-38; 고전 11:27-32 . 그럼에도 불구하고 그들은 새롭게 회개하여 예수 그리스도를 믿는 믿음

을 통하여 끝까지 구원을 잃지 않게 된다 | 눅 22:32, 61-62; 고전 11:32; 요일 3:9; 5:18.

성도의 견인(Perseverance of saints)이라는 주제는 참된 구원을 받은 성도가 여러 가지 이유로 인해 구원을 잃어버릴 수 있는가 하는 문제입니다.

성도의 견인이란 어떤 의미인가

1. 하나님의 택자들은 은혜의 상태(The state of grace) 혹은 구원받은 상태에서 전적으로(totally) 또는 궁극적으로(finally) 떨어져서 타락하여 지옥에 떨어지는 일은 있을 수 없다는 진리입니다. 다시 말해 참된 구원을 받은 사람은 결코 구원을 잃어버릴 수 없다는 확고한 진리입니다.

2. 언제까지 구원을 잃지 않는다는 말일까요? 끝까지(to the end), 구원을 잃지 않고 유지한다는 것입니다. '끝까지'라는 말은 성도가 죽을 때까지, 더 나아가서 예수 그리스도의 재림으로 구원이 완성될 때까지입니다.

3. 무엇을 끝까지 유지한다는 말일까요? '은혜의 상태'와 '영원한 구원'을 잃지 않는다는 것입니다. 하나님의 진노 아래 있는 것이 아니라, 하나님의 사랑과 보호 아래 있는 것이 은혜의 상태입니다.

영원한 구원이란 영생을 의미합니다. 성도의 구원은 어느 정도로 유지되는 것일까요? 하나님의 택자는 끝까지 은혜의 상태를 유지하며, 영원한 구원을 잃지 않는다는 진리는 확실(Certain)합니다. 성도의 견인은 '아마도 그럴 것입니다'라는 개연성에 머무르지 않습니다.

성도들도 때로는 일시적으로 혹은 부분적으로 사단의 유혹이나 자신에게 남아있는 죄성이나 세상 쾌락에 이끌려 타락할 수 있지만, 하나님은 성도들을 그대로 버려두지 아니하시고 여러 가지 수단을 쓰셔서 다시 믿음의 상태로 돌이키십니다. 이처럼 고난 중에도 성도가 믿음을 유지할 수 있는 이유는 하나님이 보존해 주시기 때문입니다.

성도의 견인의 은혜는 누가 받는가

신앙고백서 〈제17장〉 1항은 성도의 견인의 은혜를 받는 사람들을 네 가지로 설명하고 있습니다.

1. 하나님께서 자기의 사랑하시는 자 곧 예수 그리스도 안에서 받아들이신 사람들입니다. 성부 하나님이 예수 안에서 택하신 사람들만이 성도의 견인의 은혜를 받게 됩니다.

2. 하나님께서 유효적 소명으로 불러내신 사람들입니다. 하나님은 복음으로써 모든 사람에게 회개하고 믿으라는 일반적 소명을 주시고, 그 가운데 성령으로써 택자들에게만 유효적 소명을 주심으로 각각 불러내어 구원하십니다. 모든 사람들에게 전해지는 일반적 소명을 받은 사람을 보존하시는 것이 아니라, 유효적 소명을 받은 특별한 사람 모두를 보전하시는 것입니다.

3. 성령으로 거룩하게 하신 사람들입니다. 성령께서 세상으로부터 별도로 분리시켜 하나님을 섬기게 하신 사람들에게 성도의 견인의 은혜를 주시는 것입니다.

4. 하나님이 고귀한 택자의 믿음(The faith of the elect)을 수여하신 사람들입니다. 자기 스스로 그리스도인이라고 주장하는 사람들이 성도의 견인 은혜를 받는 것

이 아니라, 하나님께서 택하시고, 부르시고, 구별해 놓으시고, 택자의 믿음을 주신 사람들에게 견인의 교리는 국한됩니다.

견인 교리의 근거는 무엇인가

참된 성도들이 끝까지 구원을 잃지 않는 근거가 소극적인 면에서 인간의 자유의지나 인간의 능력에 의한 것이 아니라는 것입니다. 자유의지의 능력으로 스스로 구원을 유지하고 있는 것이 아닙니다. 적극적인 면으로 성도의 견인이 확실한 진리라고 믿을 수 있는 근거는 대단히 많습니다.

1. 성도는 하나님의 전능하신 능력으로 보호하심을 받고 있기 때문입니다.

요한복음 10:28-29절은 가장 강력한 말씀입니다. "내가 저희에게 영생을 주노니 영원히 멸망치 아니할 터이요 또 저희를 내 손에서 빼앗을 자가 없느니라 저희를 주신 내 아버지는 만유보다 크시매 아무도 아버지 손에서 빼앗을 수 없느니라" 성부 하나님이 택하셔서 성자 예수님에게 주신 택자들은 아버지의 손안에서 보호받고 있는 존재들이요, 하나님의 손바닥에 그 이름이 새겨진 존재들이므로 아버지의 손안에서 빼앗아 갈 능력자는 천상천하에 아무도 없습니다.

이 외에도 "너희가 말세에 나타내기로 예비하신 구원을 얻기 위하여 믿음으로 말미암아 하나님의 능력으로 보호하심을 입었나니"|벧전 1:5 "능히 너희를 보호하사 거침이 없게 하시고 너희로 그 영광 앞에 흠이 없이 즐거움으로 서게 하실 자 곧 우리 구주 홀로 하나이신 하나님께 우리 주 예수 그리스도로 말미암아 영광과 위엄과 권력과 권세가 만고 전부터 이제와 세세에 있을지어다 아멘"|유 1:24-25 이렇게 귀한 말씀들이 우리를 하나님의 능력이 지켜 주신다는 것을 증거합니다.

2. 성도를 향한 하나님의 자비와 사랑은 영원무궁토록 변함이 없기 때문입니다.

구약의 히브리어 '헤세드'는 택자를 향한 하나님의 영원무궁하신 사랑을 의미합니다. 하나님의 인자하심은 영원 전에 시작되어 영원까지 변함이 없는 것입니다. "그러나 이 모든 일에 우리를 사랑하시는 이로 말미암아 우리가 넉넉히 이기느니라 내가 확신하노니 사망이나 생명이나 천사들이나 권세자들이나 현재 일이나 장래 일이나 능력이나 높음이나 깊음이나 다른 아무 피조물이라도 우리를 우리 주 그리스도 예수 안에 있는 하나님의 사랑에서 끊을 수 없으리라"| 롬 8:37-39

3. 하나님은 성도가 일시적으로 죄에 빠질 때 돌이키시는 여러 가지 수단을 사용하십니다.

먼저 징계(Discipline)라는 수단을 사용하십니다. "주께서 그 사랑하시는 자를 징계하시고 그의 받으시는 이들마다 채찍질하심이니라 하였으니"| 히 12:6 참된 성도들이 믿음에서 벗어나면 하나님은 징계의 채찍을 드셔서 성도가 바로 돌아오게 하십니다.

또한 예수 그리스도는 성도들이 믿음에서 떨어지지 않도록 하나님 보좌 우편에서 중보기도하시고 계십니다. "그러므로 자기를 힘입어 하나님께 나아가는 자들을 온전히 구원하실 수 있으니 이는 그가 항상 살아서 저희를 위하여 간구하심이니라"| 히 7:25 또한 성령님께서 성도들 안에 내주하셔서 죄를 깨닫게 하시고 거룩한 삶으로 인도하시기 때문입니다. 이처럼 각각 성도를 믿음 안에 보존하시기 위해서 성부 성자 성령 삼위일체 하나님이 일하고 계신 것입니다.

그럼에도 불구하고 성도의 멸망을 경고(Warning) 하는 이유는 무엇인가

"형제들아 너희가 삼가 혹 너희 중에 누가 믿지 아니하는 악심을 품고 살아 계신 하나님에게서 떨어질까 염려할 것이요"| 히 3:12

"하나님의 선한 말씀과 내세의 능력을 맛보고 타락한 자들은 다시 새롭게 하여 회개케 할 수 없나니 이는 자기가 하나님의 아들을 다시 십자가에 못 박아 현저히 욕을 보임이라" | 히 6:5-6

"하물며 하나님 아들을 밟고 자기를 거룩하게 한 언약의 피를 부정한 것으로 여기고 은혜의 성령을 욕되게 하는 자의 당연히 받을 형벌이 얼마나 더 중하겠느냐 너희는 생각하라" | 히 10:29

"모든 사람으로 더불어 화평함과 거룩함을 좇으라 이것이 없이는 아무도 주를 보지 못하리라" | 히 12:14

위의 히브리서 구절들은 성도들에 대한 경고의 말씀들입니다. 성도의 견인을 하나님이 주관하고 계심에도 불구하고 믿음을 잃지 말고 믿음 안에 거하라는 명령과 믿음 안에 거하지 않으면 멸망한다는 경고가 성경에 많은 이유에 대해 역사상 존재했던 성경해석가들은 여섯 가지 방법으로 이해했습니다.

1. 펠라기우스주의나 세미 펠라기우스주의에 속하는 로마 가톨릭과 아르미니우스주의자들은 이 말씀을 참된 성도라도 구원을 잃을 수 있다는 말씀이라고 해석했습니다. 그러므로 인간은 자신의 자유의지로 구원을 유지해야 한다는 것입니다. 이런 해석은 성도의 견인을 강조하는 히브리서 이외의 책들에 나오는 말씀을 완전히 무시하는 일방적인 해석입니다.

2. 모든 경고들은 구원을 잃을 수 있다는 경고가 아니라, 상급을 잃을 수 있다는 경고로 해석하는 사람들도 있습니다. 그러나 이런 해석은 히브리서의 강한 경고를 너무 가볍게 취급하는 해석입니다.

3. 인간의 이성으로는 해석할 수 없는 경고(above reason)라는 생각도 있습니다. '구원을 잃을 수 없다'는 구절과 '구원을 잃을까 두려워하라'는 구절은 조화될 수 없다는 생각입니다. 무책임하게 회피하려는 해석입니다.

4. 이런 경고들은 회고적인 말씀(Retrospective)이라는 해석입니다. 히브리서 6장

의 경고는 참된 신자를 향한 경고가 아니라 거짓신자를 향한 경고라는 것입니다. 어떤 사람의 믿음이 끝까지 유지되지 않는다면 그 사람은 처음부터 구원을 얻지 못한 사람이었다는 해석입니다. 구원을 잃은 것이 아니라, 처음부터 구원을 못 받은 사람이라는 것입니다.

5. 이런 경고들은 가정적인 말씀(hypothetical)이라는 해석입니다. 그런 일이 있을 수 없지만, 만일 가정적으로 그런 일이 있다면 구원을 잃게 된다는 말씀이라는 것입니다.

그러나 이런 경고들은 하나님이 택자들에게 주신 착한 경고로서 택자들로 하여금 믿음 안에 거하게 하시는 가장 강력한 수단으로 보는 것이 옳습니다.

사도행전 27장은 유라굴로 광풍의 이야기입니다. 하나님은 이미 바울에게 아무도 멸망하지 않는다는 확실한 약속을 주셨습니다. "내가 너희를 권하노니 이제는 안심하라 너희 중 생명에는 아무 손상이 없겠고 오직 배뿐이리라"|행 27:22 그런데 선원 중 일부가 배에서 도망하려고 했고 이에 대해 바울이 강력하게 경고한 것입니다. "바울이 백부장과 군사들에게 이르되 이 사람들이 배에 있지 아니하면 너희가 구원을 얻지 못하리라 하니"|행 27:31 결국 모든 선원들이 바울의 말에 순종하여 276명이 하나도 죽지 않고 멜리데섬에 상륙하게 되었습니다.

하나님이 성도들에게 주신 선물은 영생입니다. 영생은 중간에 잃어버릴 수 있는 생명이 아닙니다. 그러나 영생을 얻었다고 함부로 살아갈 수는 없는 것입니다. 하나님은 징계와 경고를 통해 우리를 믿음 안에 계속해서 거하도록 인도하십니다. 참된 성도는 하나님의 경고에 귀 기울이고 순종하게 되어 있고, 경고를 무시하고 죄에 빠져 살면 자기를 해치고 남을 해치게 되는 것입니다. 그러므로 성도는 자타에 유익을 주며 살아야 합니다. 영생이란 자타에 유익을 주는 좋은 생명이기 때문입니다. ✝

📌 정리를 위한 문제

1. 성도의 견인이란 하나님의 택자들이 ＿＿＿＿＿＿ 혹은 ＿＿＿＿＿＿ 에서 전적으로 또는 궁극적으로 떨어져서 타락하여 지옥에 떨어지는 일은 있을 수 없다는 진리를 말한다.

2. 성도들도 때로는 사단의 유혹이나 자신에게 남아있는 ＿＿＿＿＿＿ 이나 세상 쾌락에 이끌려 일시적으로 타락할 수 있지만, 하나님께서 성도들을 그대로 버려두지 아니하시고 여러 가지 수단을 쓰셔서 다시 믿음의 상태로 돌이키도록 ＿＿＿＿＿＿ 해 주신다.

3. 성도의 견인은 성부 하나님이 예수 안에서 택하신 사람들만이 받을 수 있고 ＿＿＿＿＿＿ 을 받은 사람 모두 보전하시고 성령으로 거룩하게 하신 사람들이다.

4. 성도의 견인이 의미하는 바는 인간의 구원을 유지할 수 있도록 하는 것이 인간의 ＿＿＿＿＿＿ 나 인간의 능력에 의한 것이 아니라는 것이다.

5. 요한복음 10:28-29절에서는 성도의 견인에 대해서 "저희에게 영생을 주노니 영원히 멸망치 아니할 터이요 아무도 ＿＿＿＿＿＿"라고 말씀하고 있다.

6. 하나님께서는 성도를 견인하시기 위해서 징계와 예수 그리스도의 중보기도를 사용하시고 성도들 안에 성령님께서 ＿＿＿＿＿＿ 하셔서 일시적인 죄에서 돌이켜 성도의 믿음을 보존하신다.

7. 참된 성도라도 구원을 잃을 수 있다고 주장하는 사람들을 펠라기우스주의자, 세미 펠라기우스주의자 그리고 ＿＿＿＿＿＿ 들이다. 이들은 인간의 자유의지로 구원을 유지해야 한다고 주장한다.

8. 히브리서는 '믿음의 탈락'에 대해서 엄중하고 무섭게 경고하고 있다. 그럼에도

어떤 부류의 학자들이 _____ 을 잃을 수 있다는 경고로 한정짓는 것은 말씀을 가벼이 대하는 태도가 된다.

9. 히브리서의 '믿음의 탈락'과 관련한 경고는 _____ 말씀으로 해석해야 한다. 믿음에서 탈락된 사람은 처음부터 구원을 얻지 못한 사람이다.

10. 사도행전 27장의 사건에서 얻어야 하는 교훈은 영생을 누리기 위해서는 그 과정에서 함부로 살아갈 수 없다는 것이다. 징계와 _____ 를 통해서 우리가 믿음 안에 계속해서 거할 수 있도록 하나님께서 인도하신다.

답: 1. 은혜의 상태, 구원받은 상태 2. 죄성, 보존 3. 유효적 소명 4. 자유의지 5. 아버지 손에서 빼앗을 수 없느니라 6. 내주 7. 아르미니우스주의자 8. 상급 9. 회고적인 10. 경고

제18장

구원의 확신에 관하여
OF THE ASSURANCE OF GRACE AND SALVATION

[전문]

1항. 위선자나 그밖에 중생하지 못한 사람들은 하나님의 은혜와 구원을 소유하고 있는 것처럼 거짓된 소망과 육적인 망상으로써 허망하게도 자기 자신을 속이고 있으나 그들이 가지는 소망은 사라지고 말 것이다 | 렘 17:9; 마 7:21-23; 눅 18:10-14; 요 8:41; 엡 5:6-7; 갈 6:3, 7-9 . 그러나 주 예수를 참으로 믿으며 성실하게 그를 사랑하고 그 밑에서 모든 선한 양심을 따라 행하려고 노력하는 사람은 이 세상에서도 그들이 은혜의 자리에 있다는 확신을 할 수 있으며 하나님 영광의 소망 중에서 즐길 수 있을 것이다. 이 소망은 그들로 하여금 절대로 부끄럼을 당하지 않게 할 것이다 | 롬 5:2, 5; 8:16; 요일 2:3; 3:14, 18-19, 24; 5:13; 벧후 1:10.

2항. 이 확실성은 헛된 소망에 근거한 | 롬 5:2, 5; 히 6:11, 19-20; 요일 3:2, 14; 4:16; 5:13, 19-20 단순한 억측이나 그럴듯한 신념은 아니다. 그것은 복음에 나타난 그리스도의 보혈과 그리스도의 의 | 히 6:17-18; 7:22; 10:14, 19 에 근거한 믿음에서 오는 틀림없

는 확신이다. 그것은 약속된 성령의 은혜의 내적 증거요 | 마 3:7-10; 막 1:15; 벧후 1:4-11; 요일 2:3; 3:14, 18-19, 24; 5:13 우리가 하나님의 자녀라는 우리 영의 증거와 함께 양자의 영이신 성령의 증거인데 | 롬 8:15-16; 고전 2:12; 갈 4:6-7 그것으로써 우리는 우리의 마음을 겸손하고 거룩하게 유지해야 한다. | 요일 3:1-3

3항. 이 틀림없는 확신은 믿음의 본질에 속한 것은 아니지만 참 신자가 구원의 확신에 참여한 자가 되기 전에 오랫동안 기다릴 수도 있고 또한 많은 고난을 당할 수도 있지만 | 행 16:30-34; 요일 5:13 하나님께서 그에게 값없이 주신 것들을 성령을 통해서 확신할 수 있게 되는 것이며 무슨 특별한 계시 없이도 정상적인 방법을 옳게 사용함으로써 그 상태에 도달할 수 있게 되는 것이다. | 롬 8:15-16; 고전 2:12; 갈 4:4-6; 3:2; 요일 4:13; 엡 3:17-19; 히 6:11-12; 벧후 1:5-11 . 그러므로 모든 신자는 자기의 부르심과 선택을 확실하게 하기 위해 열심을 다할 것이 각자에게 부여된 의무이다. 이렇게 함으로써 그의 마음은 성령 안에서 평화와 기쁨을 얻게 되고, 하나님께는 사랑과 감사, 복종하는 일에서는 힘과 즐거움으로 더 진보하게 되는 것이다. 이 확신이 주는 정당한 열매들은 사람을 방탕한 생활에서 떠나게 한다 | 벧후 1:10; 시 119:32; 롬 15:13; 느 8:10; 요일 4:19, 16; 롬 6:1-2, 11-13; 14:17, 2; 딛 2:11-14.

4항. 참 신자가 자기의 구원에 대한 확신을 가지고 있으면서도 때로는 여러 가지 모양으로 흔들리기도 하고 약해지고 중단되는 일이 있다. 그 이유는 그들이 그 확신을 보존하기를 게을리 함으로써 | 히 6:11-12; 벧후 1:5-11 양심을 상하게 함과 성령을 탄식하게 하는 | 시 51:8, 12, 14; 엡 4:30 특별한 죄에 빠짐과 돌발적이고 격렬한 유혹에 빠짐과 | 시 30:7; 31:22; 77:7-8; 116:11 때로는 하나님이 자신의 얼굴빛을 돌이킴으로써 하나님을 두려워하는 자라도 어둠에 다니게 되어 전연 빛을 가지지 않은 자처럼 행하기 때문이다 | 사 50:10. 그러나 그들이 하나님의 씨와 믿음의 생활이나 그리스도와 형제에 대한 그 사랑, 믿음의 진실성, 의무에 대한 양심과 같은 것을 가지지 않을 때는 없는 것이다. 이와 같은 은총들로 말미암아 구원의 확신은

성령의 역사를 통하여 때가 되면 소생하게 되며 극단적인 절망에 빠지지 아니한다 | 요일 3:9; 눅 22:32; 롬 8:15-16; 갈 4:5; 시 42:5, 11.

그리스도인이 된다는 것은 엄청난 특권을 받았음을 의미합니다. "아들이 있는 자에게는 생명이 있고"| 요일 5:12 즉 영생이 있다는 것입니다. 결코 정죄함이 없을 뿐 아니라, 결코 지옥에 떨어지는 일도 없고, 영원히 하나님과 함께 사는 영생을 얻은 사람들이기 때문입니다.

그러나 영생이 있다는 것을 '믿는 것'과 영생이 있음을 '확신하는 것'은 조금 다른 문제입니다. 많은 참된 성도들도 구원의 확신이 없는 경우도 있기 때문입니다. 구원받은 느낌을 갖는 날도 있고 구원받지 못한 느낌을 갖는 날도 있는 것입니다.

침례교의 신앙고백서는 성도는 구원의 확신을 갖는 것이 가능한 일임을 확실하게 선언하고 있습니다. 참된 성도가 구원의 확신을 갖지 못하게 되면 구원의 기쁨을 누릴 수 없게 되기 때문입니다.

요한일서 5:13절은 불신자들을 위해 기록한 말씀이 아니라 신자들이 구원의 확신을 갖도록 기록된 말씀입니다. "내가 하나님의 아들의 이름을 믿는 너희에게 이것을 쓴 것은 너희로 하여금 너희에게 영생이 있음을 알게 하려 함이라"

구원의 확신을 가질 수 있는 근거는 무엇인가

성도가 구원의 확신을 가질 수 있는 근거는 '기록된 하나님의 말씀'입니다. 성경은 확신을 가진 성도들의 고백으로 가득합니다.

1. 먼저 욥기에 많은 말씀이 기록되어 있습니다. "내가 알기에는 나의 구속자가 살아 계시니 후일에 그가 땅 위에 서실 것이라 나의 이 가죽, 이것이 썩은 후에 내가 육체 밖에서 하나님을 보리라"ㅣ욥 19:25-26 "내가 친히 그를 보리니 내 눈으로 그를 보기를 외인처럼 하지 않을 것이라"ㅣ욥기 19:27

욥은 일반적으로 구속자가 살아계시다고 말하지 않고 '나의 구속자(my redeemer)'가 살아계시다고 말합니다. 현재의 육체가 썩으면 새로운 육체를 입고 구속자를 보리라고 말하며 부활에 대한 확신을 가지고 있었습니다. "육체 밖에서"로 번역된 말은 히브리어에는 "내 육체로부터(from my flesh 혹은 in my flesh)"라고 되어있습니다. 욥은 19:26-27절에서 "하나님을 보리라", "내가 친히 그를 보리라", "내 눈으로 그를 보리라"라며 세 번씩이나 구속자를 보리라고 확신하고 있습니다. 욥이 건방진 말을 하는 것일까요? 아닙니다. 욥은 강한 확신을 보이고 있는 것입니다.

2. 시편 23:6절에 "나의 평생에 선하심과 인자하심이 정녕 나를 따르리니 내가 여호와의 집에 영원히 거하리로다"라고 했습니다. 여호와를 나의 목자(my shepherd)로 모시고 사는 사람은 여호와의 집에 영원히 거한다는 확신을 고백하고 있는 것입니다. 여호와의 집에 영원히 거할지 거하지 못할지 가봐야 알지 어떻게 아느냐 말하고 있지 않습니다.

3. 아가서 2:16에도 "나의 사랑하는 자는 내게 속하였고 나는 그에게 속하였구나 그가 백합화 가운데서 양 떼를 먹이는구나"라고 했습니다. 아가서는 신랑이신 예수 그리스도와 신부인 성도들 간의 아름다운 관계를 노래한 서신이라는 것이 전통적인 해석입니다. 서로 속하여 있는 관계는 깨어지거나 끊어질 수 없다는 확신을 노래한 것입니다.

구약성서에서도 이처럼 구원의 확신을 가질 수 있는 부분이 많이 있지만, 신약성서에서는 의심의 여지 없이 확신을 주는 구절들이 더욱 많습니다.

4. 로마서 8:35절에는 "누가 우리를 그리스도의 사랑에서 끊으리요 환난이나 곤고나 핍박이나 기근이나 적신이나 위협이나 칼이랴" 로마서 8:38-39절에 "내가 확신하노니 사망이나 생명이나 천사들이나 권세자들이나 현재 일이나 장래 일이나 능력이나 높음이나 깊음이나 다른 아무 피조물이라도 우리를 우리 주 그리스도 예수 안에 있는 하나님의 사랑에서 끊을 수 없으리라"

5. 고린도후서 5:1절에도 "만일 땅에 있는 우리의 장막집이 무너지면 하나님께서 지으신 집 곧 손으로 지은 것이 아니요 하늘에 있는 영원한 집이 우리에게 있는 줄 아나니"라고 했습니다. 하늘에서 우리 영혼이 거할 새로운 집이 있을지 없을지 누가 아느냐? 이런 말이 아니라 "있는 줄 안다"는 확신의 말씀입니다.

6. 디모데후서 1:12절에도 "이를 인하여 내가 또 이 고난을 받되 부끄러워하지 아니함은 나의 의뢰한 자를 내가 알고 또한 나의 의탁한 것을 그 날까지 저가 능히 지키실 줄을 확신함이라"라고 했습니다.

만일 성도들이 구원의 확신을 가질 수 없다면 의심이 미덕이 될 것입니다. 그러나 '의심'은 마귀가 주는 것이지만 성령은 '확신'을 주십니다.

조지 휫필드(George Whitefield)는 "자신의 죄가 사함받았음을 확신하는 것은 성도의 축복"이라고 말했습니다. 그러므로 베드로는 이 확신을 굳게 하라고 권면하는 것입니다. "그러므로 형제들아 더욱 힘써 너희 부르심과 택하심을 굳게 하라 너희가 이것을 행한즉 언제든지 실족지 아니하리라" | 벧후 1:10

구원의 확신을 가질 때 누릴 수 있는 것은 무엇인가

"소망의 하나님이 모든 기쁨과 평강을 믿음 안에서 너희에게 충만케 하사 성령의 능력으로 소망이 넘치게 하시기를 원하노라"ㅣ롬 15:13 사도 바울도 영혼의 확신에서 오는 기쁨과 평강(joy and peace)을 경험하였기에 모든 성도도 이와 같은 기쁨과 평강을 누리게 되기를 기원하고 있습니다.

베드로 사도도 동일한 말을 했습니다. "예수를 너희가 보지 못하였으나 사랑하는도다 이제도 보지 못하나 믿고 말할 수 없는 영광스러운 즐거움으로 기뻐하니 믿음의 결국 곧 영혼의 구원을 받음이라"ㅣ벧전 1:8-9 영혼 구원의 확신을 가진 사람은 영혼 안에 말할 수 없는 기쁨(joy unspeakable)을 누리게 된다는 말씀입니다.

이러한 기쁨은 신자들 영혼 안에서 역사하시는 성령의 내적 활동에서 옵니다. "너희는 다시 무서워하는 종의 영을 받지 아니하였고 양자의 영을 받았으므로 아바 아버지라 부르짖느니라 성령이 친히 우리 영으로 더불어 우리가 하나님의 자녀인 것을 증거하시나니"ㅣ롬 8:15-16 성령이 내주하셔서 구원의 확신을 주시고 또한 기쁨도 주십니다.

유월절을 생각해보면 확신이 있는 사람과 없는 사람의 차이를 그림처럼 볼 수 있습니다. "내가 애굽 땅을 칠 때에 그 피가 너희의 거하는 집에 있어서 너희를 위하여 표적이 될지라 내가 피를 볼 때에 너희를 넘어가리니 재앙이 너희에게 내려 멸하지 아니하리라"ㅣ출 12:13 문설주에 어린양의 피를 바르면 장자를 죽이는 천사가 넘어간다는 약속입니다. 어린양의 피를 바르면 죽지 않으리라 확신하는 사람도 있을 것이고, 피를 바르고 나서도 죽을까봐 두려워하는 사람도 있었을 것입니다. 하지만 어린양의 피를 발랐다면 구원을 확신하고, 안심하고, 기뻐하는 것이 하나님의 뜻입니다.

구원의 확신을 저해하는 요인은 무엇인가

1. 구원의 확신을 갖지 못하는 가장 큰 이유는 잘못된 교리 때문입니다. 잘못된 교리를 가르치는 사람들은 구원의 확신은 이생에서는 가질 수 없고, 구원의 확신이 있다고 말하는 사람을 교만하다고 생각합니다.

로마 가톨릭은 인간은 구원의 확신을 가져서는 안 된다는 확신을 가지고 있습니다. 죽은 인간은 연옥에서 오랜 세월 지내며 죄에 대한 대가를 치르고 난 후 천국 갈 수 있다고 가르치기 때문에, "나는 구원의 확신이 있다"든가 "나는 죽으면 천국 간다"고 말하는 사람은 신성모독이요, 저주받은 사람이라고 선언하고 있습니다. 물론 로마가톨릭 교인 중에도 특별한 성자들은 구원의 확신을 가질 수 있다고 말하지만 일반 성도들이 구원의 확신을 갖는 것은 '공허하고 불경건한 확신'이라고 〈트렌트 종교회의 6항 9장〉에 선언하고 있습니다.

로마 가톨릭과 비슷한 신학을 가진 개신교 아르미니우스주의(Arminianism)도 역시 구원의 확신은 성도의 삶을 방종케 할 우려가 있다며 구원의 확신이 있다고 말할 수 있는 권리가 성도에게는 없다고 말합니다.

고등칼빈주의(Hyper Calvinism)는 외식하는 자들과 중생하지 못한 자들이 구원의 확신을 가지고 있다고 말하는 것을 의심합니다. 그러나 거짓된 확신을 가진 위선자들이 있다고 해서 참된 성도들이 참된 구원의 확신을 가질 수 없다고 말해서는 안 됩니다.

2. 성도들이 구원의 확신에서 오는 기쁨을 갖지 못하도록 방해하는 존재는 마귀입니다. 존 번연(John Bunyan)은 "마귀는 성도를 의심의 성안에 가둬두려 한다"고 말했습니다. 마태복음에는 마귀가 예수님을 세 번이나 시험할 때 반복해서 사용한 표현이 있습니다. "네가 만일 하나님의 아들이어든"|마 4:1-11 하나님의 아들을 가리켜 "만일 하나님의 아들이어든"이라고 말하는 것은 의심을 불러일으키려는 마귀의 전략입니다.

3. 또한 성도의 삶에 있는 죄가 구원의 확신과 기쁨을 잃게 할 수도 있습니다.

다윗은 "주의 구원의 즐거움을 내게 회복시키시고 자원하는 심령을 주사 나를 붙드소서"｜시 51:12 라고 고백했습니다. 이는 밧세바와의 간음으로 인해 마음의 기쁨을 잃고 쓴 반성문입니다. 성도는 죄를 자백함으로써 다시 확신과 기쁨을 찾을 수 있게 됩니다.

구원의 확신을 얻는 방법은 무엇인가

1. 구원의 확신은 가변성이 있기 때문에 때로는 흔들리고 약해질 수도 있습니다. 구원의 확신이 없다고 해서 구원받지 못했다거나, 구원을 잃게 된다는 뜻은 아닙니다. 그러나 구원의 확신은 성도의 기쁨을 위해 매우 중요합니다. 그러므로 신앙고백서 〈제18장〉 3항은 "확신은 믿음의 본질에 속한 것은 아니"라고 했습니다.

2. 성도는 정상적인 은혜의 수단인 말씀 공부와 기도를 통해서 구원의 확신을 얻게 됩니다. 신비한 체험에 구원의 확신을 두는 것은 매우 위험한 일입니다. 그러므로 믿음이 있더라도 구원의 확신에 대해 의구심이 든다면 스스로를 돌아보며 확증할 필요가 있습니다. "너희가 믿음에 있는가 너희 자신을 시험하고 너희 자신을 확증하라"｜고후 13:5

요한일서는 특히 영지주의자들이 가졌다고 말하는 거짓된 지식에 대항해서 성도들의 가져야 할 참된 지식을 강조하고 있습니다. 그래서 "우리가 안다"는 말씀이 계속해서 반복됩니다. "또 아는 것은 우리는 하나님께 속하고 온 세상은 악한 자 안에 처한 것이며 또 아는 것은 하나님의 아들이 이르러 우리에게 지각을 주사 우리로 참된 자를 알게 하신 것과 또한 우리가 참된 자 곧 그의 아들 예수 그리스도 안에 있는 것이니 그는 참 하나님이시요 영생이시라"｜요일 5:19-20

구원받은 사람임을 확신하고, 이 구원을 결코 잃을 수 없다는 확신을 더하여 기쁨과 평강으로 하나님을 섬겨야 합니다. ✝

▲ 정리를 위한 문제

1. 영생이 있음을 믿는 것과 확신하는 것이 같지 않을 수 있다. 참된 성도일지라도 _____ 이 없는 경우가 있기 때문이다. 그러므로 구원의 기쁨을 누리기 위해서는 _____ 을 가져야 한다.

2. 성도가 구원의 확신을 가질 수 있는 근거는 기록된 _____ 이 있기 때문이다.

3. "그러므로 형제들아 더욱 힘써 너희 부르심과 _____ 을 굳게 하라 너희가 이것을 행한즉 언제든지 실족지 아니하리라"(벧후 1:10).

4. 구원의 확신을 갖게 될 때 성도들은 많은 유익을 누리게 된다. 로마서 15:13에서는 "모든 _____ 과 _____ "이 충만케 되어 소망이 넘치게 될 것을 말씀하고 있다.

5. 베드로전서 1:8-9에서는 "믿고 말할 수 없는 영광스러운 즐거움으로 _____ "이 확신가운데 충만해 질 것을 권면한다.

6. 구원의 확신을 저해하는 가장 큰 이유는 _____ 때문이다.

7. 로마가톨릭은 연옥의 교리 때문에 구원의 확신을 가진 사람은 _____ 이고 저주받은 사람이라고 선언한다. 특별한 성자 외에는 일반 성도들이 구원의 확신을 갖는 것을 공허하고 불경건한 확신이라고 트렌트 종교회의 6항 9장에서 선언하고 있다.

8. _____ 는 구원의 확신을 방해하는 존재다. 또한 성도의 삶에 있는 _____ 는 구원의 확신과 기쁨을 잃게 할 수도 있다.

9. 구원의 확신은 _____ 이 있어서 때로는 흔들리고 약해질 수도 있으므로 말씀 공부와 기도를 통해서 구원의 확신을 얻을 수 있다.

10. 요한일서는 거짓된 지식에 대항해서 성도들의 _____ 을 강조한다. '우리가 아는 것'을 통해 구원의 확신을 갖게 되는 것이다.

답: 1. 구원의 확신 2. 하나님의 말씀 3. 택하심 4. 기쁨, 평강 5. 기쁨 6. 잘못된 교리 7. 신성모독 8. 마귀, 죄 9. 가변성 10. 참된 지식

제19장

하나님의 율법에 관하여
OF THE LAW OF GOD

● [전문]

1항. 하나님은 아담에게 우주적으로 순종해야 할 법을 그 마음에 기록해 놓으셨고 |창 1:27; 전 7:29; 롬2:12a, 14-15 , 특별한 명령으로서 선과 악을 알게 하는 나무의 열매는 먹지 말라고 말씀하셨다 |창 2:16-17 . 이 율법을 통하여 하나님께서는 아담 자신뿐만 아니라, 아담의 모든 후손들이 개인적으로, 전적으로, 정확하게, 영구한 순종에 매이게 하셨다. 그와 동시에 하나님은 사람이 그 율법을 지킬 때는 생명을 약속하셨고, 그것을 범할 때에는 사망이 올 것이라고 경고하셨다. 그리고 아담에게 이 율법을 지킬 수 있는 힘과 능력을 부여해 주셨다 |창 2:16-17; 롬 10:5; 갈 3:10, 12.

2항. 인간의 마음에 처음으로 기록된 그 동일한 율법은 아담이 타락한 후에도 의의 완전한 규율로 계속해서 존속하게 되었다 |네 번째 계명은 창 2:3; 출 16; 창 7:4, 8:10, 12; 다섯 번째 계명은 창 37:10; 여섯 번째 계명은 창 4:13-15; 일곱 번째 계명은 창 12:17; 여덟

번째 계명은 창 31:30; 44:8; 아홉 번째 계명은 창 27:12; 열 번째 계명은 창 6:2; 13:10-11. 그것은 하나님께서 시내산에서 십계명의 형식으로 전해주셔서 두 돌비에 새겨졌다 | 롬 2:12, 14-15. 첫 네 계명은 하나님에게 대한 우리의 의무를 포함하고 있고, 나머지 여섯 계명은 사람에 대한 우리의 의무를 포함하고 있다 | 출 32:15-16; 34:4; 신 10:4.

3항. 보통 도덕법이라고 불리는 이 율법 외에도 하나님은 이스라엘 백성들에게 의식법을 주시기를 기뻐하셨다. 그것은 다음 몇 가지 예표적인 의식들을 포함하고 있다. 더러는 예배에 관한 것인데 그리스도와 그의 은혜와 행적들과 고난들과 은덕들을 예표하는 것이며 | 히 10:1; 골 2:16-17, 더러는 도덕적 의무에 관한 다양한 교훈을 제시하는 것이다 | 고전 5:7; 고후 6:17; 유 1:23. 이 모든 의식법은 개혁의 때까지만 제정된 것이며, 참된 메시아요 유일한 입법자이신 예수 그리스도는 사명수행을 위한 능력을 아버지로부터 받아서 모든 의식법을 폐지하시고, 제거하셨다 | 골 2:14, 16-17; 엡 2:14-16.

4항. 하나님은 또한 그들에게 여러 가지 재판법들을 정해주셨다. 그 법들은 그 백성의 국가와 더불어 소멸되었다. 현재는, 그 재판법 자체로서는 아무에게도 구속력을 갖지 아니하나 | 눅 21:20-24; 행 6:13-14; 히 9:18-19; 8:7, 13; 9:10; 10:1, 그 재판법이 갖는 일반적인 정당성의 범주에서 효력을 갖는다 | 고전 5:1; 9:8-10.

5항. 도덕법은 의롭다하심을 받은 사람들뿐만 아니라, 그 밖의 사람들에 대해서도 영원히 순종하도록 하는 구속력을 가진다 | 마 19:16-22; 롬 2:14-15; 3:19-20; 6:14; 7:6; 8:3; 딤전 1:8-11; 롬 13:8-10; 고전 7:19과 함께 갈 5:6; 6:15; 엡 4:25-6:4; 약 2:11-12. 또한 도덕법에 포함된 내용에 대해서뿐만 아니라, 도덕법을 주신 창조주 하나님의 권위에 대해서도 순종해야 한다 | 약 2:10-11. 그리스도는 이 순종의 의무를 복음 안에서 조금도 폐하지 아니하시고, 도리어 더 강화 하셨다 | 마 5:17-19; 롬 3:31; 고전 9:21; 약 2:8.

6항. 참된 신자는 행위언약으로서의 율법아래 있지도 아니하고, 율법으로 말미암아 의롭다 하심을 받거나 저주를 받지는 아니한다 | 행 13:39; 롬 6:14; 8:1; 10:4; 갈 2:16; 4:4-5. 그럼에도 불구하고 율법은 그들 자신에게나 다른 사람들에게 크게 유익한 것이다. 율법은 생활의 규율로서 사람들에게 하나님의 뜻과 인간의 의무를 알게 해주며, 사람들을 지도하여 율법에 따라 행하도록 구속력을 행사한다 | 롬 7:12, 22, 25; 시 119:4-6; 고전 7:19. 또한 사람의 본성이나, 마음이나, 삶 가운데 죄악된 부패성을 발견하게 해준다. 사람들은 율법으로서 자기자신을 반성하며 죄를 깨닫고, 죄로 말미암아 자신을 낮추며, 죄를 미워하게 된다. 또한 사람들로 하여금 그리스도를 소유해야만 하는 필요성과, 그리스도의 순종의 완전성에 대하여 더욱 명확한 이해를 갖도록 하는 것이다 | 롬 3:20; 7:7, 9, 14, 24; 8:3; 약 1:23-25. 율법은 중생한 자들에게도 소용이 있는 것인데, 죄를 금하고 있는 것이기 때문에 중생한 자들의 부패성을 막아주는 것이다. 신자들은 비록 율법의 저주와 경감됨이 없는 엄격성으로부터 해방되었다고 할지라도, 율법의 위협성을 볼 때에 그들이 짓는 죄의 마땅한 대가가 무엇인지를 깨닫게 되며, 죄로 말미암아 이생에서 어떤 고통들이 초래될지를 알 수 있게 되는 것이다 | 약 2:11; 시 119:101, 104, 128. 그와 마찬가지로 율법의 약속들은 신자들에게 순종에 대한 하나님의 인정하심과, 율법수행으로 말미암아 기대할 수 있는 축복들이 무엇인지도 보여주는 것이다 | 엡 6:2-3; 시 37:11; 마 5:6; 시 19:11. 물론 이런 축복들은 행위언약으로서의 율법을 지켰다고 해서 당연히 주어지는 것들은 아니다 | 눅 17:10. 율법이 선을 권장하고 악을 금기하고 있지만, 사람이 선을 행하고 금한다는 것이 그 사람이 은혜아래 있지 않고, 율법아래 있다는 증거로 삼을 수는 없다 | 잠언을 보라. 마 3:7; 눅 1 3:3, 5; 행 2:40; 히 11:26; 벧전 3:8-13.

7항. 위에 언급된 율법의 사용은 복음의 은혜에 반대되는 것이 아니라, 오히려 잘 부합되는 것이다. 그리스도의 영은 사람의 의지를 복종시키고, 능력을 부어주셔서 사람의 의지로 하여금 자유롭고, 즐거운 마음으로 율법안에 계시된 하나

님의 뜻이 이루어지기를 요구하신다 | 갈 3:21; 렘 31:33; 겔 36:27; 롬 8:4; 딛 2:14.

초기 침례교 신앙고백서 가운데 가장 중요한 두 가지는 1644년 런던신앙고백서와 1689년 제2차 런던신앙고백서 입니다. 이 두 가지 고백서의 가장 두드러진 차이점이 바로 〈제19장〉 하나님의 율법에 관한 내용입니다. 1644년 제1차 고백서에는 이 내용이 들어있지 않기 때문입니다. 특별히 19장의 내용은 1646년에 나온 장로교 신앙고백서인 웨스트민스터 컨페션(Westminster confession)과 1658년에 나온 회중교회 신앙고백서인 사보이 컨페션(Savoy confession)과 완전히 동일합니다. 왜냐하면 이 주제에 관해 침례교는 장로교나 회중교회와 조금도 견해차이가 없다는 것을 보여주고자 했기 때문입니다.

창조시에 아담의 마음속에 기록된 법이나, 모세를 통해서 주신 십계명이나 실질적인 내용은 동일합니다

1. "무릇 율법없이 범죄한 자는 또한 율법 없이 망하고, 무릇 율법이 있고 범죄한 자는 율법으로 말미암아 심판을 받으리라" | 롬 2:12 여기서 생겨나는 의문은 이것입니다. "율법이 없는데 어떻게 사람을 죄인이라고 할 수 있고, 또 죄로 인해서 멸망할 수 있는가?"

이 질문에 대한 대답이 로마서 2장 15절입니다. "이런 이들은 그 양심이 증거가 되어 그 생각들이 서로 혹은 송사하며 혹은 변명하여 그 마음에 새긴 율법의 행위를 나타내느니라" 율법이 기록된 형태로 존재하지는 않는다고 할지라도 하나님이 아담을 창조하실 때에 율법을 그 마음에 기록해 놓으셨다는 것입니다. 그것이 바로 아담이 하나님의 형상대로 창조되었다는 의미입니다.

하나님의 형상대로 지음 받았다는 구절이 많이 등장합니다. "하나님을 따라 의와 진리와 거룩함으로 지으심을 받은 새사람을 입으라"| 엡 4:24 "새 사람을 입었으니 이는 자기를 창조하신 자의 형상을 좇아 지식에까지 새롭게 하심을 받는 자니라"| 골 3:10 하나님의 형상이란 '지식과 의와 거룩함'이라고 요약할 수 있습니다. 구원받은 성도는 하나님의 형상을 회복하며 새사람이 되는 것입니다.

지식이란 아담이 하나님의 법을 알고 있었다는 의미이고, 거룩함이란 아담이 타락하기 전에는 하나님의 법을 어긴 적이 없다는 의미이고, 의란 아담이 하나님의 법을 지킬 수 있는 능력을 가지고 있었다는 의미입니다. 그러므로 아담의 아들 가인은 살인이 죄라는 사실을 알고 있었고 하나님은 가인에게 "죄의 소원은 네게 있으나 너는 죄를 다스릴지니라"| 창 4:7 라고 말씀하신 것입니다.

2. 하나님이 아담의 마음속에 심어놓으신 율법은 아담 자신 뿐만이 아니라, 아담의 모든 후손들이 개인적으로 전적으로, 정확하게, 영원토록 순종해야 하는 구속력을 갖는 것이었습니다. 하나님이 아담에게 선악과를 먹지 말라는 특별한 명령을 주신 이유는 아담과 하와는 피조물이므로 하나님이 만든 법을 지켜야만 되는 존재라는 사실을 기억하도록 하기 위함이었습니다. 하나님의 명령을 지키지 않는 자에게는 사망이 올 것이라고 율법을 통해 경고하셨습니다.

3. 아담의 마음속에 기록된 율법은 아담 타락 이후에도 계속해서 하나님의 법으로 존속된 것입니다. 모세는 출애굽기 20장에서 시내산에서 십계명을 받았지만, 십계명이 그때 비로소 존재하게 된 것이 아니라, 이미 아담에게 주신 법을 문서화하고 재확인하여 두 돌비에 명확하게 기록되었다는 의미가 있는 것입니다. '율법의 모세적 성문화'라고 말할 수 있습니다.

모세가 받은 율법은 세 가지로 구분될 수 있습니다

1. 첫째는 출애굽기 20장에 기록된 십계명으로서 도덕법(Moral law)입니다. 아담의 마음에 기록된 것은 바로 이 도덕법입니다.

둘째는 출애굽기 21-23장에 기록된 시민법(Civil law)입니다. 시민법은 첨가된 법으로서 신정통치 국가인 이스라엘에 주신 국가적인 법입니다. 그러나 로마에 의해서 신정통치 국가인 이스라엘은 멸망했기 때문에 시민법은 소멸했다고 봅니다. 그럼에도 불구하고 이스라엘의 시민법 가운데 도덕법을 사회적으로 실현하려는 시대와 장소를 초월하여 일반적으로 정당성을 갖는 법들이 있습니다. 이런 법의 정신은 현대의 법 제도에도 적용되어 있습니다.

20세기 말에 일어난 소위 신법주의 운동(Theonomy), 재건주(Reconstructionism) 혹은 지배신학(Dominion Theology)은 당시의 이스라엘의 시민법이 전적으로 현대에도 적용되어야 한다는 사상이므로 침례교회의 신앙 고백서와는 사상에 차이가 있습니다.

그리고 셋째 의식법(Ceremonial law)이 첨가되었습니다. 출애굽기 25-40장은 의식법을 규정하고 있습니다. 예수 그리스도는 의식법이 예표로서 가리키는 모든 것을 실체로서 완성하였기 때문에 신약시대에 더 이상 필요 없게 되어 폐지된 것입니다.

2. 그러나 도덕법으로서의 십계명은 시민법이나 의식법과는 여러 가지 면에서 차이가 있는 것입니다. 도덕법은 첨가된 법이 아니라, 창조시부터 아담의 마음속에 기록된 본래의 율법이고, 도덕법은 하나님이 친히 손가락으로 기록하시고 하늘에서 친히 음성으로 말씀하신 법이고, 언약궤 안에 특별히 보호하라고 하신 법입니다. 도덕법은 피조물인 인간이 하나님을 향해서 그리고 이웃을 향해 갖는 의무라는 면에서 독특한 법입니다.

도덕법은 모든 사람에게 영원한 구속력을 가지고 있습니다

1. 마태복음 5:17-19절에서 예수님은 도덕법을 폐하러 오신 것이 아니라, 완성하러 오신 것이라고 말씀하셨고, 도덕법 가운데 하나라도 버리고 또 그같이 가르치는 사람은 천국에서도 지극히 작다 일컬음을 받게 될 것이라고 하셨습니다. 로마서 3:31절에도 "그런즉 우리가 믿음으로 말미암아 율법을 폐하느뇨 그럴 수 없느니라 도리어 율법을 굳게 세우느니라"라고 했습니다.

2. 그러므로 도덕법은 일점일획도 없어지지 아니하고 영원한 지속성을 갖는 것이며, 도덕법은 신자들뿐만 아니라 불신자들에게도 영원한 구속력을 갖는 것입니다.

도덕법을 올바른 용도로 사용하고, 복음의 은혜와 조화를 이루어야 합니다

1. 먼저 도덕법으로는 할 수 없는 일이 있습니다. 도덕법의 한계성입니다. 도덕법은 사람을 의롭게 하고 죄를 사하는 능력이 없습니다. 로마서 3:28절에 "그러므로 사람이 의롭다 하심을 얻는 것은 율법의 행위에 있지 않고 믿음으로 되는 줄 우리가 인정하노라"라고 했습니다.

도덕법을 스스로 지켜서 의를 입어 천국에 갈 수 있다는 사상은 율법주의(Legalism)로서 성경이 철저히 배격하고 있습니다. 또 하나님의 은혜에다가 율법을 지키는 것을 가미하여야 구원을 받을 수 있다는 사상도 철저히 배격하고 있습니다. 이것이 갈라디아인주의(Galatianism)입니다.

2. 그럼에도 불구하고 믿음으로 구원받은 성도들에게 도덕법은 매우 큰 유익이

있습니다. 죄가 무엇인지 드러내고 죄를 막아주는 기능이 있고, 인간 스스로 십계명을 지켜서 구원 얻을 수 없다는 것을 보여줌으로써 그리스도가 필요하다는 것을 깨닫게 해주는 몽학 선생으로서의 기능이 있습니다. 또한 구원받은 성도들에게 성화의 기준이 되고, 생활의 규율이 됩니다. 칼빈 선생은 이것을 율법의 제3의 용도라고 말했습니다.

3. 그러므로 구원받은 성도가 도덕법에 따라서 선을 행하고, 악을 피하고자 한다고 해서 율법 아래 있는 자라느니 율법주의자라느니 하는 비난을 가해서는 안 됩니다. 주일을 지키느라고 가게 문을 닫는다고 해서 율법주의자라고 말해서는 안 됩니다. 그렇다면 7계명에 따라서 간음하지 않으면 율법주의자가 된다는 말일까요?

성도가 도덕법을 바르게 사용하는 것은 믿음으로 말미암아 구원받는 복음과 조금도 모순되지 않습니다. 도덕법이 복음과 조화를 이루는 것은 바른 용도에 따라서 사용하는 것입니다.

4. 성도들은 복음적인 은혜로 말미암아 성도들 안에 거하시는 성령님의 도우심을 받게 되므로 거룩한 의지가 강화되어 도덕법을 사랑하고 도덕법을 따라서 살고자 합니다. 그러나 불신자들에게는 이런 내적인 능력이 없기 때문에 도덕법을 지킬 수 있는 의지와 능력이 없는 것입니다.

요한일서 말씀을 기억하십시오. "하나님을 사랑하는 것은 이것이니 우리가 그의 계명들을 지키는 것이라 그의 계명들은 무거운 것이 아니로다 대저 하나님께로서 난 자마다 세상을 이기느니라 세상을 이긴 이김은 이것이니 우리의 믿음이니라 예수께서 하나님의 아들이심을 믿는 자가 아니면 세상을 이기는 자가 누구뇨" | 요일 5:3-5

믿음으로 구원받은 사람은 하나님의 거룩한 법을 사랑하고 지킴으로서 세상을 이기게 됩니다. ✝

📌 정리를 위한 문제

1. 모세가 받은 십계명과 아담의 마음속에 기록된 법은 실질적인 ＿＿＿＿＿＿ 내용이다.

2. 하나님의 형상으로 창조된 아담의 마음에 기록된 법이 있었다. 아담의 '지식'이란 하나님의 법을 알았다는 의미이고, '＿＿＿＿＿＿'이란 타락하기 전에는 하나님의 법을 어긴 적이 없다는 의미이고, '의'란 아담이 하나님의 법을 지킬 수 있는 능력이 있었다는 의미다.

3. 모세가 시내산에서 받은 십계명은 이미 아담에게 주신 법을 문서화하고 재확인하여 두 돌비에 명확하게 기록된 것으로 율법의 ＿＿＿＿＿＿ 라고 말한다.

4. 십계명을 비롯한 율법은 ＿＿＿＿＿＿, 시민법 그리고 의식법으로 구분될 수 있다.

5. 십계명은 ＿＿＿＿＿＿ 으로서의 성격을 갖는데 이는 첨가된 법이 아니라 창조 때부터 마음속에 기록된 율법이다.

6. ＿＿＿＿＿＿ 은 하나님이 친히 손가락으로 기록하시고 하늘에서 친히 음성으로 말씀하신 법으로 인간이 하나님과 이웃을 향해 갖는 의무라는 면에서 독특한 법이다.

7. 도덕법은 모든 사람에게 영원한 ＿＿＿＿＿＿ 을 가지고 있다.

8. 신자들은 도덕법을 올바른 용도로 사용하고 ＿＿＿＿＿＿ 와 조화를 이루어야 한다.

9. 도덕법은 ＿＿＿＿＿＿ 가 있어 사람을 의롭게 하고 죄를 사하는 능력이 없다.

10. 도덕법의 큰 유익은 죄가 무엇인지 드러내고 막아주는 기능이며, 인간 스스로 십계명을 지켜 구원 얻을 수 없다는 것을 깨닫게 하는 몽학 선생의 기능이 있다. 또한 구원받은 성도들에게 _____ 의 기준이 된다.

답: 1. 동일 2. 거룩함 3. 모세적 성문화 4. 도덕법 5. 도덕법
6. 도덕법 7. 구속력 8. 복음의 은혜 9. 한계 10. 성화

제20장

복음과 은혜의 범위에 관하여

OF THE GOSPEL, AND OF THE EXTENT
OF THE GRACE THEREOF

[전문]

1항. 행위언약은 죄로 말미암아 파기되었기 때문에 영생을 얻기에는 소용이 없게 되었다. 하나님은 여자의 후손이신 그리스도의 약속을 주시기를 기뻐하셨다 그 약속은 택자를 부르시고 그들에게 믿음과 회개를 주시는 방편이 되었다. 이 약속 안에 그 약속의 실체인 복음이 계시되었고, 복음은 죄인들의 회심과 구원에 유효적인 수단이 되었다. | 창 3:15; 엡 2:12; 갈 4:4; 히 11:13; 눅 2:25; 23:51; 롬 4:13-16; 갈 3:15-22 .

2항. 그리스도의 그리스도에 의한 구원의 약속은 오직 하나님의 말씀에 의해서만 계시 되었다 | 행 4:12; 롬10:13-15 . 일반적인 방법이나 모호한 방법으로는 말할 것도 없거니와 | 시 19; 롬 1:18-23 , 자연의 빛을 가진 창조와 섭리의 사역들도 그리스도의 그리스도에 의한 은혜를 발견하기에는 전혀 무력하다. 더구나 인간이 복음의 약속에 의한 그리스도의 계시가 없는 상태에서는 구원받는 믿음과 회개를 얻는 것은 더욱 불가능하다. | 롬2:12; 마 28:18-20; 눅 24:46-47; 행 17:29-30; 롬 3:9-20.

3항. 죄인들을 향한 복음의 계시는 약속들이 추가되고, 순종을 요구하는 명령들이 첨가되면서 여러 부분과 여러 모양으로 이루어졌다. 복음이 어느 나라와 어느 개인에게 주어질 것이냐 하는 문제는 하나님의 주권적인 의지와 그 기쁘신 뜻에만 의존하는 것이다 | 마 11:20 . 따라서 인간의 자연적 능력을 적절히 계발함에 따르는 어떤 약속에 의해서 부수적으로 수반되는 것도 아니며, 복음 없이 받은 보통의 빛에 의해서 주어지는 것도 아니다. 이전에 아무도 그런 적이 없으며 그럴 수 없는 것이다 | 롬 3:10-12; 롬 8:7-8 . 그러므로 모든 시대에 걸쳐서 복음의 선포가 어떤 사람 혹은 어떤 나라에 주어질 것이냐, 복음이 확대될 것이냐 축소될 것이냐 하는 다양한 문제들은 오직 하나님의 뜻에 의한 경륜에 따라서 이루어지는 것이다.

4항. 복음이 비록 그리스도와 구원의 은혜를 계시하는 유일한 외적인 방편이기는 하지만, 허물로 죽은 인간이 거듭나고, 영적으로 각성하며 중생하기에는 충분하고도 넉넉한 것이다 | 롬 1:16-17 . 인간 안에 새로운 영적 생명을 탄생시키기 위해서는 인간 영혼 전체에 성령의 유효적이며 저항 할 수 없는 역사가 필요하며, 이런 역사가 없이 다른 방법으로는 인간이 하나님께 효과적인 회심을 이룰 수 없다 | 요 6:44; 고전 1:22-24, 2:14; 고후 4:4, 6.

1689년의 제2차 런던신앙고백서는 1646년의 장로교신앙고백서인 웨스트민스터 신앙고백서를 약간 확대하여 침례교 신앙에 맞도록 수정한 형태입니다. 그러나 20장의 내용은 웨스트민스터 신앙고백서에는 없었던 내용이 첨가된 것입니다. 그렇다고 해서 이 내용이 전혀 새로운 창작물은 아니며, 1658년에 회중교회의 청교도들이 발표한 사보이 선언문(Savoy Declaration)의 제20장을 취하여 첨가한 것입니다.

이 내용은 사실상 이미 다른 장에서 선언된 내용을 종합하여 요약한 것입니다. 그럼에도 불구하고 제20장의 내용이 첨가될 필요가 있었던 이유는 17세기 말에 이미 이신론(Deism)의 초기형태가 교회 안에서 머리를 들고 일어났기 때문입니다. 이신론이란 인간의 자연 이성으로 일반 계시만으로도 하나님을 알 수 있고 구원받을 수 있다는 사상입니다.

그러므로 20장의 내용이 별도로 필요했던 이유는 이런 초기이신론을 반박하고, 일반계시로는 구원에 이르는 지식을 가질 수 없다는 사실을 강조하기 위해서입니다.

복음 계시의 시작을 말씀하고 있다

1. 복음 계시가 시작된 이유는 아담의 타락과 범죄로 말미암아 행위언약이 파기되었기 때문입니다. 행위언약은 아담이 선악과를 따먹지 않는 시험에서 승리하면 영생하고, 사망이 없는 존재가 될 것이라는 언약이었습니다. 그러나 아담은 선악과를 따먹고, 행위언약에 실패하게 된 것입니다. 그러므로 인간은 자신의 행위로 영생을 얻을 가능성은 완전히 사라지게 된 것입니다. 그러므로 사람의 행위 이외에 다른 방법으로 인간이 영생을 얻을 수 있는 계시가 필요하게 된 것입니다.

2. 최초로 복음이 계시가 된 말씀이 창세기 3:15절입니다. "뱀의 후손과 여자의 후손이 원수가 될 것이고, 뱀은 여자의 후손의 발꿈치를 상하게 하지만, 여자의 후손은 뱀의 머리를 상하게 할 것이라." 이 구절은 원복음(Original Gospel)입니다. 아담이 이 원복음을 얼마나 이해했는지 알 수 없습니다. 그러나 세 가지는 분명히

알 수 있습니다.

첫째, 구원의 메시지는 명령의 형태로 오는 것이 아니라 약속의 형태로 오는 것을 알았습니다.

둘째, 하나님의 약속에 대한 인간의 반응은 믿느냐 안 믿느냐 하는 것이므로 구원은 믿음에서 온다는 것을 알았습니다.

셋째, 아담을 유혹하여 죄에 빠뜨린 사단은 여자의 후손으로 오실 구원자에 의하여 정복되는 것이며 인간의 노력이나 인간의 힘으로 되는 것은 아니라는 사실을 알게 되었습니다.

3. 창세기 3:15절의 약속 안에는 복음이 들어있는 것이므로 이것을 '복음 계시'라고 부릅니다. 복음은 하나님이 택자들을 부르시고, 그들에게 회개와 믿음을 주시는 방편입니다. 성령님은 복음만을 수단으로하여 죄인들을 거듭나게 하시고 구원받게 하십니다. 자연적인 이성으로 자연계시를 통해서 죄인들이 구원받을 수 있는 것이 아니라, 특별계시인 복음만이 죄인들의 회심과 구원에 배타적이고 충분한 수단입니다. 이것이 복음 계시의 기능이며, 이신론의 주장을 배격하기 위한 선언입니다.

제 2항은 복음 계시의 필요성을 선포하는 것입니다

1. 인간이 복음의 약속에 의한 그리스도의 계시가 없는 상태에서 구원받는 믿음과 회개를 얻는 것은 불가능합니다. 이 말은 복음 계시의 필요성을 선언하는 것입니다. "그리스도와 그리스도에 의한 구원의 약속은 오직 하나님의 말씀에 의해서만 계시되었다"고 고백서는 기록했습니다. 인간이 구원받고 영생을 얻는 것은 오직 특별계시인 복음 계시의 약속을 믿는 방법 밖에는 없다는 말씀입니다.

2. 복음 계시의 필요성 선언이 내포하는 의미는 무엇일까요? 인간은 자연적인

이성으로 일반계시를 연구하는 것만으로는 구원에 이르는 지식을 가질 수 없다는 것입니다. "일반적인 방법이나, 모호한 방법으로는 말할 것도 없거니와, 자연의 빛을 가진 창조와 섭리의 사역들도 그리스도와 그리스도에 의한 은혜를 발견하기에는 전혀 무력하다"고 했습니다. 초기 형태의 이신론(Desim)의 주장을 철저히 반박하고 있습니다.

3. 그렇다고 이 고백서가 일반계시의 무용론을 주장하는 것은 아닙니다. 일반계시는 하나님의 존재하심 하나님의 능력, 하나님의 공의, 하나님의 선하심 등을 충분히 드러내고 있고, 인간이 하나님의 존재와 능력을 몰랐다고 평계 댈 수 없도록 하는 기능이 있는 것입니다.

그러나 일반계시는 결코 극복할 수 없는 한계성을 가지고 있다는 말입니다. 인간이 죄인임을 깨닫고 여자의 후손이신 예수 그리스도를 믿음으로 구원받고 영생 얻는 진리를 발견하는 데는 무력하다는 의미입니다.

제3항은 복음 계시에 관한 하나님의 주권을 선언하는 것입니다

1. 복음 계시에 관한 하나님의 주권이란 무슨 의미일까요? 복음의 빛을 어느 나라에 비출 것이며, 언제 비출 것이며, 어떤 사람에게 비출 것이냐 하는 문제는 하나님의 완전한 독립적인 자유에 달려있다는 것입니다.

2. 이 선언이 내포하는 내용은 무엇일까요? "복음의 빛은 하나님이 정하신 때에, 하나님이 정하신 장소에서, 하나님이 예정하시고 택하신 사람들에게 하나님만이 비추실 수 있다"는 철저한 칼빈주의적인 하나님의 주권선언인 것입니다. 그러므로 인간이 자연적인 능력을 열심히 개발한다고 해서 '복음의 빛'이 부수적으로 비추어지는 것이 아니라는 의미입니다. 인간이 가지고 있는 보통의 빛(common

Light)에 의해 복음 계시가 깨달아지는 것도 아닙니다. 이전에도 그런 사람은 없었고, 앞으로도 그런 경우는 가능하지 않다는 말입니다.

이런 하나님의 주권사상이 선교적인 열정을 훼손한다고 비난하는 사람들도 있습니다. 그러나 도리어 하나님의 이러한 주권적인 은혜의 역사가 없다면 어떤 선교적인 노력도 열매를 맺을 수가 없는 것입니다. 복음선교가 가능한 이유는 하나님의 주권적인 구원의 역사가 세상 끝날까지 지속되기 때문입니다.

제 4항은 복음 계시의 충분성을 선언하는 것입니다

1. 복음 계시의 충분성이란 무슨 말일까요? 복음은 허물로 죽은 인간이 거듭나서 영생을 얻을 수 있는 유일한 방편입니다. 그러나 '유일하다고 해서' 부족한 점이 있는 것은 아닙니다. 복음은 충분하고도 넉넉한 구원의 방편입니다.

2. 죄인이 복음을 믿어 죄 사함을 받고 영생을 얻으려면 성령의 역사가 있어야 합니다. 성령의 역사가 있어야 비로소 죄인의 영혼에는 복음의 빛이 비추게 되는 것이고, 복음의 충분성을 주관적으로 경험하게 됩니다.

성령의 유효적이고 저항할 수 없는 은혜로 말미암아 죄인들은 복음을 깨닫고, 그리스도만이 구원자이심을 믿고 영생을 얻게 됩니다. 성령의 역사가 없이는 인간의 자연적인 능력으로나 보통의 빛으로나 자연 계시에 대한 연구로만 복음은 깨달을 수 있는 것이 아닙니다.

1689년의 침례교 신앙고백서의 제 20장이 왜 그렇게 이신론의 대두에 대해 대항하였을까요? 1645년에 이신론의 첫 조직신학자인 헐버트 경(Lord Herbert of Cherbury)이 「제민족의 종교와 그 원인에 관하여」라는 책을 저술해서 이신론의 5대 교리를 제시했기 때문입니다. 그는 이 책에서 인간은 자연적인 이성으로 만민에게 공통되는 보편적인 이성 종교를 만들어 낼 수 있다고 주장했는데 인간의 자연 이성이 자연계시를 보고도 알 수 있는 것이 다섯 가지라고 했습니다.

첫째, 하나님은 존재하신다.

둘째, 인간은 하나님을 예배해야 할 의무가 있다.

셋째, 예배의 핵심은 인간이 덕을 실천하는 것이다.

넷째, 덕을 실천하지 못하면 인간은 회개해야 할 의무가 있는 것이다.

다섯째, 덕을 실천한 사람은 사후에 상급이 있고, 덕을 실천하지 못한 사람은 사후에 형벌이 있다.

이신론의 자연종교는 죄를 사해주시는 구주 예수 그리스도에 관해서는 한마디 언급이 없었습니다. 이들은 기독교를 도덕종교로 비하시킨 것입니다.

침례교신앙고백서는 이신론을 전적으로 배척합니다. 이처럼 침례교인들은 잘못된 사상에 대해서는 성경의 진리를 대적했고, 신앙고백서로써 분명한 입장을 밝힐 줄 아는 사람들이었습니다. ✝

정리를 위한 문제

1. 이신론은 인간의 자연이성으로 _____ 계시만으로도 하나님을 알 수 있고 구원받을 수 있다는 사상이다.

2. 인간은 자연 이성으로 일반계시로는 _____ 에 이르는 지식을 가질 수 없다.

3. 구원에 이르는 지식은 _____ 계시인 복음을 통해서만 알 수 있다.

4. _____ 언약이란 아담이 선악과를 따먹지 않는 시험에서 승리하면 영생한다는 언약이었다. 그러나 아담은 선악과를 따먹고, _____

언약에 실패하게 되었다.

5. 사람의 행위 이외에 다른 방법으로 영생을 얻을 수 있는 계시가 필요하게 되었는데, 이 계시된 말씀이 창 3:15절이며 이것을 _____ 계시라고 말한다.

6. 일반계시로는 인간이 죄인임을 깨닫고 여자의 후손이신 _____ 를 통해 영생 얻는 진리를 발견하는 데는 전혀 무력하다.

7. 이 복음의 빛은 하나님이 정하신 때에, 하나님이 정하신 장소에서, 하나님이 _____ 하시고 _____ 사람들에게, 하나님만이 비추실 수 있다.

8. 땅 끝까지 선교가 가능한 이유는 이러한 _____ 적인 구원의 역사가 세상 끝날까지 지속되기 때문이다.

9. _____ 은 허물로 죽은 인간이 거듭나서 영생을 얻을 수 있는 유일한 방편이다. _____ 은 충분하고도 넉넉한 구원의 방편인데 이것이 _____ 계시의 충분성이다.

답: 1. 일반 2. 구원 3. 특별 4. 행위 5. 복음 6. 예수 그리스도 7. 예정, 택하신 8. 하나님의 주권 9. 복음, 복음, 복음

제21장

신자의 자유와 양심의 자유에 관하여
OF CHRISTIAN LIBERTY AND LIBERTY OF CONSCIENCE

[전문]

1항. 복음 아래 있는 신자들을 위해서 그리스도께서 값 주고 사신 자유는 죄책으로부터의 자유, 하나님의 정죄하시는 진노로부터의 자유, 율법의 가혹함과 저주로부터 자유를 얻는 것을 포함하며 | 요 3:36; 롬 8:33; 갈 3:13 , 현재의 이 악한 세상으로부터의 구원, 사단의 속박으로부터의 구원, 죄의 지배로부터의 구원 | 갈 1:4; 엡 2:1-3; 골 1:13; 행 26:18; 롬 6:14-18; 8:3 , 환란의 괴로움과 죽음의 두려움과 고통으로부터의 구원, 무덤의 승리로부터의 구원 그리고 영원한 정죄로부터의 구원을 포함한다 | 롬 8:28; 고전 15:54-57; 살전 1:10; 히 2:14-15 . 아울러 하나님께 자유로이 접근 할 수 있는 자유와 노예 같은 두려움이 동기가 아니라 어린아이 같은 사랑과 자발적인 마음이 동기가 되어 | 엡 2:18; 3:12; 롬 8:15; 요일 4:18 . 하나님께 기꺼이 순종하는 것을 포함하는 것이다.

2항. 이 모든 내용은 율법아래 있던 신자들에게도 공통되는 것이다 | 요 8:32; 시

19:7-9; 119:14, 24, 45, 47, 48, 72, 97; 롬 4:5-11; 갈 3:9; 히 11:27, 33-34 . 그러나 신약에서의 신자들의 자유는 더욱 확대 되었는데, 유대 교회가 복종하였던 의식적 율법의 멍에에서 자유함을 얻고, 대개 율법 아래서 믿던 사람들보다도 더 큰 담력을 가지고 은혜의 보좌에 접근 할 수 있으며, 하나님의 자유하신 영과 더 충만한 교제를 나눌 수 있다 | 요 1:17; 히 1:1-2a; 7:19, 22; 8:6; 9:23; 11:40; 갈 2:11; 4:1-3; 골 2:16-17; 히 10:19-21; 요 7:38-39 .

3항. 하나님만이 사람의 양심의 주가 되신다 | 약 4:12; 롬 14:4; 갈 5:1 . 하나님은 당신의 말씀에 배치되거나, 혹은 말씀이 포함하고 있지 아니한 사람들의 교리나 명령들로부터 인간의 양심을 자유케 하셨다 | 행 4:19; 5:29; 고전 7:23; 마 15:9 . 그러므로 그와 같은 교리를 믿거나 혹은 그와 같은 명령에 양심을 어기면서 순종하는 것은 참된 양심의 자유를 위반하는 것이다 | 골 2:20, 22-23; 갈 1:10; 2:3-5; 5:1 . 그리고 맹목적인 믿음을 강요하거나, 절대적이고 맹목적인 순종을 요구하는 것은 양심과 아울러 이성의 자유를 파괴하는 것이다 | 롬 10:17; 14:23; 행 17:11; 요 4:22; 고전 3:5; 고후 1:24 .

4항. 신자의 자유를 핑계 삼아서 어떤 죄를 범하거나, 혹은 어떤 죄악된 정욕을 품는 사람은 복음적 은혜의 중요한 의도를 왜곡하여 자기 자신을 스스로 파멸시키는 사람이요 | 롬 6:1-2,   신자의 자유를 주신 목적을 전적으로 파괴하는 사람이다. 신자에게 자유를 주신 목적은 우리가 모든 원수들의 손에서 구원을 얻어, 우리의 전 생애를 통하여 아무 두려움 없이 주님 앞에서 거룩함과 의로움으로 주를 섬기게 하는 것이다 | 눅 1:74-75; 롬 14:9; 갈 5:13; 벧후 2:18, 21 .

침례교회의 특징은 국가교회제도에 반대해 자유교회와 종교의 자유를 주장한 것입니다. 종교의 자유원리가 나오게 된 근본 원리가 신자의 자유와 양심의 자유입니다. 갈라디아서 5:1절은 신자의 자유에 대한 대 선언입니다. "그리스도께서 우리로 자유케 하려고 자유를 주셨으니 그러므로 굳세게 서서 다시는 종의 멍에를 메지 말라"

역사 속에서 인간의 양심의 자유는 두 가지 세력으로부터 위협을 받았습니다. 하나는 로마 가톨릭교회입니다. 그들은 교황을 중심으로 성직자 등이 교권에 지나친 권위를 부여해 성경에 없는 교리나 제도를 만들며 맹목적인 순종을 요구했던 것입니다.

다른 하나는 국가교회입니다. 이는 일부 개신교 국가에서 취했던 것처럼 국가의 권위를 지나치게 확대해 신자들의 신앙 내용을 통제하고 획일화하여 국가교회제도를 만든 것입니다. 대표적인 경우가 1534년 수장령을 내려 영국 국왕이 영국 교회의 머리라고 선언한 헨리(Henry) 8세입니다.

1558년에서 1603년까지 무려 45년을 통치한 엘리자베스(Elisabeth) 여왕은 1559년에 소위 통일령을 내려 영국국민들은 신앙문제에 관해서 조차 교회의 머리인 국왕의 명령에 순종할 것을 요구했습니다.

영국 성공회의 통일령은 3대 요소를 가지고 있었습니다. 하나는 모든 국민은 구교나 신교도 아닌 중도노선(Via Media)의 신학을 따르라는 것입니다. 그것이 39개 조항(Thirty-Nine Articles)입니다. 두 번째는 모든 국민은 왕이 정해준 예배양식에 따라서 예배하라는 것입니다. 그것이 공동기도서(Book of common prayer)입니다. 셋째로 모든 국민은 왕이 임명한 감독의 명령에 순종하는 감독정체(Episcopal polity)를 따르라는 것입니다.

분리주의자들이나 침례교인들은 신앙문제에 관한 국왕의 명령을 거부하고 국가교회로부터 분리됨으로 인해서 반역자라는 죄목을 쓰고 감옥에 가게 된 것입니다. 루터를 중심으로 한 루터 교회나 칼빈과 쯔빙글리를 중심으로 한 개혁교회도 종교문제를 정치 관료들을 의존하여 개혁하려 했고, 한 국가나 한 지역에는 한 가지 교회만을 강요했다는 점에서 성공회의 원리와 이런 점에서는 크게 다를 바가 없었습니다.

물론 개혁교회는 양심의 자유를 선언하면서도 실질적으로는 완전한 종교의 자유를 실현하는 데까지는 나아가지 못했습니다. 바른 종교는 국가가 강요해도 괜찮다는 논리도 역시 양심의 자유를 해치는 일입니다.

역사상 오직 침례교회만이 양심의 자유를 완전한 종교의 자유로 실현한 교회입니다. 침례교회는 교권의 위협도 거부하고 국가의 위협도 거부했습니다. 하나님과 각 개인의 양심 사이에는 교권도 개입할 수 없고 국가도 개입할 수 없음을 선언했습니다. 오직 하나님만이 인간 양심에 명령하시고 믿음의 내용을 주시고, 믿을 수 있게 해 주시는 분이심을 선언한 것입니다. 이것이 양심의 자유입니다. 신자의 자유나 양심의 자유는 뿌리는 동일하지만 개념상 약간의 차이가 있습니다.

신자의 자유가 포함하는 내용은 무엇인가

신자들 즉 성도들은 구약의 성도들도 있고, 신약의 성도들도 있습니다. 구약의 성도들은 율법 아래 있던 신자들이요, 신약의 성도들은 복음 아래 있는 신자들입니다. 신앙고백서는 이 두 가지 개념을 구별하며, 두 종류의 신자들이 누리는 자유의 범위에 차이가 있음을 말씀하고 있습니다.

1. 복음 아래 있는 신자들이 누리는 자유는 무엇인가?

'자유'라는 말은 소극적인 면으로는 무엇으로부터 자유를 얻었느냐는 측면이 있고, 적극적인 면으로는 무엇을 할 수 있는 자유를 얻었느냐는 측면이 있습니다. 신자들이 얻은 소극적인 자유는 세 가지입니다.

첫째, 죄책으로부터의 자유입니다. 죄책(guilt)이란 죄의 결과로서 인간이 져야 할 책임입니다. 죄에 대해 인간이 져야 할 책임은 지옥의 형벌입니다. 그러나 신자들은 지옥의 형벌을 받아야 할 죄책에서 자유케 되어 천국에 들어갈 수 있게 된 것입니다. 천국에 들어갈 수 있는 법적인 의를 얻게 된 것입니다. 이런 자유를 칭의(Justification)라고 부릅니다.

둘째로, 죄의 영향력으로부터의 자유입니다. 신자의 3대 원수는 악한 세상, 신자를 미혹하는 사단, 그리고 신자의 안에 남아있는 육신이라고 불리는 죄성입니다. 이 세 가지 영향력으로부터의 자유는 단번에 완성되는 것이 아니라 평생에 지속적으로 이루어집니다. 이런 자유는 성화(Sanctification)와 관련되어 있습니다.

셋째로, 죄의 존재로부터 자유입니다. 신자들은 사망으로 말미암아 죄의 존재로부터 완전히 해방되는 것입니다. 신자의 영혼은 낙원에 거하다가 그리스도의 재림시에 육신의 부활을 얻어서 새 하늘과 새땅에서 영생하게 되는 것입니다. 죄를 지을 수 없는 존재가 되는 것입니다. 이런 자유는 미래적인 자유이며 영화(Glorification)와 연관되어 있습니다.

신자들이 얻은 적극적인 자유는 두 가지입니다.

첫째, 하나님께 자유롭게 접근할 수 있는 자유입니다. 구약시대의 대제사장조차 일 년에 하루 대속죄일에만 누린 자유를 항상 누릴 수 있게 되었지만 우리들이 얻은 자유는 언제 어디서든 하나님께 나아갈 수 있습니다.

둘째, 하나님께 기꺼이 순종할 수 있는 자유입니다. 마귀의 노예된 사람들은 하나님께 순종하는 자유를 누릴 수 없는 것입니다. 바로 왕의 노예된 이스라엘 백성이 마음껏 하나님을 경배할 수 없었던 것과 같은 이치입니다. 신자들은 노예 같은 두려움이 동기가 되어서 하나님께 순종하는 것이 아니라, 자발적인 마음과 하나님을 향한 사랑이 동기가 되어 순종하는 자유를 누리는 것입니다.

2. 그렇다면 율법 아래 있던 구약의 신자들이 누리던 자유는 무엇인가?

복음 아래 있는 신약의 성도들이나, 율법 아래 있던 구약의 성도들이나 공통으로 누리는 자유의 내용은 세 가지입니다.

우선 구약의 성도들도 믿음으로 말미암아 의롭다 함을 얻었습니다. "성경이 무엇을 말하느뇨 아브라함이 하나님을 믿으매 이것이 저에게 의로 여기신 바 되었느니라"|롬 4:3 구약의 성도들도 믿음으로 말미암아 죄의 세력으로부터 승리를 얻었습니다. "저희가 믿음으로 나라들을 이기기도 하며 의를 행하기도 하며 약속을 받기도 하며 사자들의 입을 막기도 하며 불의 세력을 멸하기도 하며 칼날을 피하기도 하며 연약한 가운데서 강하게 되기도 하며 전쟁에 용맹 되어 이방 사람들의 진을 물리치기도 하며"|히 11:33-34 구약의 성도들에게도 성령이 역사하셨고 성령이 능력을 주셨습니다. 그러나 구약의 성도들에게는 성령이 내주하지는 않으셨고, 불순종하면 떠나기도 하셨습니다.

3. 신약의 성도들에게는 구약의 성도들보다도 세 가지 면에서 자유가 확대되었습니다.

먼저 구약의 성도들이 복종하였던 의식법의 멍에에서 해방되는 자유를 얻었습니다. 의식법은 예수 그리스도에 의해서 모두 실체로서 실현되었기 때문입니다. 또한 은혜의 보좌 앞에 항상 담대히 나아갈 수 있는 확대된 자유를 얻게 되었습니다. 끝으로 성령님이 내주하시고, 영원토록 떠나지 아니하시며, 성령님과 더 긴밀한 교제를 나눌 수 있는 확대된 자유를 얻게 되었습니다.

신자의 자유의 논리적인 귀결로 얻게 된
양심의 자유란 무엇인가

양심의 자유(liberty of conscience)란 신자의 자유를 선행조건으로 해서 얻는 자유입니다.

1. 양심의 자유는 "하나님만이 인간 양심의 주가 되신다"는 근본 원리가 대선언입니다. 하나님만이 인간의 양심에 명령하실 수 있고, 이것을 믿으라 저것을 믿지 말라는 믿음의 내용을 주실 수 있다는 것입니다.

신자의 자유를 얻은 성도들에게는 하나님과 성도 사이에서 중보자이신 예수 그리스도 이외에는 어떤 왕이나 어떤 직분을 가진 인간도, 어떤 교권을 가진 존재도 하나님의 말씀에 어긋나는 신앙 내용을 믿음이라고 강요할 수도 없고 순종을 요구할 수도 없습니다.

2. 양심의 자유가 구체적으로 의미하는 것은 양심의 자유는 인간이 어떤 권위도 두어서는 안 되고 어떤 스승도 두지 말라는 의미는 아닙니다. 성서에 합당한 권위나 내용을 바르게 가르치는 스승을 거부하라는 말이 아닙니다.

그 반대로 하나님의 말씀에 어긋나거나 하나님의 말씀에 포함되지 않는 내용을 사람이 인위적으로 만들어서 인간의 양심에 강요할 때 거부할 수 있는 자유를 의미하는 것입니다. 그러므로 양심의 자유는 필연적으로 국가교회제도를 거부하고, 교권제도를 거부하며 종교의 자유를 주장하게 되는 것입니다.

3. 양심의 자유가 요구하는 내용이 있습니다. 먼저 정치지도자나 종교지도자들에게 요구하는 내용입니다. 성경과 어긋나는 내용을 성도들에게 강요하고, 절대적이고 맹목적인 순종을 요구하는 것은 양심의 자유를 파괴하는 것입니다. 옳은 진리라고 해도 전도와 설득으로서 인간 양심에 요구하는 것이 옳으며, 총칼과 국가권력으로서 강요하는 것은 양심의 자유를 말살하는 것입니다. 국가 권력이나 무력으로 진리가 믿어지는 것이 아니라, 오직 하나님만이 성령의 역사로 인간 양심의 진리를 가르칠 수 있기 때문입니다.

또한 양심의 자유가 성도들에게 요구하는 내용도 있습니다. 성경과 어긋나는 교리를 권력이나 교권의 압박에 못 이겨서 양심을 거스르면서 순종하는 것은 스스로 양심의 자유를 위반하는 것입니다.

신자의 자유를 주신 목적은 무엇인가

신자의 자유를 주신 목적은 원수들의 손에서 구원받아 아무 두려움 없이 거룩함과 의로움으로 하나님을 경배하도록 하려는 것입니다. 이스라엘 백성들이 애굽 왕 바로의 압박에서 자유케 된 것은 하나님을 올바르게 경배하도록 하기 위함입니다.

그러므로 신자의 자유를 왜곡하여 자유를 핑계 삼아 죄를 짓고 정욕대로 사는 사람은 자유를 주신 목적을 거스려 방종의 기회로 삼는 사람입니다. 천국 갈 자유를 얻었으니 이제는 마음대로 죄짓고 살자는 원리는 그리스도인에게 합당치 않은 것입니다. 더구나 신자의 자유를 왜곡하여 성서의 진리에서 어긋난 자유주의신학 사상을 마음대로 말하고 가르치는 것은 하나님을 우롱하는 처사입니다.

성도들은 신자의 자유, 양심의 자유를 빼앗기지도 말고 왜곡하지도 말아야 합니다. 두려움 없이 하나님을 기쁜 마음으로 자발적으로 경배하도록 하나님이 성도들에게 자유를 주셨습니다. ✝

정리를 위한 문제

1. "그리스도께서 우리로 _____ 케 하려고 자유를 주셨으니 그러므로 굳세게 서서 다시는 종의 _____ 를 메지 말라"|갈 5:1

2. 구약의 성도들은 율법 아래 있던 신자들이요, 신약의 성도들은 _____ 아래 있는 신자들이다.

3. 복음 아래 있는 신약의 성도들은 소극적인 자유로 _____

으로부터의 자유, _____ 의 영향력으로부터의 자유,
_____ 의 존재로부터 자유를 누린다.

4. 복음 아래 있는 신약의 성도들은 적극적인 자유로 하나님께 자유롭게
_____ 할 수 있는 자유, 하나님께 기꺼이 _____ 할 수 있는
자유를 누린다.

5. 구약의 성도들과 신약의 성도들이 공통으로 누리는 자유는 _____
으로 의롭다 함을 얻은 것, _____ 으로 죄의 세력에서 승리를 얻은
것, 성령이 주시는 능력이다.

6. 신약의 성도들에게는 구약의 성도들과는 달리, _____ 의 멍에에서
해방되는 자유, 은혜의 보좌 앞에 항상 _____ 나아갈 수 있는
자유, 성령님이 내주하시고 _____ 떠나지 아니하시는 확대된
자유가 있다.

7. 신자의 자유는 _____ 의 자유를 필연적으로 동반한다. 하나님만이
인간 _____ 의 주가 되신다는 원리는 _____ 의 자유의
대선언이다.

8. 국가 권력이나 무력으로 진리가 믿어지는 것이 아니라, 오직 하나님만이
_____ 의 역사로 인간양심의 진리를 가르칠 수 있다.

9. 신자의 자유를 주신 목적은 원수들의 손에서 구원받아 아무 두려움 없이
거룩함과 의로움으로 하나님을 _____ 하게 하려는 것이다.

10. 성도들은 신자의 _____, 양심의 _____ 를 빼앗기지 말고
왜곡하지도 말아야 한다.

답: 1. 자유, 멍에 2. 복음 3. 죄책 4. 접근, 순종 5. 믿음
6. 의식법, 담대히, 영원히 7. 양심 8. 성령 9. 경배 10. 자유, 자유

제22장

종교적 예배와 안식일에 관하여
OF RELIGIOUS WORSHIP AND THE SABBATH DAY

[전문]

1항. 본성의 빛(light of nature)은 하나님이 계시다는 것을 보여 준다. 그 하나님은 만물에 대하여 통치권과 주권을 행사하신다. 그는 선하시며, 만물에게 선을 행하신다. 그러므로 인간은 마음을 다하고, 성품을 다하고, 힘을 다하여 그를 경외하며, 사랑하며, 찬양하며, 부르며, 신뢰하며, 그리고 섬겨야 한다 | 렘 10:7; 막 12:33 . 그러나 참되신 하나님을 예배하는 합당한 방법은 그 자신이 친히 정해 주셨으므로 그 자신의 계시된 뜻 안에서 한정되어 있다. 그러므로 사람들의 상상이나 고안, 또는 사탄의 지시에 따라 어떤 가시적(可視的)인 구상(具象)을 사용하거나, 성경에 규정되어 있지 않은 다른 방법을 따라서는 하나님을 예배할 수가 없다 | 창 4:1-5; 출 20:4-6; 마 15:3, 8-9; 왕하 16:10-19; 레 10:1-3; 신 17:3, 4:2; 12:29-32; 수 1:7, 23:6-8; 마 15:13; 골 2:20-23; 딤후 3:15-17 .

2항. 종교적 예배는 성부와 성자와 성령 하나님께 드려야 하며 또한 오직 그에

게만 드려야 한다 | 마 4:9-10; 요 5:23; 아 28:19. 천사나, 성자들이나, 다른 어떤 피조물들에게도 드려서는 안 된다 | 롬 1:25; 골 2:18; 계 19:10. 그리고 아담의 타락 이후로는 중보자가 없이는 예배드릴 수도 없고 또한 그리스도 이외에는 어떤 다른 중보자를 통해서도 예배드릴 수가 없다 | 요 14:6; 엡 2:18; 골 3:17; 딤전 2:5.

3항. 감사함으로 드리는 기도는, 종교적 예배의 한 요긴한 부분으로서, 하나님께서 모든 사람에게 요구하시는 것이다 | 시 95:1-7; 100:1-5. 기도가 열납되도록 하기 위해서는, 성자(聖子)의 이름으로 | 요 14:13-14, 성령의 도우심을 받아 | 롬 8:26, 하나님의 뜻을 따라서 | 요일 5:14. 이해심과 경외심과 겸손과 열심과 믿음과 사랑과 인내를 가지고 하되 | 시 47:7; 전 5:1-2; 히 12:28; 창 18:27; 약 5:16; 1:6-7; 막 11:24; 마 6:12, 14-15; 골 4:2; 엡6:18, 만일 소리를 내어 하는 경우에는 다른 사람들이 알 수 있는 말로 해야 한다 | 고전 14:13-19, 27-28.

4항. 기도는 이치에 합당한 모든 사물과 모든 종류의 생존하는 사람들이나, 장차 생존하게 될 자들을 위해서 하되 | 요 5:14; 딤전 2:1-2; 요 17:20, 죽은 자들이나 사망에 이르는 죄를 지은 것으로 알려진 자들을 위해서는 하지 말 것이다 | 삼하 12:21-23; 눅 16:25-26; 계 14:13; 요일 5:16.

5항. 하나님께 드리는 통상적인 종교적 예배의 모든 요소는 성경 봉독과 | 행 15:21; 딤전 4:13; 계 1:3, 하나님의 말씀을 설교하고 듣는 일과 | 딤후 4:2; 눅 8:18, 시와 찬미와 신령한 노래로 서로 가르치고 권면하는 것과 마음에 얻은 은혜로 찬송 부르는 것과 | 엡 5:19; 골 3:16 아울러 침례 | 마 28:19-20 와 주의만찬 | 고전 11:26 을 시행하는 것이 포함된다. 예배는 하나님께 순종하는 마음으로 드려져야 하며 이해심과 믿음과 존경심과 거룩한 경외심을 가지고 시행되어야 한다. 이것들 외에도, 특별한 절기에 금식이나 감사 예배를 드릴 때에는 엄숙한 겸비심 | 엡 4:16; 욜 2:12; 마 9:15; 행 13:2-3; 고전 7:5 을 가지고 거룩하고 종교적인 방법으로 실시할 것이다 | 출

15:1-19; 시107 .

6항. 오늘날 복음 시대에 있어서는 기도나 기타의 다른 종교적인 예배 행위는 그것이 시행되는 장소가 고정된 것이 아니고, 예배드리는 장소 여하나 예배드리는 방향 여하 | 요 4:21 에 따라서 예배 행위가 더 잘 열납되는 것도 아니다. 하나님께는 어디에서나 신령과 진리로 | 말 1:11; 딤전 2:8; 요 4:23-24 예배 드려야 한다. 각 가정에서 | 신 6:6-7; 욥 1:5; 벧전 3:7 , 매일 | 마 6:11 , 그리고 은밀한 중에 개별적으로 | 마 6:6 드릴 수도 있고, 더욱 엄숙하게 공적인 모임들 | 시 84:1-2, 10; 마 18:20; 고전 3:16; 14:25; 엡 2:21-22 에서 드릴 수도 있으나, 공적 예배는 하나님께서 자기의 말씀이나 섭리에 의하여 예배를 드리도록 요구하신 것이므로, 경솔하게 행하거나 고의적으로 소홀히 하거나 무시해서는 안 된다 | 행 2:42; 히 10:25 .

7항. 일반적으로 하나님께 예배하기 위하여 일정한 시간을 정하는 것은 자연의 법칙에 합당한 것이다. 그러므로 하나님은 그의 말씀을 통하여 적극적이고 도덕적이며 영구적인 명령으로써, 모든 시대의 모든 사람에게, 특별히 이레(七日) 중 하루를 안식일로 택정하여 하나님께 거룩하게 지키도록 명하셨다 | 창 2:3; 출 20:8-11; 막 2:27-28; 계 1:10 . 그 날은 창세로부터 그리스도의 부활까지는 한 주간의 마지막 날이었으나, 그리스도의 부활 이후로는, 한 주간의 첫째 날로 바뀌었다. 성경에서는 이날을 주일이라고 부른다. 이날은 세상 끝날까지 기독교의 안식일로 지켜져야 하며 한 주간의 마지막 날을 지키는 것은 폐지되었다 | 요 20:1; 행 2:1, 20:7; 고전 16:1; 계 1:10; 골 2:16-17 .

8항. 그러므로 안식일은 주님께 거룩하게 지켜야 한다. 이를 위해서 사람들은 그들의 마음을 합당하게 준비하고, 그들의 일상적인 일들을 미리 정돈한 연후에, 그날에 하루 종일 그들 자신의 일과, 그들의 세상적인 일에 대한 말이나 생각 | 출 20:8-11; 느 13:15-22; 사 58:13-14; 계 1:10 , 그리고 오락을 중단하고 거룩하게 안식할 뿐

만 아니라, 모든 시간을 바쳐서 공적으로 개인적으로 하나님께 예배하는 일과 부득이해야 할 필요가 있는 일이나 자비를 베푸는 일은 할 수 있다 | 마 12:1-13; 막 2:27-28.

1689년 제2차 런던 침례교신앙고백서는 개신교 정통주의 신학을 가장 정확하게 정리한 고백서이며 개혁주의 신학에 근거를 두면서도 침례교회의 특징이 담겨진 고백서입니다. 그러므로 장로교의 신앙고백서인 웨스트민스터고백서(1646), 회중교회의 신앙고백서인 사보이 고백서(1658), 독일 개혁교회의 신앙고백서인 하이델베르그 요리문답(1563)과 그 기본적인 신학적 구조가 같습니다.

1689년 런던 침례교 신앙고백서 〈제22장〉 '종교적 예배와 안식일에 관한 규정'은 약간의 수정을 제외하고는 웨스트민스터 신앙고백서의 내용과 동일합니다. 특히 22장의 핵심 내용은 신약시대의 예배원리는 무엇이며, 예배의 장소는 어디며, 예배일은 어떤 날이 되어야 하는지에 관한 것입니다.

예배의 의무와 원리

1. 본성의 빛에 따르더라도 인간은 하나님을 예배해야 할 일반적인 의무를 갖습니다.

"하늘이 하나님의 영광을 선포하고 궁창이 그 손으로 하신 일을 나타내는도다" | 시 19:1

"이는 하나님을 알 만한 것이 저희 속에 보임이라 하나님께서 이를 저희에게 보이셨느니라 창세로부터 그의 보이지 아니하는 것들 곧 그의 영원하신 능력과 신성이 그 만드신 만물에 분명히 보여 알게 되나니 그러므로 저희가 핑계치 못할지니라 하나님을 알되 하나님으로 영화롭게도 아니하며 감사치도 아니하고 오히려 그 생각이 허망하여지며 미련한 마음이 어두워졌나니"| 롬 1:19-21

자연계시만으로도 하나님의 존재와 만물을 다스리시는 하나님의 능력과 지혜를 충분히 알 수 있으므로 인간은 하나님을 예배할 의무를 진다는 말씀입니다. 그럼에도 불구하고 이방인들이 하나님을 예배하지 않는다는 현실을 말씀한 것입니다.

2. 특별 계시인 성경은 하나님을 예배하는 것에 관한 합당한 방법을 가르치고 있습니다. 사람들의 상상이나 교만 또는 사탄의 지시에 따라서 우상을 사용한다든가, 성경에 규정되지 않은 다른 방법으로는 예배할 수 없다는 것입니다.

종교개혁 이후에 개신교 안에서도 예배에 관해서 두 가지 원리가 대립하였습니다.

하나는 루터교의 원리로서 '예배의 규범적 원리(Normative principle of worship)'라고 불리는 것인데, 성경이 금하지 않은 것은 예배에 자유롭게 사용할 수 있다는 원리입니다. 다른 하나는 청교도의 원리로서 '예배의 규제적 원리(Regulative principle of worship)'라 불리는 것인데, 성경에 명령되지 않은 것을 예배에 자유롭게 사용해서는 안 된다는 원리입니다.

예를 들어 요즘은 열린 예배라는 이름으로 다양한 예배 형식이 유행처럼 교회 안에 들어와있습니다. 그렇다면 열린 예배에서 현대 예술공연으로 예배를 드릴 수 있는가 하는 질문에 대해서 루터교는 성경이 금하지 않으니까 가능하다고 답하고, 청교도는 성경이 명령하지 않으니까 안 된다는 입장입니다. 우리 신앙고백서는 청교도적인 원리를 따르고 있습니다. 성경에 명령된 방법으로만 예배를 드려야 한다는 것입니다.

3. 구약의 예배인 제사제도에는 대단히 엄격한 규정을 가지고 있습니다. 신약에도 그렇게 엄격한 규정이 있는가, 찬송은 몇 분 동안 하고, 기도는 몇 분, 설교는 얼마나 해야 한다는 자세한 규정에 관해 질문하면 우리는 그렇지는 않다고 대답할 수밖에 없습니다. 그러나 그렇다고 해서 인간 마음대로 예배할 수 있다는 의미는 아닙니다.

요한복음 4:1-26절에서 예수님은 사마리아 여인과 대화를 나누셨습니다. 그리고 대화 가운데 신약의 예배에 관해 중요한 원리를 말씀하셨습니다.

구약시대에는 예루살렘에서만 예배할 수 있었으나 신약시대에는 고정된 예배 장소가 있지 않다고 하시며, 신약시대에는 하나님께 어디서나 예배를 드릴 수 있으나 신령과 진정으로 예배드려야 한다고 주님은 말씀하셨습니다. 사적인 예배와 공적인 예배 모두 드릴 수 있으며, 공적인 예배에는 특별한 성의가 필요하다고 하신 것입니다. 경솔히 또는 경박하게 예배드려서는 안 된다는 말씀이십니다. 22장 6항에서 이 원리를 서술하고 있습니다. 하나님이 기뻐하시는 예배는 '신령과 진정'으로 드리는 예배이며, 인간은 마땅히(Must) 그렇게 예배해야 한다는 규정입니다.

'신령으로 예배한다'는 의미를 대문자 Spirit으로 볼 수도 있고, 소문자 spirit으로 볼 수도 있습니다. 예배는 성령의 감동으로 드려야 하며, 인간이 마음과 성품과 힘을 다하여 영혼을 다하여 예배드려야 한다는 것입니다.

'진정으로 예배한다'는 것은 'In truth' 성경의 진리를 따라서 예배하는 것입니다. "아버지의 말씀은 진리니이다 | 요 17:17 사마리아인들이 드린 예배는 하나님의 말씀에 따라 드려진 예배가 아니기 때문에 참된 예배가 아니었습니다. 하나님은 말씀을 벗어난 예배를 기뻐하지 않으신다는 원리는 신약시대에도 같다는 것입니다. 주의만찬을 한국식으로 막걸리와 빈대떡으로 행하겠다는 것은 하나님 말씀에 어긋나는 것입니다. 인간의 마음대로 행할 수 있는 것이 아닙니다. 하나님

은 혼란의 하나님이 아니시기 때문에 무질서하고 혼란한 예배는 금해야 합니다.

예배의 대상자와 중보자를 규정

1. 먼저 예배의 대상은 성부, 성자, 성령 삼위일체 하나님께만 드려져야 합니다. 우리의 예배대상이 천사나 성자들이나 어떤 피조물도 대상이 될 수 없습니다. "썩어지지 아니하는 하나님의 영광을 썩어질 사람과 금수와 버러지 형상의 우상으로 바꾸었느니라" | 롬 1:23

2. 하나님이 기뻐하시는 예배에는 반드시 중보자(Mediator)가 있어야 합니다. 인간은 아담 타락 이후로 중보자가 없이 직접 하나님을 예배할 수는 없다고 했습니다. 예수 그리스도만이 중보자가 되시며, 다른 어떤 존재도 예배의 중보자가 될 수 없는 것입니다. "하나님은 한 분이시요, 또 하나님과 사람 사이에 중보도 한 분이시니 곧 사람이신 그리스도 예수라" | 딤전 2:5 죄인들이 하나님을 직접 예배하겠다는 사상은 이단이며, 예수님 이외에 다른 중보자를 인정하는 것도 이단 사설입니다.

예배의 요소 규정

1. 예배에는 통상적인 요소가 있습니다. 어느 나라에서 드리든지 어느 장소에서 드리든지 공통적인 예배의 요소입니다.

　①성경 봉독 ②하나님의 말씀을 설교하고 듣는 일 ③시와 찬미와 신령한 노래로 서로 가르치고 권면하는 일 ④마음에 얻은 은혜를 감사하는 일 ⑤침례와 주의만찬 ⑥그리고 3-4항에서 설명하고 있는 기도.

2. 예배를 드리는 자세는 하나님께 순종하는 마음으로 드려져야 하며 이해심

과 믿음과 존경심과 거룩한 경외심을 가지고 드려야 합니다.

3. 기도는 예배의 요긴한 부분으로서 성자의 이름으로 성령의 도우심을 받아 하나님의 뜻대로 기도해야 합니다. 로마가톨릭에서 시행하는 것처럼 죽은 자들을 위해서는 기도하지 말아야 합니다. 또한 사망에 이른 죄를 지은 것으로 알려진 자들을 위해서는 기도를 하지 말아야 한다고 했습니다. "누구든지 형제가 사망에 이르지 아니한 죄 범하는 것을 보거든 구하라 그러면 사망에 이르지 아니하는 범죄자들을 위하여 저에게 생명을 주시리라 사망에 이르는 죄가 있으니 이에 대하여 나는 구하라 하지 않노라"|요일 5:16 "모든 불의가 죄로되 사망에 이르지 아니하는 죄도 있도다"|요일 5:17

이 구절에 대해 누구라도 정확한 해석을 할 수는 없습니다. 그러나 우리는 이 구절을 통해 하나님이 심각하게 간주하시고 생명을 취하시겠다는 죄들도 있다는 것을 알 수 있습니다. 그들을 위해서는 기도할 필요가 없다고 말씀하십니다.

사도행전 5장의 아나니아와 삽비라 부부, 고린도전서 5:15절에 나오는 자기 아버지의 아내를 취한 사람, 마태복음 12:32절의 성령훼방죄 등입니다. 이러한 죄를 짓는 사람들은 마음이 부패한 정도가 극심하여 구원받을 가능성의 선을 넘어버린 경우입니다.

4. 특별한 절기의 예배에는 특별 요소가 추가될 수도 있습니다. 금식을 함으로써 스스로 엄숙하게 겸비하는 경우도 있고, 특별한 감사예배로 드리는 경우도 있습니다.

예배의 날 규정

1. 안식일은 십계명의 제 4계명입니다. 안식일은 일곱 번째 날이란 의미가 아니라 쉬는 날(Rest)이라는 의미입니다. 이 계명은 6일은 일하고 하루는 쉬라는 의미일

뿐 어느 날 쉬어야 한다는 명령은 없습니다.

창세로부터 그리스도의 부활까지는 창조를 기념하여 토요일을 안식일로 지켰지만 예수 그리스도의 부활 이후부터는 주일이 기독교의 안식일로 지켜지고 있습니다. 안식일의 주인은 주 예수 그리스도이시기 때문에, 안식일의 요일은 주께서 바꾸실 수 있는 것입니다. 토요일을 안식일로 지키는 법은 영원한 법이 아닙니다. 주 예수 그리스도의 부활 이후로 신약의 안식일은 주일입니다. 유월절이 주의만찬으로 대치되었듯이 안식일은 주일로 대치된 것입니다.

안식일이 주일로 바뀔 것이라는 사실은 이미 구약에 예언되어 있습니다.

"건축자의 버린 돌이 집 모퉁이의 머릿돌이 되었나니 이는 여호와의 행하신 것이요 우리 눈에 기이한 바로다 이날은 여호와의 정하신 것이라 이날에 우리가 즐거워하고 기뻐하리로다"| 시 118:22-24

"너희와 모든 이스라엘 백성들은 알라 너희가 십자가에 못 박고 하나님이 죽은 자 가운데서 살리신 나사렛 예수 그리스도의 이름으로 이 사람이 건강하게 되어 너희 앞에 섰느니라"| 행 4:10 사도행전의 말씀은 예수 그리스도의 부활 하심으로 그분이 구원주가 되셨다는 의미로 해석됩니다. 그러므로 부활의 날에 기뻐하고 즐거워하는 예배를 드린다는 의미가 포함된 것입니다.

안식교도들은 4세기초에 콘스탄틴(Constantine) 황제가 토요일로 지내던 안식일을 주일로 바꾸었다고 말합니다. 하지만 그것은 사실이 아닙니다. 콘스탄틴 황제는 이미 존재하던 주일의 행습을 지키라고 확인했을 뿐입니다.

2. 안식일은 거룩하게 지켜져야 합니다. 세속적인 일이나 오락을 중단하고 공적 예배와 사적 예배를 위해 안식일이 사용되어야 합니다. 물론 부득이 해야 할 필요가 있는 일이나 자비를 베푸는 일은 허용될 수 있습니다.

우리는 성경적으로 예배를 드려야 합니다. 성경이 언급하지 않는 것에 대해서는 주의해야 합니다. 하나님은 예배하는 자를 찾으시는 하나님이십니다. 신령과

진정으로 드리는 예배에 성공해야 합니다. ✝

✏ 정리를 위한 문제

1. "아버지께 참으로 _____ 하는 자들은 신령과 진정으로 _____ 할 때가 오나니 곧 이 때라 아버지께서는 이렇게 자기에게 _____ 하는 자들을 찾으시느니라" |요 4:23

2. 구약시대에는 _____ 에서만 예배할 수 있었으나, 신약시대에는 어디서나 예배를 드릴 수 있으나 _____ 과 _____ 으로 예배해야 한다.

3. "신령으로 예배한다"는 말은 _____ 으로 예배한다는 말이며, 성도는 _____ 과 성품과 힘과 영혼을 다해 예배해야 한다.

4. "진정으로 예배한다"는 말은 _____ 를 따라 예배해야 한다는 말이며, 하나님의 _____ 을 따라 예배해야 한다.

5. 예배의 대상은 삼위일체 하나님이며, 하나님이 기뻐하시는 예배에는 반드시 _____ 가 있어 한다. 예수 그리스도만이 _____ 가 되시며, 다른 어떤 존재도 예배의 _____ 가 될 수 없다.

6. 예배의 공통적인 요소로는 ①성경 봉독 ②하나님의 말씀을 설교하고 듣는 일 ③시와 찬미와 신령한 노래로 서로 가르치고 권면하는 일 ④마음에 얻은 은혜를 _____ 하는 일 ⑤침례와 주의만찬이다.

7. _____ 는 예배의 요긴한 부분으로서 성자의 이름으로 성령의 도우심을 받아 하나님의 _____ 대로 기도해야 한다.

8. 안식일이란 '쉬는 날'이라는 의미다. 창세로부터 그리스도의 부활시 까지는 _____를 기념하여 한주간의 마지막 날인 토요일을 안식일로 지켰다.

9. 안식일은 예수 그리스도의 _____ 이후에 한 주간의 첫째 날로 바뀌었고 |요 20:1, 이 날을 우리는 주일이라고 부른다 |계 1:10 . 주일은 세상 끝날 까지 기독교의 안식일로 지켜져야 한다.

10. "안식일을 기억하여 _____ 지키라" |출 20:8

답: 1. 예배, 예배, 예배 2. 예루살렘, 신령, 진정 3. 성령의 감동, 마음 4. 진리, 말씀
5. 중보자, 중보자, 중보자 6. 감사 7. 기도, 뜻 8. 창조 9. 부활 10. 거룩히

제23장

합법적인 맹세와 서원에 관하여

OF LAWFUL OATHS AND VOWS

[전문]

1항. 합법적인 맹세는 종교적 예배의 한 부분이다. 이 맹세 행위에서 진리와 의와 올바른 판단에 따라 맹세하는 맹세자는 자신의 맹세하는 내용에 관하여 엄숙하게 하나님을 증인으로 기원하여 진실성이나 허위성 여부를 하나님 앞에서 판단받겠다는 것이다. | 신 10:20; 출 20:7; 레 19:12; 대하 6:22-23; 고후 1:23.

2항. 사람들은 하나님의 이름으로만 맹세할 수 있다. 따라서 그 이름은 거룩한 경외(敬畏)와 경건한 마음으로 사용되어야 한다. 그러므로 그 영광스럽고 두려운 이름을 허망하게 혹은 경솔하게 사용하면서 맹세함도 죄악이고, 어떤 다른 것을 들어서 맹세하는 것도 죄악이므로 두려움으로 기피해야 된다 | 신 6:13; 렘 5:7; 출 20:7 . 그럼에도 불구하고 중대한 일이나 중요한 순간에 진리를 확인하고 모든 다툼을 종식시키기 위하여 맹세하는 것은 구약이나 신약에 하나님의 말씀으로 보장되어 있다. 그러므로 그러한 사안들에 대하여 합법적인 권위에 의하여 요구되

는 경우에는 합법적인 맹세가 행해질 수 있 | 히 6:13-16; 창 24:3; 47:30-31; 50:25; 왕상 17:1; 느 13:25; 약 5:12; 스 10:5; 민 5:19, 21; 왕상 8:31; 출 22:11; 사 45:23; 65:16; 마 26:62-64; 롬 1:9; 고후 1:23; 행 18:18 .

3항. 누구든지 하나님의 말씀에 의하여 보장된 맹세를 하는 자는 마땅히 맹세는 중대하고 엄숙한 행동이라는 것을 명심해야 한다. 따라서 자기가 진리라고 확신하게 된 것 이외의 그 무엇이든지 맹세로 장담하지 말 것이며, 성급하고 거짓되고 헛된 맹세를 통하여 하나님의 진노를 촉발하지 말아야 한다. 그런 연유로 이 땅은 통곡하게 되는 것이다 | 출 20:7; 레 19:12; 민 30:2; 렘 4:2 .

4항. 맹세는 평범하고 일상적인 말로 해야 한다. 두 가지를 의미할 수도 있는 막연한 표현 또는 심중 유보(속이는 언사)를 사용하지 말 것이다 | 시 24:4; 렘 4:2.

5항. 서원은 어떤 피조물에게 할 것이 아니고 오직 하나님을 상대로만 하는 것이므로| 민 30:2-3; 시 76:11; 렘44:25-26 모든 종교적인 관심과 성실성을 가지고 이루어져야 하며 또한 수행되어야 한다 | 민 30:2; 시 61:8; 66:13-14; 전 5:4-6; 사 19:21 . 그러나 로마교에서 행하는 바 수도원식 영구 독신 서원이나 청빈서원, 혹은 상급자에 대한 순종서원 등은 결코 고도의 완전한 생활과는 거리가 먼 것이며 미신적이며 죄악된 올무이므로 그리스도인들은 이런 일에 연루되지 말아야 한다 | 고전 6:18; 7:2, 9; 딤전 4:3; 엡 4:28; 고전 7:23; 마 19:11-12 .

맹세나 서원이 성경적으로 옳은가 옳지 않은 것인가 하는 주제는 16세기 아나뱁티스트(Anabaptist)들과 개혁주의 교회들 간에 큰 논쟁점이었습니다. 개혁주의 신

앙고백서를 따르는 웨스트민스터(Westminster) 고백서와 사보이(Savoy) 고백서는 맹세는 합법적이고 옳은 것이라 했고, 아나뱁티스트들은 맹세에 대해서 절대 반대하며 합법성이 없다고 주장했습니다.

웨스트민스터 신앙고백서 22장과 1689년 런던 침례교 신앙고백서 23장은 거의 같은 내용이지만 웨스트민스터 신앙고백서 22장 3항 후반에 기록된 "그러나 합법적인 권위로 말미암아 선하고 옳은 것에 대한 맹세가 부과될 때 그 맹세를 거절하는 것은 죄가 된다"는 내용은 1689년 런던 침례교 신앙고백서에는 빠져 있습니다. 1527년에 나온 아나뱁티스트의 신앙고백서 가운데 슐라이트하임 신앙고백서(Schleitheim confession)는 7개 조항으로 되어있는데 마지막 7항에서 "모든 맹세는 신약시대에 금지되었다"고 선언하고 있습니다.

침례교인들은 아나뱁티스트처럼 모든 맹세를 금지 한다는 입장도 아니고, 장로교처럼 합법적인 맹세를 거부하는 것은 죄라는 입장도 취하지 않습니다. 왜냐하면 로마가톨릭의 헛되고 거짓된 맹세에 대하여 너무 식상했었기 때문입니다. 그러므로 1689년 런던 침례교 신앙고백서 23장 3항 후반에 기록된 내용에서 이렇게 언급합니다. "성급하고 거짓되고 헛된 맹세를 통하여 하나님의 진노를 촉발하지 말아야 한다. 그런 연유로 이 땅은 통곡하게 되는 것이다." 맹세를 그처럼 기피한 아나뱁티스트들의 입장에도 이해할 만한 역사적 사유가 있다는 말입니다.

그럼에도 불구하고 침례교인들은 맹세와 서원의 합법성에 대해서는 전반적으로 개혁주의 교회들의 이해에 동조하는 입장입니다. 단지 지나치게 강경한 어조를 자제하면서 침례교회는 아나뱁티스트들의 입장과는 다르다는 것을 공표한 것입니다.

합법적인 맹세(Oath)에 대해

1. 먼저 1항은 합법적인 맹세가 무엇인가에 대해 정의 내리고 있습니다.

"합법적인 맹세는 종교적인 예배의 한 부분입니다. 이 맹세 행위에서 진리와 의와 올바른 판단에 따라서 맹세하는 맹세자는 자신이 맹세하는 내용에 관하여 엄숙하게 하나님을 증인으로 기원하여 진실성이나 허위성 여부를 하나님 앞에서 판단 받겠다는 것이다." 하나님을 불러 모시고 내 말이 진실인지 거짓인지 판단해 달라는 요청이 맹세입니다.

2. 2항에서는 "합법적인 권위에 의해서 요구되는 경우에는 합법적인 맹세가 행해질 수 있다"고 선언하고 있습니다. 이처럼 침례교회가 합법적인 맹세가 행해질 수 있다고 주장하는 근거는 여덟 가지가 있습니다.

첫째, "너는 너의 하나님 여호와의 이름을 망령되이 일컫지 말라" | 출 20:7 이 말씀은 여호와의 이름을 전혀 일컫지 말라는 것이 아니라 "망령되이" 일컫지 말라 한 것입니다. 하나님의 이름으로 거짓되게 맹세하지 말라는 의미이지, 전혀 맹세해서는 안 된다는 의미가 아닙니다.

둘째, "네 하나님 여호와를 경외하며 섬기며 그 이름으로 맹세할 것이니라" | 신 6:13 "네 하나님 여호와를 경외하여 그를 섬기며 그에게 친근히 하고 그 이름으로 맹세하라" | 신 10:20 이 말씀들은 하나님의 이름으로 맹세하는 일의 합법성을 말하고 있습니다.

셋째, "하나님이 아브라함에게 약속하실 때에 가리켜 맹세할 자가 자기보다 더 큰 이가 없으므로 자기를 가리켜 맹세하여 가라사대 내가 반드시 너를 복주고 복주며 너를 번성케 하고 번성케 하리라 하셨더니" | 히 6:13-14 하나님 자신이 하나님 자신을 가리켜 맹세하신 것은 하나님이 맹세의 모범을 보이신 것이며, 성도들의 맹세도 합법성이 있음을 말하는 것입니다.

넷째, 많은 구약의 성도들의 맹세가 합법성이 있는 일임을 보여줍니다.

"내가 너를 하늘의 하나님, 땅의 하나님이신 여호와를 가리켜 맹세하게 하노니

너는 나의 거하는 이 지방 가나안 족속의 딸 중에서 내 아들을 위하여 아내를 택하지 말고 내 고향 내 족속에게로 가서 내 아들 이삭을 위하여 아내를 택하라" | 창 24:3-4

야곱은 죽을 때에 요셉을 불러 맹세를 시켰습니다. "내가 조상들과 함께 눕거든 너는 나를 애굽에서 메어다가 선영에 장사하라 요셉이 가로되 내가 아버지의 말씀대로 행하리이다 야곱이 또 가로되 내게 맹세하라 맹세하니 이스라엘이 침상 머리에서 경배하니라" | 창 47:30-31

요셉도 직접 맹세한 장면이 있습니다. "요셉이 또 이스라엘 자손에게 맹세시켜 이르기를 하나님이 정녕 너희를 권고하시리니 너희는 여기서 내 해골을 메고 올라가겠다 하라 하였더라" | 창 50:25

다섯째, 모세 율법에도 맹세가 요구되는 경우가 있음을 증거하고 있습니다. 아내의 간통을 의심하는 남편은 제사장에게 데리고 가서 맹세를 시킵니다. 그러면 제사장은 "여인에게 맹세시켜 그에게 이르기를 네가 네 남편을 두고 실행하여 사람과 동침하여 더럽힌 일이 없으면 저주가 되게 하는 이 쓴 물의 해독을 면하리라" | 민 5:19 라고 말합니다. 간음을 하고도 하지 않았다고 맹세하면 쓴 물로 인해 배가 부어서 백성의 저주 거리가 되게 한다고 했습니다.

솔로몬이 성전봉헌 기도를 할 때에 "만일 어떤 사람이 그 이웃에게 범죄함으로 맹세시킴을 받고 저가 와서 이 전에 있는 주의 단 앞에서 맹세하거든" | 왕상 8:31 하나님이 옳고 그름을 판단해 달라고 기도하였습니다.

출애굽기 22:10-11절에도 두 사람 사이에 분쟁이 생겨날 경우 당사자가 여호와의 이름으로 맹세하면 믿어줘야 한다고 기록되어 있습니다.

여섯째, 선지자 이사야도 땅에서 맹세하는 일이 있다고 말씀했습니다 "땅에서 맹세하는 자는 진리의 하나님으로 맹세하리니" | 사 65:16

일곱째, 예수님도 맹세에 대해 동의하셨습니다. "대제사장이 가로되 내가 너로

살아 계신 하나님께 맹세하게 하노니 네가 하나님의 아들 그리스도인지 우리에게 말하라 예수께서 가라사대 네가 말하였느니라(Yes, it is as you say)" | 마 26:63-64 대제사장에게 네가 말한 바와 같이 내가 하나님의 아들 그리스도라고 하나님께 맹세하고 말한다고 하셨습니다. 그리스도께서도 맹세하신 것은 맹세가 합법적이라는 사실을 증명하는 것입니다.

여덟째, 바울도 맹세의 모범을 보인 것을 맹세가 신약시대에도 합법적이라는 것을 의미하는 것입니다. "내가 내 영혼을 두고 하나님을 불러 증거하시게 하노니 다시 고린도에 가지 아니한 것은 너희를 아끼려 함이라" | 고후 1:23

3. 그렇다면 마태복음 5:33-37절의 "도무지 맹세하지 말라" 말씀은 어떻게 해석해야 할까요? 앞의 성경 말씀에 비추어 보면 모든 맹세가 불법적이라는 말씀은 아니라고 보아야 합니다. 당시 바리새인들은 '하늘로', '땅으로', '예루살렘으로', '성전으로', '제단으로' 맹세하고 있었습니다. 그런 이름들이나 위선적이고 지킬 의도가 없는 불경한 맹세를 하지 말라는 의미입니다.

"화 있을찐저 소경된 인도자여 너희가 말하되 누구든지 성전으로 맹세하면 아무 일 없거니와 성전의 금으로 맹세하면 지킬찌라 하는도다 우맹이요 소경들이여 어느 것이 크뇨 그 금이냐 금을 거룩하게 하는 성전이냐 너희가 또 이르되 누구든지 제단으로 맹세하면 아무 일 없거니와 그 위에 있는 예물로 맹세하면 지킬찌라 하는도다" | 마 23:16-18

4. 2항 전반은 합법적인 맹세의 거룩성을 말씀하고 있습니다. 하나님의 이름으로만 맹세해야 하고, 거룩한 경외심과 경건한 마음으로 행해야 합니다. 하나님의 이름으로 맹세하면서 하나님의 이름을 허망하고 경솔하게 사용하는 것도 죄요, 하나님의 이름이 아닌 '다른 이름'으로 맹세하는 것도 죄악입니다. 이 두 가지 경우는 두려움으로 기피해야 합니다.

5. 합법적인 맹세가 필요한 세 가지 경우를 제시하고 있습니다.

첫째, 중대한 일이나 중요한 순간에 진리를 확인하기 위한 경우. 둘째, 맹세 이외의 다른 방법으로는 다툼이 종식되지 않을 경우. 셋째, 합법적인 권위자에 의해서 요구되는 경우입니다. 예를 들어 재판에서 증인들에게 맹세를 요구하는 경우를 들 수 있습니다. 이런 세 가지 경우는 구약이나 신약이나 맹세의 합법성을 인정하는 것입니다.

6. 합법적인 맹세를 하는 사람은 다음의 세 가지를 명심해야 합니다. 맹세는 중대하고 엄숙한 행동임을 명심해야 하고, 자신이 진리라고 확신하게 된 것 이외에는 무엇이든지 장담하지 말아야 하며 성급하고 거짓된 헛된 맹세를 통해 하나님의 진노를 촉발하지 말아야 합니다.

7. 맹세는 진실해야 합니다. 맹세가 진실하기 위해서는 맹세하는 사람의 언어에 세 가지 조건이 있어야 합니다. 첫째로 평범하고 일상적인 언어를 행해야 하고, 둘째, 두 가지 의미를 지니는 막연하고 모호한 언어를 피해야 합니다. 마지막으로 심중유보 즉 마음속으로는 다른 생각을 품는 거짓된 언어를 사용하지 말아야 합니다.

합법적인 서원(Vow)에 대해

1. 합법적인 서원의 대상은 오직 하나님뿐이십니다. 어떤 피조물도 서원의 대상이 될 수 없습니다. 그리고 합법적인 서원은 반드시 수행되어야 합니다. 서원은 종교적인 주의력과 성실성을 가지고 이루어져야 하며, 또한 수행되어야 합니다. 전도서에 "네가 하나님께 서원하였거든 갚기를 더디게 말라 하나님은 우매자를 기뻐하지 아니하시나니 서원한 것을 갚으라"|전 5:4 했습니다.

2. 그러나 로마가톨릭이 요구하는 3대 서원 즉 독신서원, 청빈서원, 순종서원이 세 가지는 수도원을 유지하기 위한 미신적이고 죄악된 올무 일뿐 하나님 앞에

합법적인 성원이 될 수 없습니다. 그리스도인들은 이런 올무에 얽매일 필요가 없습니다. 맹세나 서원에 관한 가르침은 소홀히 다룰 수 없는 중요한 주제입니다. 잘 깨닫고 조심스럽게 적용하여 유익을 얻게 되시기 바랍니다. ✝

◤정리를 위한 문제

1-2.
침례교인들은 아나뱁티스트들처럼 모든 맹세를 _____ 한다는 입장도 아니고, 장로교처럼 합법적인 맹세를 거부하는 것은 _____ 라는 입장도 취하지 않는다.

3. 합법적인 맹세를 하는 맹세자는 자신이 맹세하는 내용에 관하여 엄숙하게 하나님을 증인으로 기원하여 진실성이나 허위성 여부를 _____ 앞에서 판단 받는 것이다.

4. 마태복음 5:33-37절은 모든 맹세가 불법적이라는 뜻이 아니라 성경적이 아닌 위선적이고 지킬 의도가 없는 _____ 맹세를 하지 말라는 의미다.

5. 하나님의 이름으로만 맹세해야 하고, 거룩한 _____ 과 경건한 마음으로 행해야 한다.

6-7.
합법적인 맹세가 필요한 세 가지 경우는, 첫째, 중대한 일이나 중요한 순간에 _____ 를 확인하기 위한 경우 둘째, 맹세 이외의 다른 방법으로는 _____ 이 종식되지 않을 경우 셋째, 합법적인 권위자에 의해서 요구되는 경우다.

8. 합법적인 맹세를 하는 사람은 성급하고 거짓된 _____ 맹세를 통해

서 하나님의 진노를 촉발하지 말아야 한다.

9. 맹세하는 사람은 두 가지 의미를 지니는 막연하고 ＿＿＿＿＿＿ 한 언어를 피해야 한다.

10. 합법적인 서원은 종교적인 주의력과 성실성을 가지고 이루어져야 하며, 또한 ＿＿＿＿＿＿ 되어야 한다.

답: 1. 금지 2. 죄 3. 하나님 4. 불경한 5. 경외심 6. 진리
7. 다툼 8. 헛된 9. 모호 10. 수행

제24장

국가 위정자들에 관하여
OF THE CIVIL MAGISTRATE

[전문]

1항. 최고의 주가 되시고 온 세상의 왕이신 하나님께서는 자기의 영광과 공적인 선을 위해 | 창 6:11-13; 9:5-6; 시 72:14; 82:1-4; 잠 21:15; 24:11-12; 29:14, 26; 31:5; 겔 7:23; 45:9; 단 4:27; 마 22:21; 롬 13:3-4; 딤전 2:2; 벧전 2:14. 백성을 다스리는 | 시 82:1; 눅 12:48; 롬 13:1-6; 벧전 2:13-14 위정자들을 세우셔서 자기의 관할 하에 두셨다. 이 목적을 위하여 하나님은 그들에게 칼의 권세를 주어 선을 행하는 자들을 보호하고 격려하는 한편 악을 행하는 자들을 처벌하게 하셨다 | 창 9:6; 잠 16:14; 19:12; 20:2; 21:15; 28:17; 행 25:11; 롬 13:4; 벧전 2:14.

2항. 그리스도인들이 이 공직에 부름을 받았을 때 | 출 22:8-9, 28-29; 단, 느; 잠 14:35; 16:10, 12; 20:26, 28; 25:2; 28:15-16; 29:4, 14; 31:4-5; 롬 13:2, 4, 6 그것을 수락하고 집행하는 것은 정당한 일이다. 그들이 이 일에 종사할 때는 특별히 그 나라의 건전한 법에 따라서 정의와 평화를 유지해야 한다. 이 목적을 위해서 신약시대에 있

는 신자들은 정당하고 필요한 경우에 합법적으로 전쟁을 치를 수 있다. | 눅 3:14; 롬 13:4.

3항. 국가 위정자들은 하나님에 의해 앞에서 언급한 목적을 위해 세우심을 받았기 때문에, 그들이 명령하는 모든 합법적인 것 | 단 1:8; 3:4-6, 16-18; 6:5-10, 22; 마 22:21; 행 4:19-20; 5:29 들에 대해서는 하나님의 진노 때문만이 아니라, 우리의 양심을 위해서도 주님 안에서 복종 | 잠 16:14-15; 19:12; 20:2; 24:21-22; 25:15; 28:2; 롬 13:1-7; 단 3:1; 벧전 2:13-14; 렘 29:7; 딤전 2:13-14; 계 1:10 해야 한다. 그리고 우리는 왕들과 권세 있는 모든 자들을 위해 간구하고 기도해야 하는데 이는 그들 아래서 우리가 모든 경건과 정직한 중에 고요하고 평안한 생활을 하려 하기 위함이다. | 마 12:1-13; 막 2:27-28).

우선 24장의 제목을 보면 예수 그리스도가 국가정치와 무슨 관계가 있기에 이런 제목을 공부해야 하는가 하는 생각을 가질 수 있습니다. 그러나 이는 하나님의 주권이 미치는 영역이 교회뿐이라는 잘못된 생각에 근거하고 있는 질문입니다. 교회와 국가의 관계에 대해 역사적으로 네 가지 모델이 존재했습니다.

첫째, 교회가 국가를 지배하는 모델입니다. 중세 사회가 이와 비슷합니다.

둘째, 국가가 교회를 지배하는 모델입니다. 영국 성공회가 이와 비슷합니다.

셋째, 국가가 교회와 완전히 단절되었다는 모델입니다. 아나뱁티스트가 이와 비슷하고 현대 근본주의가 이와 유사한 사상을 가지고 있습니다. 교회는 하나님의 통치 아래 있고, 국가는 마귀의 지배 아래 있으므로 성도는 국가 위정자가 되어서는 안 된다는 사상입니다. 이는 초대교회 영지주의 사상과 같은 경향을 보이고 있습니다.

넷째, 교회와 국가의 분리 모델입니다. 교회와 국가는 모두 하나님의 지배아래 있지만, 교회와 국가는 서로 다루고 있는 영역이 다르다고 생각합니다. 개혁주의와 침례교회의 사상이 이와 비슷합니다. 그럼에도 불구하고 장로교회는 국가가 교회에 간섭하는 영역이 크고 강하며, 침례교회는 정치와 종교의 분리를 좀 더 철저히 주장하여 교회의 독립성을 더욱 강조하는 것입니다. 그렇다고 해서 침례교회가 아나뱁티스트처럼 단절의 모델을 따른 것은 아닙니다.

국가 위정자는 하나님이 임명하신 직분이다

1. 국가 위정자는 어느 위치에 있을까요? "각 사람은 위에 있는 권세들에게 굴복하라 권세는 하나님께로 나지 않음이 없나니 모든 권세는 다 하나님의 정하신 바라" |롬 13:1 이 말씀은 국가 위정자의 위치를 말해 줍니다. 하나님은 국가 위정자들을 백성 위에 두셔서 백성들을 다스리게 하셨지만, 하나님 아래에 위정자들을 두셔서 하나님의 관할을 받게 하신 것입니다.

그러므로 백성들이 국가 위정자들을 자기 아랫사람 취급하는 것도 잘못이지만 위정자들이 자기 위에는 아무도 없는 것처럼 행동하는 것도 잘못입니다. "그러므로 권세를 거스리는 자는 하나님의 명을 거스림이니 거스리는 자들은 심판을 자취하리라" |롬 13:2

2. 국가 위정자가 임명된 목적에 대해 신앙고백서 24장 1항 전반에 "하나님은 자기의 영광과 공적인 선을 위하여 위정자들을 임명하셨다"라고 선언하고 있습니다. 또한 1항 후반에서는 "선을 행하는 자들을 보호하고 격려하는 한편 악을 행하는 자들을 처벌하려는 목적이 있다"고 하였습니다. 하나님을 향해서는 하나님

의 영광을 드러내는 목적이요, 백성들을 향해서는 권선징악을 행함으로써 공적인 선을 이루기 위해 위정자들을 세우셨습니다.

  국가위정자가 하나님을 거역하는 방향으로 정치나 행정을 한다든가, 아니면 선한 자를 처벌하고 악한 자를 높인다든가 하면 하나님이 직접 국가 위정자와 그 후손들을 처벌하시는 이유가 됩니다.

  3. 국가 위정자가 가지고 있는 권세는 무엇일까요? 신앙고백서 24장 1항 중반에 "하나님은 이러한 목적을 이루시기 위해서 국가 위정자들에게 칼의 권세를 주셨다"고 하였습니다. 포악한 범죄자들을 처벌하고, 공적인 불의를 제어하기 위해서 사용되는 것이 칼입니다. 국가가 포악한 범죄자들에게 정당한 징벌을 하지 않으면, 그 칼은 위정자 자신을 향하게 될 것입니다. 불의한 판결을 하는 판사들은 이런 진리를 명심해야 할 것입니다. 사도 바울은 이 진리를 확증하고 있습니다.

"그는 하나님의 사자가 되어 네게 선을 이루는 자니라 그러나 네가 악을 행하거든 두려워하라 그가 공연히 칼을 가지지 아니하였으니 곧 하나님의 사자가 되어 악을 행하는 자에게 진노하심을 위하여 보응하는 자니라" | 롬 13:4

그리스도인이 공직을 수락해야 하는가

1. 이 문제에 관해 21세기에는 아무런 이슈가 되지 않습니다. 그러나 16세기 종교개혁기에는 첨예하게 대립하였던 이슈였습니다. 왜냐하면 아나뱁티스트들이 그리스도인은 공직을 수락해서는 안 된다고 주장했기 때문입니다. 아나뱁티스트의 신앙고백서인 슐라이트하임 고백서(Schleitheim Confession) 제14항은 "국가의 정치는 하나님께 가증스러운 것이며, 국가가 무력을 갖는 것은 마귀적인 악이기 때문에 절대로 가담치 말아야 한다"라고 하였습니다. 그러나 침례교인들은 이 문제에 관해서 아타뱁티스트들과는 견해를 달리하고 있습니다.

2. 성도가 공직을 수락하는 것은 윤리적으로 정당한 일임을 선언하고 있습니다. 누가복음 3:14절에서 군인들이 침례 요한의 설교를 듣고 회개했을 때 침례 요한이 군인들에게 공직을 그만두어야 한다는 말을 한 적이 없습니다. 로마서 13장에서 공직은 "다 하나님의 정하신 바요"(1절), "하나님의 사자요"(4절), "하나님의 일군"(6절)이라고 말했습니다.

3. 공직자들은 무엇에 관심을 두어야 할까요? 공직자들은 사명을 수행할 때에 그 나라의 건전한 법에 따라서 정의와 평화를 유지 하려는 일에 특별한 관심을 가져야 합니다. 공직자가 국가에 해를 끼치는 이적행위나 한다면 그는 마땅히 공직에서 추방되고 이적행위에 대한 처벌을 받는 것이 당연합니다.

4. 이에 관해 공직자들은 대단히 중요한 결정권을 가지고 있습니다. 국가의 정의와 평화를 유지하기 위해서는 국가는 정당하고 필요한 경우에는 합법적으로 전쟁을 치를 수 있는 것입니다. 평화론자들은 전쟁에 반대하는 논리를 펼치지만, 성경은 정당전쟁론을 지지하고 있는 것입니다. 국가의 위정자가 공적인 정의와 평화를 지키고자 공적인 결정을 내리는 것은 공직자의 특권입니다. 물론 전쟁은 비참한 일이지만 침략하는 적들과 테러를 하는 악인들에게 무저항으로 복종하는 것은 더욱 큰 비참을 초래하게 되는 상식적으로도 전혀 이해할 수 없는 일입니다.

아나뱁티스트들이나 여호와의증인들은 평화론을 내세워 전쟁을 거부하며 군대에 가는 것도 기피하는 그럴듯해 보이는 행동을 하지만, 남들이 피를 흘려 싸워 지킨 자유는 자기들이 누리겠다는 못된 생각입니다. 침례교는 이런 아나뱁티스트들과는 다른 사상을 가진 것입니다.

국가위정자들을 향한 성도들의 두 가지 의무 선언

1. 성도들은 국가위정자에 대한 복종의 의무를 갖고 있습니다. 복종 의무의 근거

는 무엇일까요? 국가 위정자들은 하나님이 세우신 종들이기 때문에 복종의 대상이 됩니다. 로마서 13:2절에 "권세를 거스리는 자는 하나님의 명을 거스림이니"라고 했습니다.

그러나 성도들이 국가위정자들의 모든 명령에 복종해야 하는 것은 아닙니다. 합법적인 명령에만 복종해야 할 의무가 있는 것입니다.

그리스도인들에게 합법적이냐 아니냐 하는 궁극적인 판단 기준은 하나님의 말씀입니다. 성도들은 국가가 우상에게 절하라 명하면 순종할 이유가 없습니다. 국가가 주일을 폐지하라 해도 순종할 이유가 없습니다. 하나님의 말씀에 어긋나는 명령에 대해서 성도들은 거부권과 저항권을 갖는 것입니다.

복종의 의무도 그 범위가 있다는 말씀입니다. 복종 의무는 '주님 안에서' 갖는 것입니다. 그러므로 복종 의무의 본질은 궁극적으로 신앙적이며, 하나님께 대한 복종의 표현입니다. 복종해야 하는 동기는 두 가지입니다. 하나는 국가위정자에 복종하지 않으면 심판을 자처하는 일이기 때문이고, 다른 하나는 국가위정자에 복종하지 않는 것은 성도의 양심에도 위반되기 때문입니다.

2. 성도들은 국가위정자들을 위해 기도의 의무를 갖습니다. 위정자들뿐만 아니라 권세 있는 모든 사람을 위해서 기도해야 합니다. 그 이유는 모든 경건과 단정한 중에 고요하고 평안한 생활을 하려 하기 위함입니다. 디모데전서가 기도의 의무를 명시하고 있습니다. "임금들과 높은 지위에 있는 모든 사람을 위하여 하라 이는 우리가 모든 경건과 단정한 중에 고요하고 평안한 생활을 하려 함이니라" | 딤전 2:2

교회도 국가 안에 존재하는 기관입니다. 국가가 불안하면 교회도 불안해 질 수밖에 없습니다. 국가가 공산화되면 교회는 북한처럼 폐쇄될 수밖에 없습니다. 그러므로 성도들은 국가를 사랑하고, 기도하고, 복종하는 것이 마땅합니다. 국가가 위기에 처하면 용감하게 국가의 안전을 위해 싸워야 합니다. ✝

📝 정리를 위한 문제

1. 하나님은 국가 위정자들을 백성 위에 두셔서 백성들을 다스리게 하셨지만, 하나님 _____ 두셔서 하나님의 관할을 받게 하셨다.

2-3. 국가 위정자는 하나님을 향해서는 하나님의 _____ 을 드러내고 백성들을 향해서는 _____ 을 행함으로써 공적인 선을 이루기 위한 목적으로 임명되었다.

4. 국가 위정자들은 포악한 범죄자들을 처벌하고, 공적인 불의를 제어하기 위해서 _____ 의 권세를 주셨다.

5. 국가는 정의와 평화를 유지하기 위해서는 국가는 정당하고 필요한 경우에는 합법적으로 _____ 을 치를 수 있다.

6. 국가 위정자들은 하나님이 세우신 종들이기 때문에 _____ 의 대상이 된다.

7-8. 국가 위정자들에게 복종해야 하는 동기는 첫째, 국가위정자에 복종하지 않으면 _____ 을 자처하는 일이기 때문이고 둘째, 국가위정자에 복종하지 않는 것은 성도의 _____ 에도 위반되기 때문이다.

9. 하나님의 _____ 에 어긋나는 명령에 대해서 성도들은 거부권과 저항권을 갖는다.

10. 성도들은 모든 경건과 단정한 중에 고요하고 평안한 생활을 하기 위해 국가위정자들을 위해서 _____ 의 의무를 갖는다.

답: 1. 아래 2. 영광 3. 권선징악 4. 칼 5. 전쟁 6. 복종
7. 심판 8. 양심 9. 말씀 10. 기도

제25장

결혼에 관하여
OF MARRIAGE

● [전문]

1항. 결혼은 한 남자와 한 여자 사이에 이루어져야 한다. 어느 남자든지 한 아내 이상을 두거나 어느 여자든지 한 남편 이상을 두는 것은 정당하지 못하다 | 창 2:24; 마 19:5-6; 딤전 3:2; 딛 1:6.

2항. 결혼은 남편과 아내가 서로 돕고 | 창 2:18; 잠 2:17; 말 2:14 합법적인 방식으로 인류를 증가시키며 | 창 1:28; 시 127:3-5; 128:3-4 부정을 막기 위한 목적 | 고전 7:2, 9 으로 제정되었다.

3항. 결혼에 동의할 수 있는 판단력을 행사 할 수 있는 사람은 누구든지 정당하게 결혼할 수 있다 | 고전 7:39; 고후 6:14; 딤전 4:3; 히 13:4 . 그러나 그리스도인들은 주 안에서 결혼해야 하는 의무를 가지고 있다. 그러므로 참된 신앙을 고백하는 자들은 신앙이 없는 자들이나 우상 숭배자들과 결혼하지 말아야 한다. 또한 경건한 자들은 그들의 생활방식이 악하다든가 저주받을 이단 사설을 주장하는 사람

들과 결혼하여 걸맞지 않는 멍에를 함께 메지 말아야 한다 | 고전 7:39; 고후 6:14 .

4항. 가까운 혈족이나 친족끼리는 결혼해서는 안 된다. 말씀이 금하고 있기 때문이다. 그런 근친 상간적인 결혼은 사람의 어떤 법으로나 어떤 단체의 허락으로도 그들이 남편과 아내가 되어 살 수 있도록 정당화 되지 못한다 | 레 18:6-18; 암 2:7; 막 6:18; 고전 5:1.

1689년에 발표된 제2차 런던 침례교 신앙고백서는 결혼에 관한 규정을 두고 있지만 두 가지 면에서 부족한 점이 있습니다.

하나는, 결혼이란 무엇인가 하는 정의를 정확하게 내려주고 있지 않다는 것입니다. 결혼에 대한 정확한 정의가 내려져야 이혼이나 배우자의 부정과 같은 주제도 그 정의에 입각해서 생각할 수 있게 되는 것입니다.

결혼이란 평생을 동반자로 살겠다는 공개적인 언약(Covenant of Lifetime Companionship)입니다. 단순한 약속과는 달리 언약에는 공적인 요소가 있으므로 목사님을 주례로 부모님을 비롯한 많은 사람들 앞에서 공개적으로 하는 결혼 예식은 폐할 수 없는 예식입니다. 또한 언약이란 일반적인 계약과는 달리 한번 체결하면 해약될 수 없습니다. 동반자란 육체적이며 정신적이며 영적인 모든 요소가 포함되어 동반자가 되어 산다는 의미입니다. 그러므로 결혼언약은 소홀하거나 경박하게 이루어져서는 안 됩니다. 결혼은 동반자로 살겠다고 하는 공적인 언약이 결혼에 관한 올바른 정의입니다.

둘째는, 이혼에 관해 규정하고 있지 않다는 점이 부족한 면입니다. 제2차 런던 침례교 신앙고백서가 가장 많이 참조한 웨스트민스터 신앙고백서는 24장 5항과 6항에서 이혼이 정당화되는 경우를 두 가지로 국한하고 있습니다.

하나는, 부부 중 한 사람이 부정을 저지른 경우입니다. 부부 중에 한 사람이 간음한 경우에는 무흠한 측에서 이혼 소송을 제기할 수 있다고 말하고 있습니다. 또한 만일 약혼을 하고 혼인을 하기 전에 간음한 사실이 있다면 약혼을 폐기할 수 있다고 하였습니다.

다른 하나는 부부 중 한 사람이 고의적으로 자기 배필을 버린 경우입니다. 이런 경우에도 이혼이란 권장할 만한 일은 아니며 단지 교회나 행정부가 화해시켜 줄 도리가 없기 때문에 소극적인 허용을 할 뿐이라고 했습니다.

결혼은 일부일처제가 하나님의 뜻이다

1. 성경은 일부일처제가 하나님의 근본 의도이심을 분명하게 선포하고 있습니다. "이러므로 한 남자가 부모를 떠나 그 아내와 연합하여 둘이 한 몸을 이룰지로다" | 창 2:24

"감독은 책망할 것이 없으며 한 아내의 남편이 되며" | 딤전 3:2

"책망할 것이 없고 한 아내의 남편이며 방탕하다 하는 비방이나 불순종하는 일이 없는 믿는 자녀를 둔 자라야 할지라" | 딛 1:6 장로는 한 아내의 남편이 되어야 한다고 했습니다.

2. 구약 시대에는 여러 아내를 둔 경우를 보게 됩니다. 아브라함, 야곱, 다윗과 같은 사람들이 중혼한 것은 하나님의 본래 원칙과는 어긋나는 일입니다. 하나님의 원칙과 어긋나는 행동을 했기 때문에 아브라함이 저지른 일이 오늘날까지 영향을 미치고 있는 것입니다.

그러나 구약 시대는 신약 시대만큼 하나님의 법이 명백히 계시된 시대가 아니었으므로 신약시대의 기준을 그대로 적용해서 정죄하시지는 않으셨습니다. 그러나 복음이 명확하게 계시된 신약시대의 중혼은 마음의 악함을 더 드러내는 것이므로 허용될 수 없는 것입니다.

결혼의 중요한 목적이 무엇인가

2항에서는 결혼의 중요한 세 가지 목적을 제시하고 있습니다.

　1. 남편과 아내가 서로 돕고 살아가도록 하는 것이 결혼의 제일 중요한 목적입니다. "여호와 하나님이 가라사대 사람이 독처하는 것이 좋지 못하니 내가 그를 위하여 돕는 배필을 지으리라 하시니라"|창 2:18 남편과 아내가 항상 서로를 협력하고 돕는 것이 결혼의 제일 목적입니다.

　2. 합법적인 방법으로 인류를 증가시키기 위한 목적이 있습니다. 그러므로 부부의 성생활을 필요악이라고 말해서는 안됩니다. 자녀는 하나님이 주신 축복이므로 축복이 악에서 나온다고 말해서는 안되기 때문입니다. "하나님이 그들에게 복을 주시며 가라사대 생육하고 번성하여 땅에 충만하라"|창 1:28 "자식은 여호와의 주신 기업이요 태의 열매는 그의 상급이로다"|시 127:3

　우리나라의 큰 문제는 출산율이 급격히 저하되고 있다는 것입니다. 인류의 감소는 심각한 사회문제가 되어 돌아올 것입니다. 부모님 세대는 자녀를 많이 낳아서 한강의 기적을 이루었습니다. 우리 젊은 부부들도 성경 말씀을 따라 생육하고 번성해야 합니다.

　3. 부부생활을 통해 성적인 부정을 방지하기 위한 목적도 있습니다. 그러므로 부부생활의 목적을 오로지 자녀출산만 위한 것이라고 말해서도 안됩니다. 결혼을 통해 부부생활을 즐기며 마귀가 틈타 음행으로 이끄는 것을 막기 위함입니다. "음행의 연고로 남자마다 자기 아내를 두고 여자마다 자기 남편을 두라. 남편은

그 아내에게 대한 의무를 다하고 아내도 그 남편에게 그렇게 할찌라" | 고전 7:2-3

결혼의 합법적인 당사자가 누구인가

1. 결혼에 동의할 수 있는 판단력을 가진 사람은 '누구든지' 정당하게 결혼할 수 있습니다. 여기에서 '누구든지'라는 말은 '모든 종류의 사람들'(All Sorts of People)입니다. 그러므로 노인도 결혼할 수 있고, 장애인도 결혼할 수 있고, 인종이 달라도 결혼할 수 있습니다.

그러나 모든 것이 가능하다 해도 모두 덕을 세우는 것은 아니라는 원칙에 근거해서 덕스러운 결혼을 해야 할 것입니다. | 고전 7:25-40 .

결혼이 허용되지 않는 경우는 무엇인가

결혼이 허용되지 않는 경우는 두 가지가 있습니다.

1. 신앙적인 제한입니다.

불신자들이나 우상숭배자들, 이단자들과는 결혼하지 말아야 합니다. 이런 경우는 세상 법으로는 합법적이라고 하더라도 두 마리의 소가 맞지 않는 멍에를 메고 서로 고생하는 경우와 같이 고통이 심하리라는 것입니다. "너희는 믿지 않는 자와 멍에를 같이하지 말라. 의와 불법이 어찌 함께하며 빛과 어두움이 어찌 사귀며" | 고후 6:14 인간적으로나 경제적으로 조금 부족한 면이 있더라도 신앙이 있고 믿음이 있는 사람을 선택해야 합니다.

2. 자연적인 제한입니다.

레위기 18:6-18절은 결혼에서 절대 허용되지 않는 친족의 범위를 명백하게 제시하고 있습니다. 어미, 아비, 계모, 자매, 손녀, 외손녀, 배다른 형제, 고모, 이모, 백숙모, 형제의 아내, 자부, 여인과 여인의 딸이나 손녀나 외손녀를 동시에 취하는 경우, 아내가 생존해 있는데 아내의 형제를 취하는 경우입니다.

그러므로 단순히 동성동본이라고 결혼이 허용되지 않는 것은 아닙니다. 그러나 4항의 근친상간적인 결혼은 하나님의 말씀이 절대 금하고 있으므로 어떤 법으로도 허용이 안 되고 어떤 단체의 허락으로도 정당화되거나 허용되지 않습니다.

성도는 두 가지 기관을 귀하게 여겨야 합니다. 교회와 가정입니다. 이 두 기관은 하나님이 직접 세우신 기관이기 때문입니다. 성도는 가정생활을 존귀하게 여겨야 마땅하고 결혼 언약을 생명을 걸고 지켜나가야 합니다. 결혼 언약을 어기는 사람은 하나님의 일꾼이 될 수 없습니다. ✝

▎정리를 위한 문제

1. 결혼이란 평생을 동반자로 살겠다는 공개적인 _____ 이므로 소홀하거나 경박하게 이루어져서는 안 된다.

2-3. 웨스트민스터 신앙고백서 24장 5항과 6항에서 이혼이 정당화되는 경우를 두 가지로 국한하고 있는데 첫째, 부부 중 한 사람이 _____ 한 경우에는 무흠한 측에서 이혼 소송을 제기할 수 있고 둘째, 부부 중 한 사람이 고의적으로 자기 배필을 _____ 경우이다.

4. 성경은 _____ 가 하나님의 근본 의도이심을 분명하게 선포하고 있다.

5-7. 결혼의 중요한 세 가지 목적은 *첫째*, 남편과 아내가 서로 _____

살아가도록 하는 것이고 둘째, 합법적인 방법으로 인류를 ~~~~~~~~~~
시키기 위한 것이며 셋째, 부부생활을 통하여 성적인 ~~~~~~~~~~ 을
방지하기 위한 것이다.

8. 결혼에 동의할 수 있는 판단력을 가진 사람은 ~~~~~~~~~~ 정당하게
결혼할 수 있다.

9-10.
결혼이 허용되지 않는 두 가지 경우는 첫째, ~~~~~~~~~~ 들이나
우상숭배자들, 이단자들. 둘째, ~~~~~~~~~~ 의 결혼은 하나님의 말씀으로
금하고 있음으로 어떤 법이나 어떤 단체의 허락으로도 허용되지 않는다.

답: 1. 언약 2. 간음 3. 버린 4. 일부일처제 5. 돕고 6. 증가 7. 부정 8. 누구든지 9. 불신자 10. 근친상간

제26장

교회론에 관하여
OF THE CHURCH

[전문]

1항. 성령의 내적 활동과 은혜의 진리를 통해 이루어지는 보편적이고 우주적인 교회는 비가시적이며 과거나 현재나 미래에 있어서 머리 되신 그리스도 아래 하나로 모이는 모든 택한 백성들로 구성된다 | 히 12:23; 골 1:18; 엡 1:10, 22, 23; 엡 5:23, 27, 32 . 이것은 그리스도의 신부요 몸이며 만물 안에서 만물을 충만케 하시는 자의 충만이다.

2항. 전 세계를 통해 복음에 대한 신앙을 따라서 그리스도로 말미암아 하나님에 대한 순종을 고백하고, 신앙적인 기초를 무너뜨리는 오류이거나 불경건한 언어로 인해서 자신들의 신앙고백을 파괴하지 않는 모든 사람들은 가시적인 성도들이라고 불리워진다 | 고전 1:2; 행 11:26 . 이들은 지역 교회로 구성되어야 한다.

3항. 하늘 아래에서는 아무리 깨끗한 교회라도 흠과 결함이 있다 | 롬 1:7; 엡 1:20-22 . 어떤 교회는 매우 타락하여 그리스도의 교회가 아니라 | 계 18:2; 살후 2:11-12 , 사

단의 회가 될 수도 있다. 그럼에도 불구하고 그리스도는 이 세상에서 그를 믿고 그의 이름을 고백하는 자들로 구성된 왕국을 이 세상이 끝날 때까지 언제나 가지고 계셨고, 영원히 가지고 계실 것이다. | 마 16:18; 시 72:17; 시 102:28; 계 12:17.

4항. 주 예수 그리스도는 교회의 머리이시다. 아버지께서는 예수 그리스도에게 가장 최상의 주권적인 방법으로 성도를 부르시고 교회를 세우시고 조직하시고, 다스리시는 모든 능력을 주셨다 | 골 1:18; 마 28:18-20; 엡4:11-12. 로마의 교황은 어떤 의미에서든 결코 교회의 머리가 될 수 없으며 오히려 적그리스도이고 | 살후 2:2-9 죄의 아들이며 그리스도를 대적하여 자신을 높이는 지옥의 아들이며 하나님을 훼방하는 자이다. 주님께서는 다시 오실 날 주님의 빛으로 그를 파멸시키실 것이다.

5항. 하나님께로부터 받으신 능력을 행하실 때에 주 예수 그리스도는 자신의 말씀의 사역과 성령을 통하여 아버지께서 자신에게 주신 자들을 세상으로부터 자신에게로 부르셔서 | 요 10:16; 요 12:32, 말씀으로 그들에게 가르치신 대로 그들이 모든 면에서 순종하여 하나님 앞에서 행하도록 하신다 | 마 28:20. 이렇게 불러내신 자들에게 그는 상호 덕을 세우기 위해서나, 그가 이 세상에서 그들에게 요구하시는 적당한 공적인 예배를 드리기 위해서 지역교회를 이루어서 함께 행하도록 명령하신다 | 마 18:15-20.

6항. 이런 교회의 회원들은 부르심을 받은 성도로서 | 롬 1:7; 고전 1:2 그리스도의 부르심에 순종하여 그들의 고백에 맞도록 행동하고 가시적으로 자기들의 고백을 증명해야 한다. 그들은 그리스도께서 명령하신 바에 따라 기꺼이 함께 행하기를 동의해야 하고 하나님의 뜻에 따라 자기 자신들을 주님과 서로서로에게 헌신해야 하며 고백한 복음의 명령들에 순종해야 한다 | 행 2:41-42; 행 5:13-14; 고전 4:13.

7항. 자신의 생각에 따라 모아지고 자신의 말씀으로 선포한 각각의 교회에게

주님은 질서를 따라 예배를 드리고 명령과 규율과 함께 능력의 적절한 실행을 위해 요구되는 권징에 필요한 모든 능력과 권세를 주셨다. | 마 18:17-18; 고전 5:4-5, 13; 고후 2:6, 8.

8항. 그리스도의 뜻에 따라 모여지고 완전하게 조직된 개별적인 교회는 직분자들과 회원들로 구성되어 있다. 직분자들은 하나님에 의해 택함을 받고 교회에 의해 구별된다. 그들은 주님께서 그들에게 부여하시거나 요구하시는 특별한 명령과 의무 혹은 능력을 행하기 위해 부르심을 받아 세워진 자들이다. 이들에는 세상 끝까지 계속될 것으로 목사 혹은 장로와 집사가 있다. | 행 20:17, 28; 빌 1:1.

9항. 성령이 충만하고 은사가 있는 어떤 사람을 불러 교회에서 목사나 장로로 세우기 위해 그리스도께서 명하신 방법은 각자의 교회에서 일상적인 투표를 통해 선택하는 것이다. | 행 14:23. 교회는 기도와 금식을 통해 엄숙히 선별해야 하며, 만일 이미 조직되어 있는 목회자들의 안수를 통해 구별해야 한다. | 딤전 4:14. 집사도 동일한 투표를 통해 선택을 해야 하며 기도와 동일한 방법의 안수를 통해 구별되어야 한다. | 행 6:3, 5-6.

10항. 목사의 임무는 계속해서 교회 내에서 그리스도의 예배에 참석하여 말씀을 선포하고 기도하며 그가 위임받은 성도들의 영혼을 돌보는 것이다. | 행 6:4; 히 13:17. 사역을 하는 목사에게 존경을 표하며 능력에 따라 온갖 좋은 것을 함께 나누어 | 딤전 5:17-18; 갈 6:6-7 안락한 생활을 하여 세속적인 일에 얽매이지 않게 하고 | 딤후 2:4 다른 사람들에게 친절을 베풀 수 있게 하는 것은 | 딤전 3:2 교회의 임무이다. 이것은 자연 질서의 법이며 | 고전 9:6, 14 우리 주 예수께서 복음을 전하는 자들은 복음으로 말미암아 살리라고 말씀하신 명령에 따른 것이다.

11항. 교회에서 지속적으로 말씀을 선포하는 것은 직책상 목사들의 임무이지만, 말씀을 선포하는 일은 그에게만 국한 되지 않는다. 교회에서 인정되고 부름

을 받은 성령에 충만하고 은사가 있는 사람은 | 행 11:19-21; 벧전 4:10-11 말씀을 선포 할 수 있고 선포해야 한다.

12항. 모든 신자들은 그들에게 기회가 허락하는 대로 지역 교회의 회원이 되어야 한다. 또한 교회의 회원으로서 특권이 허락된 모든 사람은 그리스도의 규율아래 교회의 훈육과 통치아래 있어야 한다 | 살전 5:14; 살후 3:6, 14-15.

13항. 어떤 교회의 회원이 다른 사람에게 죄를 지어 피해를 입힌 경우에 피해자를 향하여 성경에 명시된 의무를 수행한 후에는 동료 회원을 향한 범죄로 말미암아 교회의 질서를 어지럽히거나, 교회의 모임에 결석하거나 교회의 의식에 불참하는 일이 없어야 하며 교회가 그 사안을 처리하는 동안에 잠잠히 그리스도의 처분을 기다려야 한다. | 마 18:15-17; 엡 4:2-3.

14항. 각 교회와 교회의 모든 지체들은 모든 그리스도의 교회들의 선과 번영을 위해 어디서나, 언제든지 각자의 위치와 부르심의 한계에 따라 그들의 은사와 은혜를 사용하여 기도해야 한다 | 엡 6:18; 시 122:6 . 또한 하나님의 섭리 가운데 세워진 교회들은 서로에게 유익이 되고 기회가 허락하는 대로 서로의 평화와 사랑의 성숙과 상호 유익을 위해 교제를 해야 한다 | 롬 16:1-2; 요삼 8-10.

15항. 교리나 행정에 있어서 어려움이나 차이가 있을 수 있는데, 이런 문제들은 교회의 전체적인 문제 일 수도 있고 혹은 개별 지역교회의 평화나, 일치나 혹은 교육의 문제일 수도 있으며 혹은 개별 성도가 교회에 해를 입힌 경우에 교회의 권징 절차가 진리와 질서에 어긋나는 경우도 있을 수 있다. 함께 교제하는 교회들이 대표자를 파견하여 문제의 차이점을 함께 생각해 보며 적절한 충고를 하고 | 행 15:2, 4, 6, 22-23, 25 모든 교회가 관심을 갖도록 하는 것은 그리스도께서 의도하신 바이다. 그러나 파견된 대표자들은 개별 교회나 사람에 대해 이른바 교권을 부여 받은 것도 아니며, 교회 일반에 대한 사법권을 부여 받아 교회나 개인에 대해서 그

권한을 행사 할 수 있는 것도 아니며, 그들의 결정을 개 교회나 개인에게 강요 할 수 있는 것도 아니다 | 고후 1:24; 요일 4:1.

장로교의 웨스트민스터 고백서와 가장 두드러지게 차이가 나는 부분이 바로 〈제26장〉의 교회론입니다. 웨스트민스터 고백서는 단지 6항 만을 두지만, 침례교의 고백서는 15개 항으로 구성되어 있습니다. 이처럼 교회론에서 침례교회와 장로교는 가장 큰 차이를 보이는 것입니다.

침례교의 교회론은 1658년에 발표된 회중 교회의 고백서인 사보이 신앙고백서(Savoy Declaration of Faith)를 많이 참조하였습니다. 사보이 고백서는 17-18세기 회중교회의 거장들이었던 토마스 굿윈(Thomas Goodwin), 존 오웬(John Owen), 존 카튼(John Cotton), 조나단 에드워즈(Jonathan Edwards) 등이 신봉한 고백서였습니다.

26장은 두 부분으로 나뉘어 있는데 1-4항은 우주적 교회를 다루고 있고, 5-15항은 지역교회를 다루고 있습니다. 1-4항은 웨스트민스터 고백서의 영향이 크고, 5-15항은 사보이 고백서의 영향이 큽니다.

우주적 교회의 불가시성

1. 우주적 교회의 개념의 첫 특징은 우주적 교회의 불가시성입니다(1-2항). 우주적 교회를 표현하는 세가지 중요한 단어 첫째는 가톨릭(Catholic), 둘째는 택자들(Elect), 셋째는 불가시적(Invisible) 이라는 단어들입니다. 여기서 가톨릭이라는

단어는 로마 가톨릭을 의미하는 것이 아니라 단순히 지역에 국한되지 않는 우주적 교회라는 의미입니다. 그러므로 우주적 교회란 불가시적인 교회로서 하나님이 창세전에 택하신 택자들의 모임이라고 정의 할 수 입니다.

우주적 교회가 불가시적이라는 의미에는 세가지 뜻이 포함되어 있습니다. 택자를 모으시는 성령의 역사가 불가시적이라는 것이 첫번째 의미요, 다른 사람의 영혼 속에 있는 은혜를 완전하고 정확히 판단할 수 없다는 것이 두 번째 의미요, 교회는 지상에서 가시적으로 드러나지만 아직도 누가 더 들어올지는 알 수 없다는 의미입니다. 가시적인 교회는 불가시적인 우주적 교회의 부분적인 표현입니다. 그러므로 가시적인 교회의 회원으로도 인정받지 못하는 사람이 불가시적인 교회의 회원권을 주장할 수는 없는 것입니다.

2. 참된 우주적 교회는 영원성(3항)을 소유합니다.

프랑스 철학자 볼테르가 교회는 사라질 것이라고 예언했지만 도리어 그의 집은 성경인쇄소로 변해버렸습니다. 지역 교회가 특정지역에서 영원히 보존되리라는 보장은 없지만 우주적 교회는 불가시적으로 영원히 계속될 것입니다. 지역교회는 비록 오류와 이단 사상에 빠져서 타락할 수 있지만, 참된 신앙을 고백하는 우주적 교회는 언제나 지속됩니다.

3. 우주적 교회는 권위성을 갖습니다(4항).

우주적 교회가 권위가 있다는 말은 첫째로, 주 예수께서 우주적 교회의 머리요 최종권위라는 의미입니다. 둘째로, 로마교황은 어느 의미로도 교회의 머리가 될 수 없다는 뜻입니다. 이 고백서가 로마 교황을 적그리스도라고 표현한 것은 당시의 개신교 지도자들의 이해를 반영한 것입니다. 이런 견해는 오늘날도 왜 그렇게 생각하는가에 대한 문제를 연구해 볼 필요가 있는 주제입니다. 왜냐하면 로마 교회의 사상이 성서와 어긋난 면이 많다는 점은 지금도 바뀌지 아니했기 때문입니다.

4. 그렇다면 그리스도는 어떻게 권위를 행사하시는가?

첫째로 성령을 통해서 행사하십니다. 성령은 그리스도의 대리자이십니다. 둘째로 교회의 우주적 감독들인 사도들을 통해서 행사하십니다. 셋째로는 지역교회의 감독들을 통해서 행사하십니다. 그러나 지역교회 감독의 권위는 그 지역교회에 국한 됩니다. 그러므로 로마의 감독이 우주적인 감독권을 갖는 다는 것은 거짓된 주장입니다.

지역교회의 기원

1. 지역교회의 기원(5항)은 예수 그리스도의 사역에 근거하고 있습니다. 우주적 교회의 머리 되시는 예수 그리스도께서 말씀사역과 성령의 사역을 통해 성부가 택하신 영혼들을 불러모으시는데 그 기원이 있습니다.

그리스도는 불러모으신 택자들이 상호 덕을 세우며 공적 예배를 수행하기 위한 목적으로 지역 교회를 형성하도록 명령하셨습니다. 상호 덕을 세우는 일은 말씀을 가르침으로 세워주는 것(Edification)을 의미합니다.

2. 예수 그리스도께서 세우신 교회의 회원(6항)들은 먼저 그리스도의 참된 제자가 되어야 하며, 침례를 받음으로써 지역교회에 가입되어야 합니다. 제자 삼는 일과 침례를 주는 일, 교회 회원이 되는 일은 지상명령에 대한 순종의 행위입니다.

3. 이러한 지역 교회는 하나님이 허락하신 권위와 능력(7항)을 소유합니다. 지역교회는 권위와 능력을 갖습니다. 고린도교회처럼 문제가 많은 교회라도 권위와 능력을 상실하지 않습니다. 교회는 이 땅에서 충분한 권위를 가지고 있습니다. 마태복음 18:18-19절을 보면 교회가 땅에서 매면 하늘에서도 풀리리라 하셨고, 두 사람이 땅에서 합심하여 무엇이든지 구하면 하늘에 계신 아버지께서 이루어 주신다고 약속하셨습니다. 고린도전서 5장에도 주 예수 그리스도의 능력이 회중가

운데 임하여 계시므로(4절), 악한 자들은 회중에서 쫓아내라고 말씀하셨습니다.

4. 교회 권위의 기원은 예수 그리스도십니다. 예수 그리스도 자신이 지역교회 권위의 기원이십니다. | 마 18:20, 고전 5:3-5 . 하나님께서 교회에 큰 권위를 주신 것은 첫째, 악한 자들을 지역교회에서 출교시키기 위한 것이고 | 마 18:17, 고전 5:7, 13 , 둘째는 예배에 영적 능력을 주시기 위함입니다. | 마 18:20.

5. 지역 교회가 이런 권위를 행사하는 구체적인 규율과 질서는 마태복음 18:15-17절, 고린도전서 5:4절, 11절과 고린도후서 2:6-8절에 규정되어 있습니다. 요한계시록 2-3장의 소아시아 일곱 교회를 향한 말씀 속에서 각 지역교회는 지역교회 회원들의 권징에 관해서 독자적인 권위를 가지고 있음을 보여주고 있습니다. 그리스도는 결코 한 지역교회가 다른 지역교회의 권징의 문제에 간섭, 개입할 것을 명시하거나 암시하지 않으셨습니다.

지역교회의 구성과 운영의 문제

1. 지역교회는 항존 직분을 소유하고 있습니다. 지역 교회는 두 구성원이 있으며 이들의 명칭은 직분자(Officers)들과 회원(Members)들로 구성됩니다. 두 항존 직분은 감독과 집사로 나누어집니다.

감독은 장로 혹은 목사라고도 불립니다. 헬라적 배경으로는 감독이요, 히브리적 배경으로는 장로요, 목회적인 입장에서는 목사로 불리는데, 하나의 지역교회는 복수로 감독을 가질 수 있습니다. 이러한 항존 직분의 임명은 선거와 안수의 두 가지 절차를 거쳐서 임명됩니다.

안수는 교회의 목사들이 손을 얹어 기도함으로 이루어지지만 이보다 먼저 그리스도의 임명과 성령의 은사 주시는 은혜가 선행되어야 합니다. 교회의 항존 직분에서 목사의 사명은 가장 중대한 사역을 맡고 있습니다.

2. 목사의 가장 중요한 사명은 말씀의 사역입니다. 이 사역이 중대한 사역이므로 교회는 목사가 물질에 대한 걱정으로 세속 일에 종사하지 않도록 교회의 능력에 따라서 적절한 물질적 사례를 해야 합니다. 디모데전서 5:17-18절에는 목사에 대한 물질적인 사례를 '존경'이라고 표현했는데 "배나 존경할 자로 알라"라고 하였습니다.

갈라디아서 6:6절에서는 "가르침을 받는 자는 말씀을 가르치는 자와 모든 좋은 것을 함께하라"(Sharing)이라고 하였고, 고린도전서 9:14절에서는 "주께서도 복음전하는 자들이 복음으로 말미암아 살리라"(Living)이라는 표현을 사용하였습니다. 목사에 대한 적절한 사례는 자연법칙이나 주님의 명령에도 당연한 일로 간주되는 것입니다 | 고전 9:7-14.

목사의 사명이 말씀 사역이라 해서, 회원들이 말씀 사역을 할 수 없다는 말은 아닙니다. 회원들도 목사의 보조자로서 말씀의 사역을 할 수 있으나 교회지도력에 순종하여 교만심에 빠지지 말아야 할 것입니다. 말씀의 사역은 성령에 의해 은사를 받고, 교회가 인정한 사람이 해야 합니다.

3. 교회는 교회 회원을 치리 할 수 있으며 회원은 그 권위에 순종해야 합니다. 모든 신자들은 지역교회에 가담해야 하며, 교인으로서의 특권을 누릴 뿐만 아니라, 교회의 통치에 순복해야 합니다. 한 교회의 회원이 다른 회원에게 범죄하여 피해를 입힌 경우에는 마태복음 18:15-17절에 규정된 대로 피해자에게 의무를 수행해야 하며, 그 일로 인하여 예배나 교회의식에 불참하거나 교회를 어지럽히는 일이 없어야 합니다. 교회에서 권징절차가 진행되는 동안 잠잠히 기다리며 순복해야 합니다.

4. 지역교회 상호간의 교제는 서로의 선과 번영을 위해 서로 유익이 되고, 평화와 사랑의 성숙을 위해 상호 교제해야 합니다. 지역교회 간에 교리나 행정의 차이가 있는 경우에는 함께 교제하는 교회의 대표자들이 적절한 충고를 할 수는 있

으나, 개별교회에 대한 사법권을 부여 받지는 못합니다.

침례교회는 회중교회로서 독특한 교회관을 가지고 있습니다. 민주적인 교회이면서도 성경에 따른 목회자의 권위를 인정하는 교회입니다. 회중의 참여와 직분자의 헌신과 목회자의 권위가 적절히 조화되는 교회가 가장 건강한 교회입니다. ✝

정리를 위한 문제

1. 우주적 교회를 표현하는 세 가지 중요한 단어는 _____, _____, _____ 이다.

2. _____ 가 특정지역에서 영원히 보존되리라는 보장은 없지만, _____ 는 불가시적으로 영원히 계속될 것이다.

3. 우주적 교회가 권위가 있다는 말은 _____ 께서 우주적 교회의 머리요 최종권위라는 의미이며 동시에 _____ 은 어느 의미로도 교회의 머리가 될 수 없다는 뜻이다.

4. 지역교회는 _____ 사역에 근거한다. 우주적 교회의 머리 되시는 예수 그리스도께서 말씀 사역과 성령의 사역을 통해 성부가 택하신 영혼들을 불러모으심에 그 기원이 있다.

5. 교회의 회원들은 먼저 그리스도의 _____ 가 되어야 하며, _____ 를 받음으로써 지역교회에 가입되어야 한다.

6. 지역 교회는 하나님이 권위를 주신 이유는 첫째, _____ 을 지역교회에서 출교시키기 위한 것이고, 둘째는 _____ 에

영적 능력을 주시기 위해서다.

7. 지역교회는 항존 직분을 소유한다. 이들의 명칭은 _____ 들과 _____ 들로 구성된다.

8. 항존 직분의 임명은 선거와 안수의 두 가지 절차를 거쳐서 임명된다. 항존 직분에서 목사의 가장 중요한 사명은 _____ 이다.

9. 교회는 교회 회원을 _____ 할 수 있으며 회원은 그 권위에 순종 해야 한다.

답: 1. 가톨릭, 택자들, 불가시적 2. 지역적 교회, 우주적 교회 3. 주 예수, 로마 교황 4. 예수 그리스도 5. 참된 제자, 침례 6. 악한자들, 예배 7. 직분자, 회원 8. 말씀 사역 9. 치리

제27장

성도의 교통에 관하여
OF THE COMMUNION OF SAINTS

[전문]

1항. 성령의 내주와 믿음 | 엡 3:16-17; 갈 2:20; 고후 3:17-18 으로써 그들의 머리 되신 예수 그리스도 | 엡 1:4; 요 17:2, 6:2; 고후 5:21; 롬 6:8; 8:2, 17; 고전 6:17; 벧후 1:4 와 연합을 이룬 모든 성도들은 비록 예수 그리스도와 하나의 위격이 되는 것은 아니지만 | 고전 8:6; 골 1:18-19; 딤전 6:15-16; 사 42:8; 시45:7; 히 1:8-9 그리스도의 은혜와 고난과 죽음, 부활과 영광 | 요일 1:3; 요 1:16; 15:1-6; 엡 2:4-6; 롬 4:25; 6:1-6; 빌 3:10; 골 3:3-4 에 참여하여 그와 교제를 가진다. 또한 성도들끼리는 사랑으로 연합되어 각자가 받은 은사와 은총5)을 함께 나누며, 영육간의 상호 유익을 이루기 위한 공적 및 사적인 의무들을 질서정연하게 이행할 의무가 있다 | 요13:34-35; 14:15; 엡 4:15; 벧전 4:10; 롬 14:7-8; 고전 3:21-23; 12:7, 25-27, 롬 1:12; 12:10-13; 살전 5:11, 14; 벧전 3:8; 요일 3:17-18; 갈 6:10.

2항. 신앙을 고백함으로써 성도가 된 사람들은 하나님께 대한 예배뿐만이 아니라 상호 건덕 | 히 3:12-13; 10:24-25 을 위한 다른 영적인 봉사와, 또한 성도들의 다

양한 능력과 필요 | 행 11:29-30; 고후 8-9; 갈 2; 롬 15 에 따라서 외적인 육신생활의 분야에서 서로 돕는 일에 있어서, 거룩한 교제와 교통을 지속할 의무가 있다. 복음의 규칙에 따르자면 이러한 교통은 우선 가족이나 교회내부나 | 딤전 5:8, 16; 엡 6:4; 고전 12:27 성도들이 처한 관계에서 특별히 이루어져야 하지만, 그러나 하나님이 기회를 주시는 대로, 전체 믿음의 권속들, 주 예수의 이름을 부르는 | 행 11:29-30; 고후 8-9; 갈 2:6, 10;롬15 모든 곳에 존재하는 모든 성도들에게 확대되어야 한다. 그럼에도 불구하고 성도 상호간에 나누는 이 교제는 각자가 자신의 물품들과 소유물에 대하여 가지고 있는 개인적인 재산권리나 소유권을 탈취하거나 침해하는 것은 아니다 | 행 5:4; 엡 4:28; 출 20:15.

성도가 교회에 머무는 중요한 이유는 목회자의 설교를 통해 은혜를 받기 때문이지만, 그것과 함께 중요하게 여겨야 할 것은 성도들 간의 교통 교제입니다. 구역이나 성가대나 혹은 교회학교에 소속되어 봉사를 하면서 서로를 알아주고 기도해주고 사랑해주고 위로해주는 일이야 말로 교회 건강성을 파악하는 기능 중 가장 중요한 것 중에 하나입니다.

성도의 교통(Communion)이란 예수 그리스도와 일치와 연합을 전제로 하는 것이며, 그 일치를 근거로 해서 영적인 것과 물질적인 것을 나누는 일(Sharing)을 포함합니다. 성도의 교통은 다른 말로는 성도의 교제(Fellowship)라고 합니다.

성도의 교통의 구속적 근거는 그리스도와 연합이다

1. 우리는 그리스도와 연합된 존재입니다. 그리스도와의 연합을 가장 잘 설명할 수 있는 것은 침례입니다. 믿음을 고백한 성도들이 처음에 순종으로 받는 것이 침례인데, 침례는 물속에 들어가며 내가 죽고, 물속에서 나오며 그리스도와 함께 연합하여 다시 산 존재가 되었다는 것을 상징하는 의식입니다. 그리스도와 개개인이 연합되었기 때문에 우리는 모두 그리스도와 함께 연합된 사람들입니다.

성도의 교통은 단순한 인간적인 연합도 아니며, 인간 대 인간으로 맺어진 직접적인 연합도 아닙니다. 성도의 교통은 그리스도를 공동의 구주로 모시고 있는 연합이며, 그리스도를 매개로 한 간접적인 연합입니다.

2. 그리스도와의 연합을 이루기 위해서는 두 가지 조건이 있어야 합니다.

첫 번째는 성령의 내주하심이 있어야 합니다. 두 번째는 믿음이 있어야 합니다. 성령께서 신자의 마음속에 내주하시는 은혜와 신자들의 믿음의 행사라는 두 가지 조건이 없이는 그리스도와 연합을 이룰 수 없습니다.

그러나 그리스도와 연합을 이루었다고 해서 그리스도와 하나의 위격을 이루는 것은 아닙니다. 웨스트민스터 고백서는 이 점을 좀더 자세하게 서술하고 있습니다. "성도들이 그리스도와 더불어 가지는 이 교제는 그들로 하여금 그리스도의 신성의 본체에 조금이라도 참여할 수 있다거나, 그리스도와 동등한 존재가 됨을 의미하는 것은 절대로 아닙니다. 이것을 인정함은 불경건하고 망령된 일입니다."(26장 3항) 각종 신비주의적 이단자들은 그들 자신도 신이 된다고 주장하나, 이 고백서는 이런 신비주의를 단호히 배격합니다.

3. 신자가 그리스도와 연합되었다는 것은 그리스도가 행하신 모든 일과, 그리스도가 중보자로서 현재 소유하시는 모든 것은 그리스도와 연합한 자의 것이 된다는 의미입니다. 그리스도의 고난이 나의 고난이고, 그리스도의 죽으심이 나의

죽음이고, 그리스도의 부활이 나의 부활이 됩니다. 그리스도가 영광을 받으신 것은 나에게 영광을 주시기 위함입니다. 그리스도의 모든 공로가 나의 것이 되는 것입니다. 이처럼 성도가 그리스도와 연합되면 저절로 성도간에도 연합이 되는 것입니다.

성도의 교통에 대한 일반적 정의

1. 성도의 교통이란 그리스도와의 연합이 그 근간이 되어 성도들끼리 서로 사랑함으로 연합이 되어 각자가 받은 은사와 은총을 함께 나누는 것이라고 정의 할 수 있습니다. 연합을 통해 영적인 유익과 육신적인 유익을 서로 나누는 것입니다. 그리스도와 연합된 사람은 그리스도를 사랑하게 되고 그리스도를 사랑함은 그리스도의 몸이요, 신부인 교회를 사랑하는 것입니다.

2. 연합된 사람들은 자신이 가진 것들을 나눌 수 있습니다. 음악을 잘 하면 성가대에서, 가르치는 것을 잘하면 아이들을 가르치고, 숫자를 좋아하면 재정부에서 일하며 교회를 세워갈 수 있습니다. 뿐만 아니라 큰 교회는 작은 교회를 도우며 연합됨을 보일 수 있습니다. 우리 지방회 목사님의 아들이 백혈병에 걸렸을 때 지방회 교회들이 서로 나누어 병원비를 준적이 있고, 우리교회도 골수 이식을 위해 장로님들이 돈을 드리자고 해서 은사와 은총을 나누었던 일이 있습니다. 이 모든 일이 이루어진 이유는 그리스도와의 연합을 통해 한 지체가 되었고, 성도들 간에 연합이 이루어져 있기 때문입니다.

머리만 사랑하고 몸은 사랑하지 않는 일은 있을 수 없는 일입니다. 성도들은 자기 자신 만을 위해서 사는 존재들이 아닙니다. 그리스도와 이웃을 위해서 살게 됩니다. 왜냐하면 성도들 서로 서로는 그리스도의 몸의 지체를 이루기 때문입니다. 그리스도의 몸을 이루고 있는 성도들은 각자 받은 은사와 은총을 나누며, 영육간의 상호 유익을 이룹니다.

    3. 성도들이 가진 유익을 상호간에 주기 위해서 공적인 의무와 사적인 의무들을 질서정연하게 이행해야 합니다. 그렇다고 모든 소유를 공동소유로 인식해서는 안됩니다. 성경은 철저히 사유재산을 보호하고 있기 때문입니다. 사유재산을 인정하면서 성도의 필요를 위해 나누는 자발성이 있는 연합이 이루어져야 하며, 이 일에는 질서가 있어야 한다는 의미입니다.

성도의 교통은 구체적으로 어떻게 표현되는가

1. 성도의 교통이 구체적으로 표현되는 영역은 영적인 영역과 육신적인 영역으로 나뉘어집니다.

    영적인 영역은 하나님에 대한 예배와 상호 덕을 세우기 위한 영적인 봉사, 구체적으로는 교육이나, 선교나, 권면이나, 전도 등의 영적인 영역이 이에 해당됩니다. 육신적인 영역은 외적인 육신적인 생활에서 성도들이 서로 돕는 일을 하는 것입니다. 성도는 이 두 가지 영역에서 거룩한 교제와 교통을 지속해야 합니다.

    2. 성도의 교통의 대상자들은 우선 성도의 직접적인 교제권에 있는 가족, 교회의 성도들과 교통해야 합니다. 또한 이러한 교통은 우주적 교회로 확대되어야 합니다. 그러나 이러한 성도의 교통에는 분명한 한계가 있습니다. 성도의 교통은 개인의 소유권이나 재산권을 탈취하여 공산사회를 이루는 것이 아닙니다. 성도들의 자발적인 참여와 헌신으로 이루어 지는 것입니다.

    교회는 그리스도와 연합을 이룬 사람들이 건강한 성도의 교통을 이룰 때에 건강한 교회가 교회가 되는 것입니다. 성도는 혼자 살아갈 수 있는 존재가 아닙니다. 그리스도의 몸의 지체이기 때문에 서로에게 유익을 주며 살아야 합니다. ✝

정리를 위한 문제

1. 성도의 교통이란 _____ 와 일치와 연합을 전제로 하며, 그 일치를 근거로 _____ 과 _____ 을 나누는 일을 포함한다.

2. 성도의 교통은 단순한 _____ 연합도 아니며, _____ 인 연합도 아니다.

3. 그리스도와의 연합을 이루기 위한 두 가지 조건은 _____ 과 _____ 이다.

4. 그리스도와 연합을 이루었다고 해서 그리스도와 _____ 을 이루는 것은 아니며, _____ 를 단호히 배격한다.

5. 신자와 그리스도와 연합은 그리스도가 행하신 _____ 과, 그리스도가 _____ 로서 현재 소유하시는 모든 것이 그리스도와 연합된 자의 소유가 된다는 의미다.

6. 성도의 교통이란 _____ 이 그 근간이 되어 성도들끼리 서로 _____ 함으로 연합이 되어 각자가 받은 은사와 은총을 함께 나누는 것이다.

7. 성도들은 _____ 만을 위해서 사는 존재들이 아니다. 성도들 서로 서로는 그리스도의 몸의 지체를 이루기 때문에 그리스도와 _____ 을 위해서 살게 된다.

8. 성도의 교통이 구체적으로 표현되는 영역은 예배나 건덕을 위한 _____ 인 영역과 생활에서 서로 돕는 _____ 인 영역이다.

9. 성도들의 교제는 가까이에는 직접적인 교제권에 있는 가족, 교회의 _____ 들과의 교제로 시작하여 _____ 교회로 확대되어야

한다.

10. 성도의 교통은 개인의 소유권이나 재산권을 _____ 하여 공산사회를 이루는 것이 아니다. 성도들의 _____ 인 참여와 헌신으로 이루어진다.

답: 1. 그리스도, 영적, 물질적 2. 인간적, 직접적 3. 성령의 내주, 믿음 4. 하나의 위격, 신비주의 5. 모든 일, 중보자 6. 그리스도와의 연합, 사랑 7. 자기 자신, 이웃 8. 영적, 육신적 9. 성도, 우주적 10. 탈취, 자발적

제28장

침례와 주의만찬에 관하여
OF BAPTISM AND THE LORD'S SUPPER

[전문]

1항. 침례와 주의만찬은 유일한 법제정자이신 | 마 28:19-20; 고전 11:24-25 주 예수께서 제정하셔서 그의 교회에게 세상 끝까지 계속하라고 주신 적극적이면서 주권적인 제도적 의식들이다 | 마 28:18-20; 롬 6:3-4; 고전 1:13-17; 갈 3:27; 엡 4:5; 골 2:12; 벧전 3:21; 고전 11:26; 눅 22:14-20).

2항. 이 거룩한 의식들은 그리스도의 명령에 따라서 집행되어야 하며, 자격이 있고 그 일에 부르심을 받은 사람들에 의해서 집행되어야 한다 | 마 24:45-51; 눅 12:41-44; 고전 4:1; 딛 1:5-7).

웨스트민스터 고백서 제27조에서 5개 항으로 서술된 '성례전에 관하여'(of the Sacraments) 내용을 침례교는 2개 조항으로 줄여놓았습니다. 그리고 우리 고백서는 성례전이라는 단어를 회피하고 있습니다.

가톨릭과 개신교의 결정적인 차이점 중에 한가지는 성례전에 관한 것입니다. 가톨릭은 7성례전이라고 해서 7가지 성례전을 집행하지만 개신교는 침례와 주의 만찬 두 가지뿐입니다.

침례와 주의만찬을 '성례전'이라고 부를 것이냐, '교회의식'이라고 부를 것이냐는 문제는 성례전을 인식하는 개념에 따라 달라질 수 있습니다.

첫째, 성례전이라는 단어는 라틴어 'Sacramentum'에서 나온 말인데 이 단어는 로마 가톨릭의 성경인 라틴 벌게이트에서 '신비'(Mystery)라는 번역어로 사용된 것입니다. 그러므로 성례전 자체에 어떤 신비적 변화나 능력이 있다는 의미로 사용 된다면, 즉 사효성의 원리를 믿는다면 침례교가 이 용어의 사용을 거부해야 마땅합니다. 개신교는 인효성의 원리를 따르기 때문입니다.

둘째, 그러나 성례전을 일반적으로 교회의 거룩한 의식이라는 의미로 사용한다면 사용할 수도 있을 것입니다. 그러나 성례전이라는 단어를 사용했을 때 가톨릭적인 신비한 능력이 연상되어 용어의 혼란이 초래된다면 교회 의식(Church Ordinances)이라는 용어로 충분할 것입니다. 그래서 침례교회는 교회의식이라는 단어를 사용합니다.

교회 의식의 특수성

제1항에서는 침례와 주의만찬을 '적극적이며 주권적인 제도'(Positive and Sovereign Institution)라고 서술하고 있습니다.

적극적인 제도라는 의미는 웹스터 사전에 따르면 '자연에 거스른'(opposed to

nature)라고 정의되어 있습니다. 다시 말하면 침례와 주의만찬은 자연법이 요구하는 내용이 아니라는 것입니다. 구약에서도 요구되지 않던 것이요, 오직 신약시대에 예수님께서 주권적으로 제정하셔서 교회에 준 제도라는 의미입니다.

교회의식의 제정자

이 두 가지 의식은 교회의 법을 수여하실 수 있는 유일한 권위자이신 예수 그리스도께서 제정하셨습니다. 그러므로 이 두 가지 의식을 준수하는 것은 예수 그리스도의 권위에 순종한다는 의미가 있습니다.

교회의식의 지속성

침례와 주의만찬, 이 두 가지 교회의식을 세상 끝까지 지속하라고 말씀하셨습니다. 사도들이 죽어도 이 두 가지 의식은 계속 되어야 하며 세상 끝까지, 즉 예수 그리스도의 재림 시까지 지속되어야 합니다.

그러므로 교회의식은 과거적인 측면으로 그리스도의 희생을 기억하며, 미래적인 측면으로 그리스도의 재림을 기대하는 의미가 있습니다.

교회의식의 합당한 집행

제1차 런던 침례교 고백서에는 '모든 제자들은' 누구나 교회의식을 집행할 수 있다고 되어 있고, 웨스트민스터 고백서는 오직 '안수 받은 목사들만'이 의식을 집행할 수 있다고 하였습니다. 그러나 필라델피아 고백서는 그 중간적 위치를 취하여 '자격이 있고, 그 일에 부르심을 받은 사람들'에 의해서 집행될 수 있다고 하였습니다.

그러므로 안수 받은 목사가 있을 때는 당연히 목사가 집행하되, 그리스도의 명령에 따라 집행해야 합니다. 그러나 안수 받은 목사가 없는 경우는 가까운 목사의 지도 아래 적절한 사람이 집행할 수도 있을 것입니다. ✝

정리를 위한 문제

1. 침례교는 성례전의 _____ 변화나 능력이 있다는 의미를 거부하고, 교회의 _____ 이라는 의미를 수용하여, 용어의 혼란 예방을 이유로 교회의식이라는 용어를 사용한다.

2. 침례교는 _____ 와 _____ 만을 교회의식으로 인정한다.

3. 교회의식은 유일한 권위자이신 _____ 께서 제정하셨으므로 두 가지 의식을 준수하는 것은 예수 그리스도의 권위에 _____ 한다는 의미가 있다.

4. 교회의식은 예수 그리스도의 _____ 까지 지속되어야 한다. _____ 적인 측면으로 그리스도의 희생을 기억하며, _____ 적인 측면으로 그리스도의 재림을 기대하는 의미가 있다.

5. 교회의식의 집행자는 _____ 이 있고, 그 일에 _____ 을 받은 사람들로서 일차적으로는 안수받은 목사가 집행하고 없는 경우에는 가까운 목사의 지도 아래 적절한 사람이 집행할 수도 있다.

6. 침례에는 그리스도의 _____ 과 _____ 에 연합되는 의미와 _____ 의 상징과 마음의 도덕적 변화라는 세 가지 의미가 있다.

7. 침례교는 ＿＿＿＿＿ 라는 원리를 고수하며,
   가톨릭의 ＿＿＿＿＿ 과 장로교의 유아세례를 거부한다.

8. 특수 침례교도들은 개혁교도들처럼 ＿＿＿＿＿ 을 믿되 유아세례는
   거부한다. 은혜언약은 오직 ＿＿＿＿＿ 에게 국한되는 것이지,
   육신의 자손까지 자동적으로 포함하는 것은 아니기 때문이다.

9. 구약의 할례와 신약의 침례가 ＿＿＿＿＿ 이라는 점에서는 공통성이
   있지만, 대상자를 저절로 동일시 할 수 없고, 유아들은 개인적이고 지적인
   ＿＿＿＿＿ 이 불가능하고, 신약성서는 일관성 있게 신자의 침례를
   시행하고 있기 때문에 유아세례를 거부한다.

10. 침례의 양식이 ＿＿＿＿＿ 인 이유는 그리스도와 연합하여 죄에 대하여
    ＿＿＿＿＿, 그리스도와 함께 ＿＿＿＿＿ 하는 상징적 의미를
    제대로 전달하기 때문이다.

답: 1. 신비적, 거룩한 의식 2. 침례, 주의만찬 3. 예수 그리스도, 순종 4. 재림, 과거, 미래
5. 자격, 부르심 6. 죽으심, 부활, 죄사함 7. 신자의 침례, 침례중생설 8. 언약신학, 믿는 자
9. 언약적 표식, 신앙고백 10. 침수례, 죽고, 부활

제29장

침례에 관하여
OF BAPTISM

● [전문]

1항. 침례는 예수 그리스도께서 제정하신 신약성서의 의식이다. 침례는 침례받는 당사자 에게는 첫째로, 그리스도의 죽으심과 부활에 참여함으로 그리스도와 연합되는 표식이며 | 롬 6:3-5; 골 2:12; 갈 3:27 , 둘째로, 죄들이 사함 받는 표식이며 | 막 1:4; 행 22:16 셋째로, 예수 그리스도를 통하여 하나님께 자신을 의탁하여 새생명으로 살고 행한다는 표식이 된다 | 롬 6:4.

2항. 하나님을 향한 회개와 우리의 주 예수 그리스도에 대한 신앙과 순종을 실제로 고백하는 사람들만이 이 의식의 합당한 유일한 자격자들이다 | 마 3:1-12; 막 1:4-6; 눅 3:3-6; 마 28:19-20; 막 16:15-16; 요 4:1-2; 고전 1:13-17; 행 2:37-41; 8:12-13; 36-38; 9:18; 10:47-48; 11:16; 15:9; 16:14-15, 31-34; 18:8; 19:3-5; 22:16; 롬 6:3-4; 갈 3:27; 골 2:12; 벧전 3:21; 렘 31:31-34; 빌 3:3; 요 1:12-13; 마 21:43.

3항. 이 의식에 사용되는 외적 요소는 물이며, 침례 받는 사람은 물속에 들어가

서 | 마 3:11; 행 8:36, 38; 22:16 성부, 성자, 성령의 이름으로 침례 받는 것이다 | 마 28:18-20.

4항. 침수례 즉 사람을 물 속에 담그는 방식이 이 의식의 합당한 시행을 위해서 요구되는 방식이다 | 왕하 5:14; 시 69:2; 사 21:4; 막 1:5, 8-9; 요 3:23; 행 8:38; 롬 6:4; 골 2:12; 막 7:3-4; 10:38-39; 눅 12:50; 고전 10:1-2; 마 3:11; 행 1:5, 8; 2:1-4, 17.

침례의 영적인 의미

1. 침례 의식에서 가장 중요한 요소는 수침자입니다. 왜냐하면 침례는 하나님과 수침자 개인간의 언약적인 의식이기 때문입니다. 그러므로 주의만찬이 예배라는 공적인 환경에서 집행된 반면에 침례는 종종 공적인 환경이 아니라 사적인 환경에서도 행해졌습니다. 이 점이 주의만찬과 다른 점입니다. 주의만찬은 집단적인 의식이지만, 침례는 개인적인 의식입니다.

우리교회는 예배당에 침례소가 있어 주일 예배 후에 이 의식을 갖지만 종종 수양관의 야외 침례소에서 행하기도 합니다. 강과 같은 큰 물이 없거나 별도의 침례소가 없었던 과거에는 목욕탕에서 침례를 베풀기도 했습니다.

침례 자체가 구원을 주는 것은 아니나, 침례의식을 무시해서는 안 됩니다. 결혼식이 결혼시키는 것은 아니나, 혼인 당사자들에게 중요한 의식인 것과 마찬가지입니다.

2. 침례에는 네 가지 의미가 내포되어 있습니다.

침례란 무엇인가? 침례는 복음의 언어적인 형태를 비언어적 가시적인 의식으로 표현한 것이라고 함축성 있게 말할 수 있습니다.

첫째, 침례는 예수님을 믿고 난 후 첫 순종이라는 의미가 있습니다. 예수 믿는 사람이 처음 할 일은 침례를 받는 것입니다. 침례를 받으며 완전히 주님께 순종한다는 의미를 내포합니다.

둘째, 침례는 물속에 들어갔다가 나옴으로써 그리스도의 죽으심과 부활에 연합되는 의미가 있습니다(Union with Christ). 그러므로 이러한 연합의 의미를 가장 잘 설명하는 것은 세례가 아니라 침수 침례입니다.

셋째, 침례는 수침자의 죄가 사함 받았다는 것을 상징합니다(remission of sins). 자신이 죄 사함 받은 것을 온 회중이 알 수 있게 공적으로 시행하는 것입니다. 그래서 침례는 스스로 시행할 수 없습니다.

넷째, 침례는 예수 그리스도를 통하여 하나님께 자신을 외탁하여 새 생명으로 살고 행한다는 마음의 도덕적 정화(moral purification of our heart)의 의미가 있습니다.

침례의 합당한 대상자

1. 침례의 합당한 대상자라는 명제는 누가 침례를 받을 수 있느냐 하는 문제입니다.

침례교의 입장은 단호합니다. 오직 하나님께 회개하고 주 예수 그리스도에 대한 신앙을 고백한 자만이 합당한 대상자가 됩니다. 신자의 침례(Believers' Baptism) 원리를 고수하는 것입니다. 침례는 복음에 대한 신앙적 반응(Saving response to the Gospel)이므로 유아들에게 시행 될 수 없음은 당연합니다.

2. 역사적으로 침례에 대하여 여러 가지 신학적 주장이 존재해 왔습니다. 전통

적으로 로마가톨릭 교회는 영세중생설(Baptismal regeneration) 주장해 영세가 중생을 주는 효과가 있다고 주장했습니다. 세례를 받아야 중생한다는 주장이지만 우리는 이에 동의할 수 없습니다.

중생은 영세라는 의식이 아닌 오직 성령과 말씀에 의해 믿음으로 이루어지기 때문에 침례교, 재침례교, 개혁교 전통에 속한 사람들은 이런 사상을 부인했습니다. 오직 믿음으로 영생을 얻고, 침례를 받는 다는 것은 영생이 있는 믿음을 갖게 되었음을 전제로 이루어지는 의식입니다.

3. 영세중생설을 반대하는 개신교도들 가운데에서도 유아세례를 반대하는 사람들이 침례교도들입니다. 개혁교도들은 언약신학에 근거해 유아세례를 주장하고 있습니다. 유아세례를 주장하는 사람들의 논리는 다음과 같습니다.

은혜언약(Covenant of Grace)은 신자들뿐만 아니라 신자들의 육신적 자녀까지 포함 한다는 것입니다. 택함 받은 육신의 자녀까지 자동적으로 택한 자가 된다는 것을 언약적 자녀(Covenantal Children)라고 부릅니다. 침례교회도 개혁주의 은혜언약을 따르지만 이러한 언약적 자녀의 개념은 거부합니다. "We believe in the doctrine of the covenant grace. But we do not believe the covenantal children."

이들이 유아세례를 주장하는 또 다른 근거는 할례입니다. 구약시대 언약의 표식은 할례였기 때문에 어린아이들에게 적용되었고 때로는 어른들에게도 적용되었습니다. 신약시대 언약의 표식은 세례이며, 할례를 대신하였고 따라서 세례는 어른들뿐 아니라 유아들에게도 시행되어야 한다는 것입니다.

그러나 로마서는 육신적인 할례가 중요한 것이 아니라 마음의 할례가 중요함을 말하고 있습니다. "대저 표면적 유대인이 유대인이 아니요 표면적 육신의 할례가 할례가 아니라 오직 이면적 유대인이 유대인이며 할례는 마음에 할찌니 신령에 있고 의문에 있지 아니한 것이라 그 칭찬이 사람에게서가 아니요 다만 하나님에

게서니라"| 롬 2:28-29

침례교 특히 개혁주의적 칼빈주의 신학구조를 가진 특수 침례교도들은 개혁교도들처럼 언약신학을 믿기는 하되 언약적 자녀라는 개념은 거부합니다. 은혜언약은 오직 믿는 자에게 국한되는 것이지, 그 육신의 자손까지 자동적으로 포함하는 것은 아니라는 말입니다. 믿음의 자녀라도 개인적으로 예수를 믿음으로 고백한 사람에게 침례를 시행해야 합니다.

4. 침례교인들은 유아세례론에 대해서 다음과 같이 반응합니다.

첫째, 구약의 할례와 신약의 침례가 언약적인 표식이라는 점에서 공통성이 있지만, 그 시행 대상자를 저절로 동일시 할 수는 없는 것이다.

둘째, 침례 받은 자는 마땅히 주의만찬에 참여해야 하는데 유아세례 받은 자가 주의만찬에 참여하려면 개인적이며 지적인 신앙고백이 별도로 있어야 한다. 그러나 유아는 그러한 믿음의 고백을 하지 못하기 때문에 이러한 유아들에게 세례를 주는 것은 논리적 모순입니다.

셋째, 신약성서는 일관성 있게 신자의 침례를 시행하고 있으며, 유아세례 주장자들이 근거 구절로 내세우고 있는 일부 구절들은 그 논리가 박약합니다 | 마 19:13-15; 막 10:13-16; 눅 18:15-17.

침례의 외적 요소

1. 침례는 물을 사용합니다. 물은 씻는 것을 상징하는 의미가 강하기 때문입니다. "이제는 왜 주저하느뇨 일어나 주의 이름을 불러 침례(세례)를 받고 너의 죄를 씻으라 하더라"| 행 22:16

2. 그리고 침례는 거룩한 삼위일체 하나님의 이름으로 받는 것입니다. 지상명령은 이 점을 분명히 명하고 있습니다. "예수께서 나아와 일러 가라사대 하늘과 땅

의 모든 권세를 내게 주셨으니 그러므로 너희는 가서 모든 족속으로 제자를 삼아 아버지와 아들과 성령의 이름으로 침례를 주고 내가 너희에게 분부한 모든 것을 가르쳐 지키게 하라 볼찌어다 내가 세상 끝날까지 너희와 항상 함께 있으리라 하시니라"| 마 28:18-20

3. 침례의 양식은 '침수례'(Immersion or Dipping)입니다. 그러나 다른 양식으로 세례나 관수례를 받은 사람을 무효라고 선언하는 것은 아닙니다. 단지 합당한 방식으로 침례를 주려면 침수례가 요구된다고 선언한 것입니다.

초대교회에는 침수례를 시행했습니다. 그러나 물이 없는 사막과 같은 지역에서는 침수례를 베풀 수 없고 물을 머리 위에서 붓는 관수례가 허용되었다가, 국가교회의 시행으로 세번 머리에 물을 바르는 세례형식으로 간소화 되었던 것입니다.

그러나 침례교회는 어쩔 수 없을 때에는 약식침례로 세례와 같은 형식의 침례를 베풀 수는 있지만 특수한 경우를 제외하고는 물속에 들어가는 침수례를 베풀어야 성경적인 줄 믿는 것입니다.

4. 오직 침수례만이 그리스도와의 연합의 의미를 잘 설명해줍니다. 침례의 원어는 밥티조이며 이 용어는 헬라어의 문자적 의미로 침수례를 뜻합니다. 침례가 주는 상징적인 의미는 예수 그리스도와 연합하여 죽고 부활하는 것인데, 오로지 침수례만이 그 상징적 의미를 가장 잘 전달할 수 있습니다. ✟

▸ 정리를 위한 문제

1. 침례란 "복음의 언어적인 형태를 비언어적 가시적인 _____ 으로 표현한 것"이라고 함축성 있게 말할 수 있다.

2. 침례는 첫째, 물속에 들어갔다가 나옴으로써 그리스도의 죽으심과 부활에

_____ 되는 의미가 있다.

3. 둘째, 침례는 수침자가 _____ 을 받았다는 것을 상징한다.

4. 셋째, 예수 그리스도를 통해 하나님께 자신을 외탁하여 새생명으로 살고 행한다는 _____ 의 의미가 있다.

5. 침례는 오직 하나님께 회개하고 주 예수 그리스도에 대한 신앙을 고백한 자만이 받을 수 있다는 _____ 원리를 고수한다.

6. 침례교인들은 개혁교도들처럼 '언약신학'을 믿지만, '언약적 자녀'라는 개념을 거부하며 _____ 를 인정하지 않는다.

7. 침례는 죄를 씻는다는 상징적인 의미에서 물을 사용한다. 그러나 _____ 보다는 _____ 가 그리스도의 연합과 부활을 상징하는데 더욱 효과적인 전달 방식이라고 믿는다.

답: 1. 의식 2. 연합 3. 죄사함 4. 마음의 도덕적 정화
5. 신자의 침례 6. 유아세례 7. 세례, 침수례

제30장

주의만찬에 관하여
OF THE LORD'S SUPPER

●[전문]

1항. 주 예수의 만찬은 주님께서 배반당하시던 그 날 밤에 직접 제정하신 것으로서 이 세상이 끝날 때까지 자신의 교회에서 거행하여 자신의 속죄의 죽으심을 지속적으로 기억하고 드러내도록 하신 것이다 | 고전 11:23-26 . 그리스도께서 이 성례전을 제정하신 목적은 신자들에게 그리스도의 죽음이 가져다주는 모든 은택을 확립해 주기 위한 것이다. 즉, 신자들이 그리스도 안에서 영적인 양식을 공급받고 성숙하게 하는 것, 신자들이 그리스도에게서 비롯된 모든 의무에 더욱 헌신적으로 뛰어들도록 하는 것, 신자들이 그리스도와 및 동료 신자들과 나누는 교제의 띠요 보증물이 되도록 하는 것이다 | 고전 10:16-21.

2항. 이 의식에서는 그리스도께서 성부하나님께 바쳐지는 것도 아니며, 또한 산 자와 죽은 자의 죄를 용서하시기 위해서 어떤 희생 제사가 실제로 이루어지는 것이 아니다. 오직 그리스도가 십자가 위에서 영원히 단번에 직접 드린 그 희생을 기

넘할 뿐이다 |히 9:25-28 . 그리고 이 기념에는 갈보리 십자가로 인하여 하나님께 가능한 모든 찬양으로 드리는 영적 봉헌이 수반된다 |고전 11:24; 마 26:26-27 . 그러므로 교황주의적 미사 희생제의는 가장 혐오스러운 것이며 그리스도께서 드린 희생을 손상하는 것이다. 그리스도께서 드린 희생은 택자들의 모든 죄를 씻기 위한 유일한 속죄이다.

3항. 주 예수 그리스도는 이 의식에서, 자신의 사역자들이 기도하고 떡과 포도주라는 요소에 축복한 뒤에, 성찬 참여자들에게 떡을 떼어주고 잔을 나누어 참여하도록 정하셨다 |고전 11:23-26.

4항. 참여자들에게 잔을 나누기를 거부하는 것, 성찬의 요소들을 예배하고 찬양을 바칠 정도로까지 높이거나 그럴듯한 종교적인 용도로 사용하기 위하여 보존하는 행위들은 이 의식의 본성과 그리스도의 제정하심에 전적으로 반하는 것이다 |마 26:26-28; 15:9; 출 20:4-5.

5항. 이 의식에서, 그리스도께서 정하신 대로 올바르게 나누고 사용된 외적인 요소들은 비록 상징적인 방식에 의해서이지만 그 외적 요소들이 가리키는 것들 즉, 그리스도의 살과 피를 가리키는 명칭으로 사용될 정도로 십자가에 달리신 그리스도와 관련이 있다 |고전 11:27 . 그러나 이 외적 요소들은 실질적으로는 여전히 의식에서 사용되기 전과 마찬가지로 진정으로 떡과 포도주로 남아 있을 뿐이다 |고전 11:26-28.

6항. 일반적으로 화체설이라고 알려진 교리 즉, 사제의 축성에 의해서 혹은 어떤 다른 방법에 의해서 떡과 포도주라는 실체가 그리스도의 살과 피라는 실체로 바뀌는 변화가 발생한다고 주장하는 가르침은 성경뿐만 아니라 상식과 이성에도 맞지 않는다 |행 3:21. 이것은 의식의 본성을 뒤집고 수많은 미신과 조잡한 우상숭배의 원인일 뿐이다 |고전 11:24-25.

7항. 합당하게 참여하는 자들 즉, 이 의식의 가시적인 요소들에 외적으로 참여하는 사람들은 그 요소들을 육적으로가 아니라 내적이며 영적으로 즉, 참으로 실제로 믿음에 의하여 받아들이는 것이다. 그리고는 십자가에 달리신 그리스도와 그의 죽으심이 주는 모든 은택을 받아 누리는 것이다. 그리스도의 살과 피는 물질적으로 혹은 육적으로 존재해 있는 것이 아니다. 그 외적 요소들이 외적인 의미로 존재하고 있는 것처럼 이 의식에 참여하는 사람들의 믿음에 대해 영적으로 존재하는 것이다 |고전 10:16; 11:23-26.

8항. 무지하고 불경건하여 그리스도와 교제를 나누기에 적합하지 않은 모든 사람은 마찬가지로 그리스도의 만찬에 참여할 자격이 없다. 따라서 그러한 상태에 머물러 있는 동안, 이 거룩한 신비에 즉, 주의만찬에 참여하면 그리스도께 커다란 죄를 짓는 것이다 |고후 6:14-15. 실제로, 합당치 않게 참여하는 자들은 그리스도의 살과 피를 범하는 죄가 있으며 심판을 먹고 마시는 것이다 |고전 11:29; 마 7:6.

초대교회 때부터 오늘날까지 모든 교회들은 침례와 주의만찬을 모두 지켜오고 있습니다. 주 예수 그리스도께서 배반당하시고 팔리시던 날에 직접 이 의식을 제정하고 재림시까지 지키도록 명령하셨기 때문입니다. 주의만찬은 십자가에서 죽으시기 직전에 제정하시고 부탁하신 의식이기 때문에 교회는 대단히 고귀한 주님의 말씀으로 여겨야 합니다.

교회에 이처럼 중요한 요소임에도 불구하고 대부분의 그리스도인들은 이 의식을 제대로 이해하고 있지 못합니다. 주의만찬에 관해서 교회마다 견해가 다릅니다. 주의만찬을 통해 하나됨을 주님이 강조하셨는데도 주의만찬에 대한 견해가 달라 오히려 교회들이 갈라지는 결과를 초래했습니다.

주의만찬의 제정

1. 주의만찬은 주님께서 배반당하시고 팔리시던 밤에 제정되었습니다. 죽음 직전의 부탁은 누구의 부탁이라도 고귀한 것인데, 하물며 그리스도의 죽으심 직전의 명령은 얼마나 고귀한 것인가를 신자는 알아야 합니다.

    2. 주의만찬은 주님의 교회에서 제정된 것입니다. 이것은 개인이나, 가족이나, 국가에 의탁된 것이 아니라 교회에 의탁된 것이므로 지역 교회에 모인 회중 가운데 시행되어야 합니다.

주의만찬의 본질

1. 주의만찬은 로마 가톨릭이 가르치는 것처럼 만찬시에 그리스도께서 실제로 희생제물이 되시고, 실제로 성부 하나님께 바쳐지는 희생제사가 이루어지는 것이 아닙니다. 그리스도의 희생제사는 십자가 상에서 단번에 영원히 이루어졌기 때문에, 주의만찬은 그 희생제사를 기념하는 것입니다. 주님이 직접 기념하라는 말씀을 반복적으로 하셨습니다.

    "또 떡을 가져 사례하시고 떼어 저희에게 주시며 가라사대 이것은 너희를 위하여 주는 내 몸이라 너희가 이를 행하여 나를 기념하라 하시고" | 눅 22:19

    "축사하시고 떼어 가라사대 이것은 너희를 위하는 내 몸이니 이것을 행하여 나를 기념하라 하시고 식후에 또한 이와 같이 잔을 가지시고 가라사대 이 잔은 내 피로 세운 새 언약이니 이것을 행하여 마실 때마다 나를 기념하라 하셨으니" | 고

전 11:24-25

그러므로 로마 가톨릭은 미사 때마다 주의만찬을 시행합니다. 그러나 그리스도께서 이미 완성하고 다 이루어 놓으신 희생제사가 미사 때마다 반복된다고 함으로써 희생제사의 의미를 손상하는 것입니다. 따라서 침례교회 성도에게는 가장 혐오스러운 이론이 됩니다.

주의만찬의 시행

1. 주의만찬을 시작하기 전에 예수 그리스도의 사역자들은 먼저 기도해야 합니다. 이 기도는 '축복의 기도'인데, 주님의 희생에 대한 감사와 만찬을 통해 성도들이 축복 받기를 기원하는 것입니다. 그 후 성찬 참여자들에게 떡을 떼어주고 잔을 나누어 줍니다. 떡과 포도주 두 가지 모두를 다 나누어 주는 2종 배찬을 시행해야 합니다.

2. 그러나 로마가톨릭 교회는 다섯 가지 이유로 거룩한 성례전의 의미를 왜곡하고 있습니다.

첫째, 참여자들에게 잔을 거부하고 떡만 나누어주는 것입니다. 소위 1종 배찬이라고 말합니다. 떡만 주는 이유는 포도주는 예수님의 실체가 들어 있기 때문에 땅에 떨어트릴 수 있으므로 그 위험성을 배제하고자 떡만을 나누어줍니다. 이론과 사상이 잘 못되어 있기 때문에 이런 이상한 주의만찬이 시행이 되는 것입니다. 그래서 가톨릭 교도들은 잔을 받지 못하는 주의만찬에 참여하는 결과를 가져왔습니다.

둘째, 성찬의 요소들을 예배 하는 것이 잘못되어 있습니다. 셋째, 성찬의 요소들을 높이는 것. 넷째, 성찬의 요소들을 찬양하는 것. 다섯째, 성찬의 요소들을 다른 종교적인 목적을 위해 보존하는 것입니다. 떡과 포도주에 예수님의 실체가 들어 있기 때문에 떡과 포도주를 상대로 예배를 하며 찬양을 하는 모습을 보입니다. 이런 다섯 가지 행위들은 이 의식의 본성과 그리스도의 제정 의도에 전적으로 반하는 것입니다.

주의만찬의 요소

주의만찬에 대한 바른 교리는 다음과 같습니다.

1. 만찬시에 먹고 마시는 떡과 포도주는 "이것은 내 몸이요 이것은 내 피라"고 말씀하셨지만, 실제로 몸과 피가 되는 것이 아니라, 이것은 내 몸을 상징하는 것이요, 내 피를 상징하는 것이라는 의미입니다.

이렇게 해석이 가능하다면 만약 예수님이 나는 포도나무라고 말씀 하셨다고 해서 포도나무를 예수님이라고 해석할 수 없는 것과 같은 이치입니다. 떡과 포도주는 축복기도를 받기 전이나 받은 후나 여전히 떡과 포도주일 뿐 상징적인 의미가 중요한 것입니다.

2. 로마가톨릭 교회는 아리스토텔레스의 철학을 따라 어떤 물체든 그 물체가 특성을 갖는 것은 그 안에 실체(Substance)가 들어 있다고 믿었습니다. 사제가 축성을 하면 떡과 피의 물체적인 특성(맛, 향기나 냄새) 등은 전혀 변화가 없지만, 그 안의 실체가 그리스도의 피와 살의 실체로 변한다는 것인데 이것을 화체설(Transubstantiation) 이라 합니다.

사제가 축성하는 동시에 떡과 포도주에 내재해 있던 실체가 예수님의 육신과 피로 변해 미사 때마다 예수님이 인간의 몸 안에서 희생제사를 드리게 된다는 것입니다. 지금은 이런 이론에 대해 상식이나 이성에 전혀 맞지 않는다고 생각하겠지만 종교개혁기나 중세기에서는 이 이론을 추종하느냐 멸시하느냐에 따라 온갖 핍박과 죽음이 난무한 매우 중요한 교리였습니다.

이런 화체설 이론은 아주 미신적인 이론으로서 성경이나 상식이나 이성 어느 것에도 합당치 않다고 단호하게 고백하고 있습니다.

3. 가톨릭이 화체설을 믿는 반면에 루터교는 공재설(Consubstantiation)을 믿습니다. 성찬식 때 빵과 포도주가 실제 예수님의 몸과 피로 변하는 것이 아니라 빵과 안에 실제로 예수님이 육체로 임재해 계신다고 주장했습니다. 예수님의 인성이 신성과 합쳐져서 예수님의 인성이 어느 곳에나 편재해 있다고 믿었고 어느 곳에서 주의만찬을 시행하든지 예수님이 그 빵과 포도주 안에 있다고 생각했던 것입니다. 루터는 개혁적이었던 반면에 성찬식 만큼은 미신적인 사상에 머물렀던 것입니다. 이루 루터의 제자라고 불리는 멜랑히톤이 공재설을 지키고자 루터가 원래 주장했던 노예의지론을 버리기 까지 했습니다.

4. 침례교회들은 쯔빙글리 입장의 '기념설' 혹은 '상징설'을 취하되, 칼빈이 주장하는 '영적 임재설'은 믿음을 조건으로 하는 경우 거부하지는 않습니다.

주의만찬의 참여자

1. 주의만찬의 합당한 참여자는 십자가에 달려 피흘려 죽으신 그리스도의 속죄를 믿는 사람들에 한합니다. 성도들은 믿음으로 떡과 포도주를 받음으로써 속죄의 은혜를 영적으로 받아들이는 것입니다. 그리스도의 살과 피는 떡과 포도주에 육적으로 존재하는 것이 아니라 참여자의 믿음에 의해서 영적으로 존재하는 것이기 때문입니다.

2. 무지하고 불경건한 불신자는 주의만찬에 참여할 자격이 없으며, 신자라도 죄를 회개치 않고, 합당치 않게 참여하는 자들은 그리스도의 살과 피를 범하는 죄를 짓는 것이며 심판이 따르게 됩니다. 주의만찬에 참여하는 자는 경건한 그리스도인이어야 하며, 회개치 않거나 경솔한 마음으로는 참여하지 말아야 합니다. ✝

📕 정리를 위한 문제

1. 주의만찬은 주님이 직접 제정하시고 우리에게 부탁하신 것으로 개인이나, 가족이나, 국가가 아닌 _____ 에 의탁된 것이므로 지역 교회의 모인 회중 가운데 시행되어야 한다.

2. 그리스도의 희생제사는 십자가 상에서 단 번에 영원히 이루어졌기 때문에, 주의만찬은 그 희생제사를 _____ 하는 것이지, 가톨릭의 주장처럼 미사 때마다 그리스도께서 실제로 희생제물되는 것은 아니다.

3. 주의만찬은 먼저 축복기도로 시작해 이후 성찬 참여자들에게 _____ 을 떼고 _____ 를 나누어주는 _____ 을 시행해야 한다.

4. 만찬시에 먹고 마시는 떡과 포도주는 실제로 주님의 몸과 피가 되는 것이 아니라, 주님의 몸과 피를 _____ 하는 의미를 지닌다.

5. _____ 은 떡과 피의 물체적인 특성은 변함이 없지만, 나눌 때에 그 안에 내재되어 있던 실체가 실제 그리스도의 피와 살로 변한다는 주장이다.

6. 십자가에 달려 피흘려 죽으신 그리스도의 _____ 를 _____ 으로 믿는 성도만이 주의만찬에 참여할 수 있는데, 신자라도 주의만찬을 시행하기 전에 자신의 죄를 회개해야 한다.

답: 1. 교회 2. 기념 3. 떡, 포도주, 2종 배찬 4. 상징 5. 화체설 6. 속죄, 개인적

제31장

죽음 후의 인간 상태와 부활에 관하여
OF THE STATE OF MAN AFTER DEATH,
AND OF THE RESURRECTION OF THE DEAD

● [전문]

1항. 인간의 육신은 죽음 뒤에는 먼지로 화하며 부패를 겪는다 | 창 3:19; 행 13:36 . 그러나 인간의 영혼은 죽지도 잠들지도 않고 불멸의 실체를 가지고 있기에, 그것들을 주신 하나님께로 즉각적으로 돌아간다 | 전 12:7 . 의로운 자들의 영혼은 그때에 완벽하게 거룩한 상태가 되며, 낙원에 들어가 그리스도와 함께 거하며, 영광과 광채 속에서 하나님의 얼굴을 바라보면서 자신들의 육신이 완전히 구속 받기를 기다린다 | 눅 23:43; 고후 5:1, 6-8; 빌 1:23; 히 12:23 . 사악한 자들의 영혼은 지옥에 던져진다. 그들은 이 지옥에서 고통과 어둠 곳에서 마지막 심판을 받는 그 큰 날까지 기다린다. 이 두 장소 이외에, 육신으로부터 분리된 영혼들을 위한 다른 어떤 장소를 성경은 언급하지 않는다 | 유 1:6-7; 벧전 3:19; 눅 16:23-24 .

2항. 그 마지막 날에, 여전히 살아있는 성도들은 잠들지 않고 변화될 것이다 | 고전 15:51-52; 살전 4:17 . 그리고 죽어있는 모든 자들이 바로 그들 자신의 육신으로,

그러나 변화된 특성을 가지고 부활하게 될 것이다 | 욥 19:26-27. 그리하여 이 육신들은 자신들의 영혼과 영원토록 결합할 것이다 | 고전 15:42-43.

3항. 불의한 자들의 육신은 그리스도의 능력에 의하여, 수치스러운 부활을 하게 된다. 의로운 자들의 육신은 성령에 의하여 존귀한 부활을 하게 되며, 그리스도의 영광스러운 몸의 형상으로 화하게 된다 | 행 24:15; 요 5:28-29; 빌 3:21.

〈제31장〉과 〈제32장〉은 종말론에 관한 내용입니다. 종말론은 20세기에도 뜨거운 논쟁의 주제였으나, 사회가 흉흉하던 17세기에도 뜨겁게 토의된 주제였습니다. 이 문제에 관해 침례교회는 장로교회나 회중교회의 고백 내용과 전혀 다를 바가 없습니다. 종말론에 관해 간단히 말하면 예수님은 재림하신다는 것이고 그 재림의 날짜는 알지 못하며, 재림의 때에 예수 믿는 사람은 영원한 천국에 가고, 믿지 않는 사람은 지옥에 간다는 내용으로 요약할 수 있습니다.

중간상태

종말론은 결국 크게 두 가지로 나누어집니다. 내세의 중간상태와 최종상태입니다.

중간상태(The intermediate state)라 함은 사망 이후부터 부활까지의 상태를 말하며, 최종상태는 부활 이후부터 영원에 이르는 상태입니다. 중간상태는 최종상태가 아니기 때문에 이런 용어를 사용합니다. 중간상태에 관한 성서의 가르침을 이해하기 위해서 우리는 두 가지를 구별할 수 있어야 합니다.

1. 육신과 영혼의 구별

사람은 질적으로 다른 두 실체 즉 육신(Body)과 영혼(Soul)으로 구성되어 있습니다. 어떤 이들은 영과 혼과 육으로 구성되었다는 삼분설을 주장하는데 이는 정통기독교 교리로 채택된 적이 한번도 없습니다. 육신과 영혼이라는 두 실체는 중간상태에 있어서 그 상태나 위치가 다릅니다.

첫째, 육신입니다. 인간의 '육신'은 죽음 뒤에는 부패를 겪다가 결국 먼지로 화합니다. 장례식에서 매장과 화장은 어차피 부패해 먼지로 돌아가기 때문에 장례방식은 아무런 논쟁의 여지가 없습니다. 이 사실은 성경뿐 아니라 인간의 경험도 입증하는 것입니다. 아담의 불순종으로 말미암은 하나님의 저주의 결과입니다 | 창 2:17; 3:19.

둘째, 영혼입니다. 인간의 '영혼'에 관해서는 두 가지 확신을 제시하고 있습니다.

하나는 '인간의 영혼은 죽지도 않고 잠들지도 않고 불멸의 신체를 가지고 있다'는 것입니다. 인간의 영혼이 죽는다는 영혼멸절설이나, 영혼이 잠든다는 영혼수면설을 믿지도 않습니다. 희랍의 철학자들도 '영혼불멸설'을 취하고 있지만 실질적인 내용은 성경과 같지 않습니다. 희랍의 철학자들은 영혼이란 창조되지 않은 실체요, 영원한 실체요, 신과 합일된 실체라고 주장합니다.

그러나 성경은 영혼도 하나님이 창조하신 실체요, 그 존재는 순간순간 하나님을 의지하고 있다고 말하는 점에서 희랍철학자들의 사상과 다릅니다. 영혼이 불멸한다는 것은 육신처럼 죽지 않는다는 것을 의미합니다. 육신이 사망한다고 해서 영혼이 수면과 같은 비활동상태가(Inactive)되거나, 해체되거나(Decomposed)하지 않는다는 말입니다.

다른 하나의 확신은 '인간의 영혼은 그것을 주신 하나님께 즉각적으로 돌아간다'는 것입니다. 영혼은 하나님께 돌아가 의식을 가지고 존재합니다. 그러므로 영혼이 잠들지도 않는다고 한 것입니다. 이것은 종교개혁기에 루터교 일각과 아나뱁티스트사이에 유행하던 '영혼수면설'내지는 '영혼멸절설'을 우리는 거부하는 것입니다. 우리는 중간상태에서의 영혼은 의식이 있고 즉각적으로 하나님께 돌아가 의식을 가지고 존재한다는 것을 믿습니다.

2. 중간상태에서 의인과 악인의 구별

첫째, 의인의 상태에 관한 내용입니다. 의로운 자들의 영혼은 완벽하게 거룩한 상태가 되며, 낙원에 들어가 그리스도와 함께 거하며, 영광과 광채 속에서 하나님의 얼굴을 바라보면서 자신들의 육신이 완전히 구속(redemption) 받기를 기다립니다. 의인의 영혼은 즉각적으로 하나님께 돌아가 교제를 나누며 최종상태를 기다립니다. 그러므로 연옥(Purgatory)과 같은 중간 과정은 성경에 나타나지 않습니다. 연옥이라는 말은 성경에 단 한 구절도 나오지 않습니다. 의인의 영혼은 완벽히 거룩한 상태가 됩니다.

의인의 영혼이 거할 처소는 낙원(Paradise)인데, 천국과 동의어입니다. 의인의 영혼은 행복한 상태가 되고 의인의 영혼은 그리스도와 함께 거하게 됩니다.

의인의 영혼은 영광스러운 특권을 누리게 됩니다. 영광과 광채 속에서 하나님의 얼굴을 바라보게 됩니다. 신학자들은 이것을 지복의 비전(the beatific vision)이라고 부릅니다. 그러나 축복이 끝난 것은 아닙니다. 인간의 영혼은 중간의 상태에서 육신의 완전한 구속 즉 부활을 기다리게 됩니다.

둘째, 악인의 상태에 관한 내용입니다. 사악한 자들의 영혼은 지옥에 던져집니다. 그들이 거하는 지옥도 중간상태입니다. 육신이 부활해 최종상태에 들어가기 전까지 이 지옥에서 고통과 어둠 속에서 마지막 심판을 기다립니다. 악인의 영혼이 거하는 처소는 지옥이며 악인의 중간상태의 특징은 '고통과 어두움'입니다.

고통만이 존재할 뿐 진리와 빛과 소망이 없는 어두움뿐인 상태에서 최종 심판의 날을 기다리게 됩니다.

가톨릭은 연옥을 주장하지만 이 두 장소 이외에 육신으로부터 분리된 영혼들을 위한 다른 어떤 장소를 성경은 언급하지 않습니다.

최종상태

1. 최종상태의 사실성

중간상태에 있던 영혼은 예수님의 재림과 함께 최종 상태(Final state)에 들어갑니다. 재림은 심판의 날이기도 합니다. 주 예수 그리스도의 재림의 날에도 여전히 살아있는 성도들은 죽음을 보지 않고 영광된 몸으로 변화될 것입니다. 만약에 우리 시대에 예수님이 오시면 우리는 죽음을 보지 않고 바로 낙원에 이를 것입니다. 어떤 학자들은 영혼의 몸(Spiritual body)를 말하기도 합니다. 육신의 몸이 있듯이 중간상태에 있던 영혼도 몸이 있을 수 있다는 것입니다.

마지막 날에는 죽어있는 모든 자들은 바로 그들 자신의 육신으로, 그러나 변화된 특성을 가지고 부활하게 될 것입니다. 부활한 육신은 자신들의 영혼과 결합하여 영생을 누리며 살게 될 것입니다. 부활의 육신은 본래의 육신과 질적인 차이가 있는 육신이지만 아울러 현재의 몸과도 동질성도 있는 육신입니다. 부활의 육신은 차이점도 있습니다. 그 육신은 죽지도 않고 병들지도 않고 완전한 육신이 될 것입니다.

2. 일반적인 부활

예수님이 재림 하실 때 의인과 악인의 구분 없이 모든 사람이 부활을 하게 되는데 이를 일반적인 부활이라고 말합니다. 20세기 세대주의자들의 주장처럼 의인과

악인의 부활이 천년왕국을 사이에 두고 1000년 혹은 1007년의 간격이 있는 것은 아닙니다. 사도 바울도 마지막 날에 의인과 악인의 '한 부활'이 있음을 말하고 있습니다. "that there will be a resurrection of both the righteous and the wicked" | NIV, 행 24:15

모든 자들이 부활을 한 번에 하는데 의인들은 존귀한 부활, 생명의 부활을 하지만 악인들도 수치스러운 부활, 즉 사망의 부활을 해서 영원한 영육의 고통을 받게 될 것입니다. 의인들은 성령의 능력으로 존귀한 부활을 하게 되며 그리스도의 영광스러운 몸의 형상으로 화하게 됩니다.

3. 최종상태의 영원성

이 고백서는 부활은 최종적이며 영원한 변화임을 명백하게 밝히고 있습니다. 2항 후반에 "그리하여 이 육신들은 자신들의 영혼과 영원토록 결합할 것이다"라고 선언하며 육신과 영혼의 결합으로 인간은 최종 상태에서 영원히 머무를 것을 고백합니다. ✝

▰정리를 위한 문제

1. 인간은 죽으면 육신은 먼지가 되지만 인간의 영혼은 ＿＿＿＿＿＿ 도 않고 ＿＿＿＿＿＿ 않고 불멸의 실체를 가지고 있기에, 그것들을 주신 하나님께로 ＿＿＿＿＿＿ 으로 돌아간다.

2. 죽음 후 의로운 자들의 영혼은 완벽하게 ＿＿＿＿＿＿ 상태가 되며, ＿＿＿＿＿＿ 에 들어가 그리스도와 함께 거하며, 영광과 광채 속에서 하나님의 얼굴을 바라보면서 자신들의 ＿＿＿＿＿＿ 이 완전히 구속

받기를 기다린다.

3. 사악한 자들의 영혼은 ＿＿＿＿＿ 에 던져진다. 그들은 고통과 어둠 속에서 마지막 ＿＿＿＿＿ 을 받는 큰 날까지 기다린다.

4. 신학적인 용어로 ＿＿＿＿＿ 라 함은 육신의 사망 이후 육신의 부활까지의 상태를 말한다. 사람은 질적으로 다른 두 실체 즉 ＿＿＿＿＿ 과 ＿＿＿＿＿ 으로 구성되어 있다.

5. 인간의 영혼은 ＿＿＿＿＿ 의 실체를 가지고 있다. 육신이 사망한다고 해서 영혼이 ＿＿＿＿＿ 가 되거나 해체되지 않는다.

6. 인간의 영혼은 하나님께 즉각적으로 돌아간다. 영혼은 하나님께 돌아가 ＿＿＿＿＿ 을 가지고 존재하므로 영혼이 ＿＿＿＿＿ 않는다.

7. 의로운 자들의 영혼은 완벽하게 ＿＿＿＿＿ 상태로 낙원에서 그리스도와 함께 거하며 영광과 광채 속에서 하나님의 얼굴을 바라보면서 자신들의 ＿＿＿＿＿ 이 완전히 구속받기를 기다린다.

8. 주 예수 그리스도의 ＿＿＿＿＿ 의 날에 육신적으로 여전히 살아있는 성도들은 ＿＿＿＿＿ 을 보지 않고 영광된 ＿＿＿＿＿ 으로 변화될 것이다.

9. 마지막 날에 죽어있는 모든 자들은 그들 자신의 ＿＿＿＿＿ 육신을 가지고 부활하게 될 것이다. 그리고 부활한 육신은 자신들의 영혼과 결합하여 ＿＿＿＿＿ 에서 영생을 누리며 살게 될 것이다.

답: 1. 죽지, 잠들지도, 즉각적 2. 거룩한, 낙원, 육신 3. 지옥, 심판 4. 중간상태, 육신, 영혼 5. 불멸, 비활동상태 6. 의식, 잠들지도 7. 거룩한, 육신 8. 재림, 죽음, 몸 9. 변화된, 최종상태

제32장

최후의 심판에 관하여
OF THE LAST JUDGMENT

● [전문]

1항. 하나님은 성부 하나님으로부터 모든 권세와 심판권을 부여 받은 예수 그리스도에 의하여 세상을 의로 심판하실 날을 정하셨다 | 행 17:31; 요 5:22, 27 이날에 배교한 천사들뿐만 아니라, 지상 위에서 살았던 모든 사람들이 심판을 받을 것이다 | 고전 6:3; 유 1:6 그들은 그리스도의 심판대 앞으로 나와서 생각과 말과 행실에 대하여 보고하고, 육신에 거하면서 행한 대로 선악 간에 판단 받을 것이다 | 고후 5:10; 전 12:14; 마 12:36; 롬 14:10-12; 마 25:32-46.

2항. 하나님이 이날을 정하신 목적은 택자들의 영원한 구원을 통하여 자신의 자비의 영광됨을 그리고 유기된 자들 즉, 사악하고 불순종하는 자들의 영원한 저주를 통하여 자신의 정의로움을 드러내기 위한 것이다 | 롬 9:22-23 그때에 의로운 자들은 영생에 들어가 주님이 계신 그곳에서 충만한 기쁨과 영광을 영원한 상급과 함께 받게 될 것이다 | 마 25:21, 34; 딤후 4:8. 그러나 사악한 자들 즉, 하나님을 알

지 못하고 예수 그리스도의 복음에 순종하지 않은 자들은 영원한 고통 속에 던져지고 우리 주님의 임재로부터 그리고 주의 권세의 영광으로부터 나오는 영원한 파멸로 처벌 받게 될 것이다. | 마 25:46; 막 9:48; 살후 1:7-10.

3항. 그리스도께서는 모든 사람으로 하여금 죄를 단념하도록 하고 | 고후 5:10-11 경건한 자들이 그 역경 중에 보다 큰 위안을 얻도록 하기 위하여 심판 날이 올 것이라는 명확한 확신을 우리에게 주셨지만 | 살후 1:5-7 그 정확한 날짜를 사람들에게는 알려주지 않으신다. 이것은 사람들이 모든 육적인 무사안일감을 갖지 못하도록 하고, 주님이 오실 그 시간을 알지 못하기 때문에 언제나 경성하도록 하기 위한 것이다 | 막 13:35-37; 눅12:35-40 오호라, 사람들이 "주 예수여! 속히 오소서!"라고 말하도록 하기 위한 것이다 | 계 22:20 아멘.

이제 신앙고백서를 공부하는 마지막에 이르렀습니다. 이 공부의 마지막 장은 최후심판에 관한 것입니다. 이에 관해 이런 질문이 있을 수 있습니다. 예수님이 재림하시면 부활해 영원한 천국에 들어가는 것으로 끝나는 것이 아닌가? 어째서 최후 심판이 있는가?

일반적 심판의 실제적인 의미

최후 심판의 날에는 의인이 얼마나 영광스러운 부활을 하고 하나님의 은혜가 얼마나 큰지 드러나는 날이고, 악인들에게는 하나님의 심판이 얼마나 무서운지도

만천하에 드러나는 날이 될 것입니다.

〈제32장〉이 고백하는 내용은 그리스도께서 재림하실 때에는 최후심판이 있을 것이라는 진리입니다. 이 최후의 심판에서 지상에서 존재했던 모든 사람들은 예외 없이 심판을 받게 될 것인데, 그 결과 믿는 자는 영생에 들어갈 것이고, 믿지 않는 자는 영벌에 들어갈 것입니다.

최후의 심판의 시기는 그리스도의 재림 때이며, 최후 심판의 범위는 이 세상에 존재하던 모든 사람이며, 최후 심판의 결과는 영생과 영벌입니다.

최후심판을 선언하는 7가지 중요 성경구절이 있습니다. 마태복음 16:27절, 마태복음 25:31-46절, 사도행전 17:30-31절, 로마서 2:6-16절, 데살로니가후서 1:5-10절, 베드로후서 3:1-13절, 요한계시록 20:11-15절은 모두 최후 심판이 일반적 심판, 즉 신자와 불신자 모두를 동시에 포함하는 심판임을 선언하고 있습니다.

최후 심판이 일반적 심판이라는 진리는 다음과 같은 의미를 포함합니다.

1. 20세기에 유행하던 소위 '전천년주의 종말론'은 일반적 심판을 가르치는 성서의 사상과 어긋납니다. 전천년주의는 의인의 상급심판과 악인의 심판 사이에 최소한 1,000년 이상의 간격이 있다는 것을 포함하고 있기 때문에 의인과 악인의 동시적 심판을 주장하는 성경과 어긋납니다.

2. 구원은 오로지 믿음으로 받는다는 이신득의의 진리가 성경이 명백히 증거하는 것이지만, 그러므로 신자의 행위는 그들의 영원 상태와 아무런 연관이 없는 것이 아닙니다. 의인과 악인은 모두 그리스도의 심판대 앞에 나와서 생각과 말과 행실을 보고하고, 육신에 거할 때에 행한 대로 선악 간에 판단을 받을 것입니다. 그러므로 신자는 현재의 말과 생각과 행실이 중요한 것임을 알고 참된 믿음의 결과로서 나오는 선행을 하면서 살아야 합니다.

3. 그럼에도 불구하고 신자들이 최후의 심판을 두려워할 필요가 없는 이유는 상급은 다를지언정 신자들의 죄는 그리스도의 피로 영원히 씻음 받고, 동이 서에

서 먼 것 같이 옮겨졌고 | 시 103:12, 바다 같은 곳에 던져졌고 | 미 7:19, 허물이 도말 되었고 | 사 43:25, 빽빽한 구름이 사라짐 같이 사라지게 되었으므로 하나님은 신자들의 죄를 드러내지 않으십니다.

최후 심판의 개념

1. 최후 심판에 관한 성경적인 요약은 사도행전 17:31절입니다.
"이는 정하신 사람으로 하여금 천하를 공의로 심판할 날을 작정하시고 이에 저를 죽은 자 가운데서 다시 살리신 것으로 모든 사람에게 믿을만한 증거를 주셨음이니라 하나라" | 행 17:31

2. 최후 심판의 계획자는 하나님 아버지이십니다. 그리고 최후 심판은 오직 정해진 한 날이 있어 그 한 날에 모든 심판이 이루어집니다. 또한 최후 심판의 대상은 의인과 악인을 포함한 모든 사람과 배교한 천사들이며 의를 기준으로 심판하십니다. 최후 심판의 심판자는 성부 하나님으로부터 모든 권세와 심판권을 부여받으신 예수 그리스도이십니다.

3. 최후 심판의 두 가지 일이 있습니다. 그리스도의 심판대 앞에 나와서 생각과 말과 행실에 대해서 보고하는 것과, 육신에 거하면서 행한 대로 선악간에 판단받을 것입니다.

최후 심판의 목적

1. 이날을 정하신 목적이 있습니다. 택자들에게는 영원한 구원을 주시고자 허락하신 하나님의 자비가 얼마나 영광스러운 것인가를 나타내려는 목적이 있고 불택자들, 즉 사악하고 불순종하는 자들에게는 영원한 저주를 집행하심으로써 하

나님의 공의로우심을 나타내려는 목적이 동시에 있습니다.

이생의 삶에서는 하나님이 은혜를 주신 사람들과 하나님의 은혜를 거부한 사람들을 구별하지 못합니다. 그러나 최후 심판의 날에는 공개적으로 확실히 구별될 것입니다. 택자들은 영생에 들어가 주님이 계신 곳에 충만할 기쁨과 영광을 영원한 상급과 함께 받게 되고, 불택자들, 즉 사악하고 하나님을 알지 못하고 복음에 순종하지 아니하는 자들과 타락한 천사들은 영원한 고통 속에 던져지고 주님의 권세와 영광으로부터 나오는 영원한 파멸로 처벌받게 될 것입니다.

최후 심판의 확실한 것과 불확실한 것

1. 그날에 확실한 것이 있습니다.

미래에 최후 심판 날에 있을 것이라는 사실은 확실합니다. 심판 날이 올 것을 확신케 하시는 두 가지 이유가 있습니다. 먼저 모든 사람으로 하여금 죄를 단념하도록 하기 위한 것이고, 경건한 사람들은 그 역경 중에도 최후 심판의 상급을 바라보며 큰 위안을 얻도록 하기 위함입니다.

2. 불확실한 것도 있습니다.

그리스도의 재림날짜, 즉 최후심판의 날짜는 알려주지 아니하셨고, 앞으로도 알려주지 아니하실 것입니다. 그 이유는 두 가지입니다. 먼저 죄에 대하여 언제나 경각심을 가지고 살도록 하기 위함입니다. 우리는 주님의 재림시와 죽음의 때를 알지 못하기 때문에 하루하루를 경각심을 가지고 살아야 합니다. 언제 그 날이 닥칠지 모르기 때문에 누가복음에 나온 종들처럼 항상 주님을 예비하는 마음으로 살아야 합니다.

"허리에 띠를 띠고 등불을 켜고 서 있으라 너희는 마치 그 주인이 혼인 집에서 돌아와 문을 두드리면 곧 열어 주려고 기다리는 사람과 같이 되라 주인이 와서

깨어 있는 것을 보면 그 종들은 복이 있으리로다 내가 진실로 너희에게 이르노니 주인이 띠를 띠고 그 종들을 자리에 앉히고 나아와 수종하리라 주인이 혹 이경에 나 혹 삼경에 이르러서도 종들의 이같이 하는 것을 보면 그 종들은 복이 있으리로다 너희도 아는바니 집 주인이 만일 도적이 어느 때에 이를줄 알았더면 그 집을 뚫지 못하게 하였으리라 이러므로 너희도 예비하고 있으라 생각지 않은 때에 인자가 오리라 하시니라" | 눅 12:35-40

또한 항상 주 예수님의 재림을 소망하며 사모하면서 살도록 하기 위해 재림의 시를 알려주지 않으셨습니다.

"이것들을 증거하신 이가 가라사대 내가 진실로 속히 오리라 하시거늘 아멘 주 예수여 오시옵소서" | 계 22:20

모든 사람은 자신의 마음대로 살아가지만 한가지는 생각하며 살아야 합니다. 전도서의 마지막 말씀입니다. "하나님은 모든 행위와 모든 은밀한 일을 선악간에 심판하시리라" | 전 12:14 하나님은 최후 심판의 날은 정해 놓으셨고 그 날에 모든 사람은 자신이 한 일을 다 보고하고 책임을 져야 할 것입니다. 물론 예수님이 우리의 죄를 다 사하셨기 때문에 죄의 심판은 없을 것입니다. 그러나 항상 하나님 앞에 옳은 말과 행실로 그날 큰 상급을 받아야 할 것입니다. ✚

정리를 위한 문제

1. 그리스도께서 재림하실 때에는 _____ 이 있을 것이다.
   이 최후의 심판에서 지상에서 존재했던 모든 사람들은 _____ 심판을 받게 될 것이다.

2. 최후의 심판의 시기는 그리스도의 _____ 의 때이며, 최후 심판의

범위는 이 세상에 존재하던 ＿＿＿＿＿＿＿이며, 최후 심판의 결과는 ＿＿＿＿＿＿＿과 ＿＿＿＿＿＿＿이다.

3. 최후심판을 선언하는 구절들은 모두 최후 심판이 일반적 심판 즉 신자와 불신자 모두를 ＿＿＿＿＿＿＿에 포함하는 심판임을 선언한다.

4. 의인과 악인들 모두 그리스도의 심판대 앞에 나와서 ＿＿＿＿＿＿＿과 ＿＿＿＿＿＿＿과 ＿＿＿＿＿＿＿이 ＿＿＿＿＿＿＿에 거했을 때에 행한 대로 ＿＿＿＿＿＿＿간에 판단을 받을 것이다.

5. 최후 심판의 ＿＿＿＿＿＿＿는 하나님 아버지이시며, 날은 정해진 한 날이고, 대상은 의인과 악인을 포함한 모든 사람과 배교한 ＿＿＿＿＿＿＿들이 된다. 기준은 의로써 심판하시며, 심판자는 성부하나님으로부터 모든 권세와 심판권을 부여받으신 ＿＿＿＿＿＿＿가 되신다.

6. 최후심판은 택함받은 자들에게는 하나님의 은혜와 ＿＿＿＿＿＿＿가 얼마나 영광스러운 것인가를 나타내고 악한 자들에게는 영원한 저주를 집행하심으로써 하나님의 ＿＿＿＿＿＿＿을 나타내려는 목적이 있다.

7. 사악하고 하나님을 알지 못하고, 예수 그리스도의 복음에 순종하지 아니하는 자들은 ＿＿＿＿＿＿＿속에 던져지고, 주님의 권세와 영광으로부터 나오는 ＿＿＿＿＿＿＿로 처벌받게 될 것이다.

8. 경건한 사람들은 역경 중에도 최후 심판의 ＿＿＿＿＿＿＿을 바라보며 큰 위안을 얻을 수 있다.

9. 재림의 날짜를 알려주지 않으시는 이유는 죄에 대하여 언제나 ＿＿＿＿＿＿＿을 가지고 ＿＿＿＿＿＿＿을 소망하며 살도록 하기 위함이다.

답: 1. 최후심판, 예외 없이 2. 재림, 모든 사람, 영생, 영벌 3. 동시 4. 생각, 말, 행실, 육신, 선 악 5. 계획자, 천사, 예수 그리스도 6. 자비, 공의 7. 영원한 고통, 영원한 파멸 8. 상급 9. 경각심, 재림